KINDAI CHUGOKU NO SEIJI BUNKA: MINKEN, RIKKEN, KOKEN

by Koichi Nomura

© 2007 by Koichi Nomura

Originally published in 2007 by Iwanami Shoten, Publishers, Tokyo

This simplified Chinese edition published 2023

by SDX Joint Publishing Co. Ltd, Beijing

by arrangement with Iwanami Shoten, Publishers, Tokyo

近代中国的政治文化

［日］野村浩一 著

文婧 译

生活·讀書·新知 三联书店

图书在版编目（CIP）数据

近代中国的政治文化/（日）野村浩一著；文婧译. —北京：
生活·读书·新知三联书店，2023.9
ISBN 978-7-108-07588-8

Ⅰ.①近… Ⅱ.①野…②文… Ⅲ.①政治文化－研
究－中国－近代 Ⅳ.① D693

中国版本图书馆 CIP 数据核字 (2022) 第 233443 号

策划编辑 叶　彤
责任编辑 周玖龄
装帧设计 康　健
责任印制 卢　岳
出版发行 **生活·讀書·新知** 三联书店
　　　　 （北京市东城区美术馆东街 22 号 100010）
网　　址 www.sdxjpc.com
经　　销 新华书店
制　　作 北京金舵手世纪图文设计有限公司
印　　刷 河北松源印刷有限公司
版　　次 2023 年 9 月北京第 1 版
　　　　 2023 年 9 月北京第 1 次印刷
开　　本 880 毫米 × 1230 毫米 1/32 印张 10.375
字　　数 203 千字
印　　数 0,001－5,000 册
定　　价 69.00 元
（印装查询：01064002715；邮购查询：01084010542）

目　录

1

前　言

迈入 21 世纪第七个年头，世界各地风云变幻，而且愈演愈烈。

确确实实，在这世纪之交，全世界发生了翻天覆地的变化。就中国而言，1949 年是中国历史上一个非常鲜明的分水岭。中华人民共和国成立至今（2007 年——编者注），已经近六十年，这一时期中国的社会变迁可以说是对 20 世纪的中国，甚至可以毫不夸张地说是对整个近代中国的反躬自省。

中国成立了"新中国"、实现了"翻天覆地"——"翻身做主"的变化，但不久就从"大跃进"发展到"文化大革命"。毛泽东去世之后，历史出现了重大转折，邓小平拨乱反正，进行了改革开放。在改革开放初期，正值"冷战"结束的动荡时期，在这一时代背景下中国对共和国前三十年的体制进行了大刀阔斧的改革。改革过程中，不可避免地伴随着种种来自政治上、社会上反对的声音，诸多问题和矛盾依旧没能得到解决。即便如此，在全球化急速发展的进程中，中国还是以一个政治经济大国的身份登上了 21 世纪历史的舞台。

回顾历史，从"旧中国"到"新中国"这一世纪中期的大变革是中国历史发展的一个高潮。在中国历史发展的长河中究竟该如何给大变革的 20 世纪定位呢？中国的 20 世纪到 21 世纪堪称"战争与革命的世纪"，这样的一个历史时代到底该如何去定义呢？或许无甚新意，我个人觉得可以将这一时期中国的历史变迁理解为"中华世界的解体与重构"。本书便是以这一宏大的历史时代为背景，从有限的角度，对近代中国政治思想史上的若干问题进行考察。不过，对于"中华世界的解体与重构"这一说法，我觉得还是有必要简单地说明一下。

19 世纪以后的中国历史，基本上都是根据政治体制的名称来划分时代的，如清朝（大清国）末期、中华民国、中华人民共和国。本书所说的"中华世界的解体"指的是推翻清朝统治的辛亥革命（1911 年至中华民国的建立）这一具体历史事件。我之所以这么设定（这原本是为了便于分析而提出的一个假说），是因为我觉得辛亥革命之后的历史实际上是以辛亥革命为起点的"中华世界的解体与重构"的过程。其前提条件是将广义上的政治统一、统治形态（或者说统治状态）设定为第一参照轴来分析近代中国的历史进程，以求更方便地进行考察。采用这样的分析方法，首先必须设定某个着眼点或切入点，以动态地探讨近代中国历史进程的某一个侧面。

　　无须赘述，随着辛亥革命的发生——清王朝的覆灭，中国几千年来的君主专制制度在形式上及本质上均已宣告寿终正寝。与此同时，虽然新的国家——中华民国成立了，但是，更确切地说，这反而是中国政治统一体的解体。民国初期各地军阀割据、分裂、混战的局面正是这种政治统一体解体的直观表现。正是为了改变这种状况，中国开始了寻求政治统一的漫长历程。在这一时期，中国最首要的目标便是确立统一的政权。

　　从历史上来看，1910 年代和 1920 年代的分裂与混乱，随着中国国民党指挥的北伐战争的胜利而结束，随后，南京国民政府成立（1928），中国迎来了新的历史时期。但是，不久，"九一八事变"（1931）爆发，中国从此开始了抗日战争。抗日战争胜利后，南京国民政府政权在随后爆发的解放战争中落败，逃往台湾。1949 年中华人民共和国成立，共产党在中国大陆全面确立了统一的政治权力。这确实是一个君主帝国解体、分裂，再走向政治统一的全过程。但是，如果我们对中华帝国（君主帝国）解体的意义进行更深入的探究，就会发现，这一切已经超出了单纯的确立统一权力的需求，这一贯穿民国时期、共和国时期的根本课题，实际上关乎重新构建一个新的政治社会的诸多政治上、思想上的课题，它涵盖了一个政治社会形成所需的各个要素以及各个方面的问题，譬如从制度到统治手段、权力归属、人员组成及其所依赖的政治文化等。这一系列问题，从 20 世纪到 21 世纪，甚至在更长一段时期内都会一直存在。

让我们回到前面所讲的问题，将"中国 20 世纪到 21 世纪的变迁"简单地定义为"中华世界的解体与重构"，似乎有点类似于诠释广告标语，仔细想来未免太过随意。即便我们姑且将如何定义"中华世界"这一重大问题搁置不论，在分析研究中国自清末以来的历史进程的时候，在经济、社会、文化、外交关系等各个领域，围绕这一发生历史变革的时期及其所包含的历史意义，无论在普遍的常识认知上，还是在学术研究史上，均存在无数不同的观点及各种争议。譬如从经济结构上看，19 世纪到 20 世纪，中国发生的这种根本性的变化究竟是什么时候得到世人认可的？其社会结构如何？且在何种意义上起到了决定性的作用呢？实际上，"解体""重构"这样的说法本身极为笼统。但是，如果从政治进程的角度来分析中国历史的发展，即从君主帝国转化到共和国这一君主制国家的解体过程，以及这一解体带来的政治社会的重组、重建，那么在时间轴上都有其明确的时间节点。通过这一视角的设定，或许在某种意义上可以更深入地了解近代中国政治舞台上产生的各种思想。再者，通过这样的方法来分析政治社会，或许可以帮助我们更好地去把握这个国家社会、文化等诸多领域的变革。

即便如此，本书所选取的对象还是极为有限的。从时间上来看，主要限定在 20 世纪前半期——清朝末期和中华民国时期，大体上是从 1900 年左右开始一直到 1930 年代为止的这一特定时期。此外，主题也相当有限。第一章主要讲辛亥革命的政治文化，第二章主要分析 1910 年代至 1930 年代的各种思想潮流，第三章主要考察近代中国的"自由主义"。而且，如本书"后记"中将要提到的那样，本书是在我之前发表的三篇论文的基础之上，添加一些历史展望的内容而形成的。关于本书的整体结构，我会在著作的最后详细说明。从某种意义上来说，本书总体上属于问题史的研究。正如文章开头所述，跨世纪的这一问题设定本身可能就极为不妥。尽管如此，这些论文毕竟是我对中国近现代史进行长期反复研究的笔耕之作，上文所述的基本问题设定以及问题意识也都是在这一研究过程中产生的，谨以此作为本书的前言。

第一章　辛亥革命的政治文化
——民权·立宪·皇权

一　序言——问题所在

正如"前言"所述，20 世纪初，文明世界之一的中华帝国的帝国体制最终走向瓦解。通过辛亥革命（1911），共和制的中华民国成立。又过了大约 40 年，中华人民共和国成立。纵观中华帝国两千多年的历史，应该说，辛亥革命所导致的王朝体制（中华帝国）的崩溃是一场举世无双、无与伦比的大变革。当辛亥革命给清王朝这个最后的帝制国家画上句号的时候，出现的基本历史课题究竟是什么呢？更为重要的是，在从解体到重构这一世纪性的历史进程中，中国究竟是以一种什么样的方式来解决这一历史课题的呢？

在这一章，我选取了辛亥革命这一 20 世纪中国激烈政治变革浪潮的起点或者说是启动因子（催化剂）来进行研究，探讨那一时期的各个历史课题。我想这也是考察与研究辛亥革命之后中华世界重构这一政治巨变的前提。

关于辛亥革命，在各个领域都有很多实证的、理论的研究。围绕辛亥革命的性质问题，各种学说、争论也一定不少。从过去的某一时期开始，一直到1970年代，围绕辛亥革命的研究，中国大陆和台湾之间也产生过激烈的争论。虽然已经经历了一个世纪左右的时间，关于辛亥革命，至今非但没有在历史长河中产生定论，估计今后很长一段时间内还将会有更多的学者从不同的角度对其进行分析与研究。我本人则试图在前人研究的基础之上，从政治以及政治文化的视角①对辛亥革命的特征进行解读，对其历史的来龙去脉进行分析。我之所以采用这种方法，是想通过这种整体立论的方式来弄清楚辛亥革命的本质，通过这一考察来了解20世纪中国政治和思想的状况以展望其未来。

---

① 这里的政治文化指的是"某种政治社会的政治的文化侧面以及政治的文化基础"（栗原彬）（高畠通敏、关宽治编《政治学》，有斐阁新书，1978年，第109页）这种程度的及其广义的含义。众所周知，政治文化这个概念产生于西欧比较政治学研究，现在被广泛应用于一个国家、地区、文化圈等各种政治社会的研究。本书之所以使用"政治文化"这一表达，是因为本书在分析研究辛亥革命的时候，主要是从与这次变革相关的个人、集团以及他们的思想和活动出发，通过分析他们的文化基础，也就是他们所体现的政治价值观念、政治态度和信念等来领会辛亥革命的意义。同时，本人也试图通过这些研究来为辛亥革命的历史地位定位。

二　辛亥前史——意识到旧封建社会制度的弊端并实施变革

非常巧合的是，清帝国踏入 20 世纪的第一年——1901 年竟然成了中国王朝体制从"守旧"到"变法"转舵的一年。在此之前的 1900 年，由于义和团起义事件以及八国联军进攻北京，以慈禧太后为首的掌权者们逃往西安。在这种情况下，慈禧太后掌权下的清朝廷一改之前的顽固态度，于第二年即 1901 年的 1 月在西安的行宫颁布"变法"上谕。众所周知，这就是所谓"清末新政"的开始。

对于皇帝这份向中央以及地方达官显贵们咨询怎样才能"参酌中国与西洋的政治"、振兴国势的上谕，湖广总督张之洞、两江总督刘坤一、直隶总督袁世凯等一些有权有势的督抚纷纷上奏议事。与此同时，清政府为了彰显其改革之决心，继颁布上谕之后，还设立了督办政务处（1901.4.21）；废除了八股文（1901.8.29）；整顿了由大学堂（省）、中学堂（府）、小学堂（州、县）组成的学校体系（1901.9.14）；派遣留学生出国留学（1901.9.17）；等等，采取了一系列新的政策。与此相呼应，新政之中起主导作用的袁世凯（直隶总督，1901—1907）也拉开了他所谓的"北洋新政"的序幕。之后，清政府又于 1905 年废除了作为王朝政治体制根基的科举制度。同年 11 月，以"考察政治馆"的设立为开端又进行了有关立宪制的改革尝试。这一系列目不暇接的政治改革交织在一起构成了辛亥前史。

其实，义和团运动之前，清朝就曾经在1898年进行过戊戌变法。虽然光绪帝与康有为主导的这场变革尝试仅仅存在了三个多月的时间就被以慈禧太后为首的守旧派扼杀在了摇篮里，但是，也正是这场变法，促成了慈禧太后摄政下的清政府在后来经历了义和团运动之后向天下人颁布"振兴国势"的变法谕令。虽然这份谕令将戊戌变法定性为"乱法"而非"变法"，骂康有为为"康逆"①，但是，新政的内容其实在很大程度上都是沿袭戊戌变法的方针，也就等于变相地承认了戊戌变法。这一点明眼人一看便知。如果进一步拓宽视野，将其放到历史的长河中去观察，我们就会发现，科举改革也好，裁撤冗官也罢，开办新式学堂等这一系列变法维新之举其实都是19世纪七八十年代以后中国开明的知识分子、官僚们早就已经认识到的社会课题。从这个意义上来说，变法维新是当时中国社会发展的必然选择。

但是，20世纪开元时期清廷的这一重大转向应该还是具有某种深远的历史意义的。简单而言，这在某种意义上表明，这个国家从权力中枢到广大官僚阶层，再到支撑帝国官僚的乡绅社会，所有人都在某种程度上公开承认了变法革新的必要性，并且正在朝革新的方向迈进。从这个视角来看，再没有比当时上谕中一段鞭笞满族贵族子弟的话更能揭示这段历史的本质的了。下面

_____

① 《大清德宗景皇帝实录》，第476卷，光绪二十六年十二月丁未。

的内容摘自 1902 年 2 月 1 日的上谕：

> 近来，各省士子留心时务，多赴各国学堂肄业，惟宗室、八旗风气未开，亟宜广为造就。①

当时，"风气"一词频现于中国的文章——文集、奏文、上谕等。显然，"风气"一词是反映这个国家当时的政治意识或者政治文化的一个关键词。在这份上谕中，以权力中枢的变法意志为背景，严厉地批评了"宗室、八旗""风气未开"，依然懒惰、苟且求安。不用说各省士子（乡绅层）"留心时务"，远赴海外求学，就连清廷也睁开眼看世界，立志改革。20 世纪初的中国已经今非昔比——总的来说，已经出现了认为当时的王朝体制是"旧的封建秩序"的思想。换言之，已经产生了必须以某种方式改革现存体制的思想意识。可以说，这种思想意识已经广泛存在于从中央到地方的各个阶层。至少，在那些担负这个国家政治社会管理职责的人才中已经达成了这个共识。

现在，当我们回过头从宏观角度来审视 20 世纪头十年的中国社会状况的时候，就会发现那时候的中国几乎所有的政治动向都朝着改变（风气！！）、革新或者变革的方向发展。不，可以更加明确地说，当时的中国已经认识到旧王朝体制是旧的封建社

---

① 《大清德宗景皇帝实录》，第 492 卷，光绪二十七年十二月乙卯。

会制度，整个社会已经奏响了革新或者说是变革的主旋律。正如前面所叙述的那样，清朝已经自己启动了新政的引擎，开始踏上从专制王朝体制向立宪君主制的重大自我变革之路。另一方面，逃亡海外的维新派领袖康有为和梁启超等人虽然经历了各种波折，但是还在一如既往地为中国的体制改革出谋划策。很明显，这个十年为后来的辛亥革命奠定了基础。想要推翻清王朝体制的人数不断增加，规模日益壮大，最终以中国同盟会的成立（1905）为一个时间节点，各地武装起义风起云涌，为辛亥革命的发起铺平了道路。

也许，根据看问题角度的不同，将中国 20 世纪初的政治变化统称为革新或者变革多少可能会有一点违和感。因为只要我们将这一时期的各种政治活动所谋求的东西一一拿来分析就会发现，其实它们还是千差万别的。甚至只要我们更进一步追溯或者还原活跃在这些政治活动背后的政治集团、社会阶层乃至社会阶级，我们就会发现这些政治活动有截然不同的本质上的差异。实际上，从政治史的进程来看，辛亥革命只不过是一场以同盟会发起的武昌起义为契机的运动而已，最终除了推翻了清政府的统治之外，别无其他成果。

众所周知，辛亥革命的过程极其错综复杂，从 10 月 10 日革命派发动武昌起义到第二年 1 月 1 日以孙中山为临时大总统的中华民国临时政府（南京）成立，再到同年 2 月 12 日清朝皇帝发布退位诏书，再到袁世凯就任临时大总统（3 月 10 日），这期间各派政治势力展开了不可名状的激烈角逐。顺着历史脉络再往后看，这之后又发生了讨袁的"二次革命"（1913）、反对帝制复活的"第三次革命"（1915），再到后来1920年代的社会状况，正如革命领袖孙中山遗嘱中所写的"革命尚未成功"这一名言所述，这场政治变革确实并不那么容易定性。不过，可以确定的是，这场政治变革使中国社会发生了某种根本性的变化，它是随后一系列革命运动的开端。而且，隐藏在这个根本性的变化背后的是某些重大的历史课题正在迫不及待地努力寻求答案。

这一事态当中至少包含了以下两个问题：

（一）正如前面所述，在进入19、20世纪之交的时候，世人都已经清晰地认识到清王朝体制对于这个国家来说已经是一个旧的封建社会制度，是一个旧秩序。但是，不论变革迫在眉睫的这一"旧体制"将要经历一段怎样的解体过程，在世界史上，清王朝都称得上是一个独　无二、举世无双的长期存续下来的坚固的政治、社会、文化共同体。这一点毋庸置疑。这一共同体至少目前在表面上还是一个帝制国家、乡绅社会、儒教文化紧密相连的三合一复合体。现在，正值清王朝体制终于不再能够担当历史重任、作为旧封建制度被世人诟病的时候，这也就意味着帝制国家这一社会共同体（形态）的解体。但是，恰恰也正是在这种时候，这个国家必须在政治、社会、文化等各个层面、各个领域进行变革的基础上重新整合、再编，这么一个重大的历史课题开始浮出水面。比起从专制王朝到共和国这一政治制度层面的变革来，这是一个更加艰巨而且更为重要的历史课题。毫无疑问，20世纪初的这场政治变革只不过是寻求这一重大历史课题答案的长期历史进程中的一个起点而已。

（二）但是，就辛亥革命来说，当时那些认识到清王朝是旧的封建社会制度、需要加以变革的人在一连串的改革过程中，究竟想改变什么？想如何去进行改革呢？换言之，他们是如何认识变革这一课题，又是如何去把握的呢？更重要的是，辛亥革命的过程为什么会像现实中我们所看到的那样一波三折呢？

本来，任何一个政治过程，最能直接决定其结果的是实力，即武力。但是，当这种军事力量或者政治权力破坏一种秩序或者形成一种新的秩序的时候，毫无疑问，这个国家的政治文化传统会深远地影响并作用于其方向。或者说，政治文化的力量会在这个国家各种各样的社会力量盘根错节的政治生态中破土而出。这种现象在变革维新的时候尤为显著突出。辛亥革命的过程之所以如此复杂，应该就是因为在这个国家中孕育出实力并且决定其发展方向的各主要因素相互矛盾并且相生相克吧。

我对上述第一个问题非常感兴趣，正如前面所提到的那样，本书将从政治以及政治文化的视角对辛亥革命进行分析与研究——探究辛亥革命的政治文化。或者说通过对辛亥革命过程中出现的各种各样的政治文化传统以及它们对新体制的构想进行分析，以探究这次革命的历史性质。本章将从特定的视角对辛亥革命的主要人物以及他们所代表的社会集团的思想和活动进行剖析。具体而言，就是革命派领袖孙中山，立宪派代表人物张謇，以及清朝末年的大官僚、后来成为民国大总统的袁世凯。通过对他们进行考察，对他们所代表的政治势力、思想以及文化特征进行分析，来探寻其背后的历史深意。

首先要提到的是这次革命的关键性人物——同盟会领袖孙中山——的思想以及他领导的革命运动的意义。

三 革命派·孙中山——边际人与"农民文化"

关于孙中山，很多学者从不同角度、不同的政治立场对其进行了研究，并且产生了海量的研究成果。在这些汗牛充栋的研究成果的基础上，我将孙中山定义为边际人，并从他所代表的政治文化，以及政治文化派生出来的政治、社会力量开始进行分析。

众所周知，孙中山于1866年出生在广东省的一个农民家庭。他的哥哥在檀香山获得了事业上的成功，在哥哥的资助下，孙中山自幼离家（1879），在檀香山接受了西式的近代教育。他5年之后（1883）回国，后来又在广州以及香港学习西方医学，踏上了行医之路。纵观当时的中国，孙中山的这种成长经历毫无疑问算得上极其独特了。

少年时代的这种东西方两种截然不同性质的文化体验造就了孙中山的与众不同。一方面，他与旧的习俗、传统格格不入，对其感到愤懑与不满。这或许是因为他这段海外的学习经历给他打开了一扇新的窗户，让他得以从外部观察到中国的旧世界。另一方面，他接触到的西方近代文明以及西方近代自然科学给他带来了近代合理主义的思考。为了从原点确认孙中山的政治出发点，我从众多的传记资料、著作当中选取了一些片段。

在去往檀香山的船上，孙中山目睹了一名水手死亡后，他的遗体被装放于布袋中抛向海洋进行海葬的全过程。这给 12 岁的孙中山带来了强烈的冲击。因为自幼年开始，他就耳濡目染了父亲以及村邻们对"风水"（相地之术）的信仰，乡邻们都会通过看"风水"来寻找吉祥之地。人死的时候，都要择"吉壤""入土为安"。这种传统的大陆农村社会的观念、习俗给他留下了根深蒂固的印记。眼前的光景与他脑海里的固有印象实在太过冲突。很显然，这个世上存在不同的世界，中国之外还"天外有天"[1]。无疑，这宣告他来到了一个与传统中国完全相异的世界。（着重号为笔者标注，如无特殊说明，后文皆同）

来到檀香山后，孙中山被哥哥安置在一所圣公会牧师所经营的八年制学校（奥兰尼学院）上学。他在那里接受了英国式的教育，并接触到了基督教。在课外活动的时候他还参加了消防训练和军事训练，接受了自治的精神。这与中国村塾教育的不同就无须赘言了。毫无疑问，这段经历影响了孙中山，让他以合理主义的眼光重新看待过去的风俗、习惯，甚至包括思考问题的方式

---

[1]　吴相湘编选《孙逸仙先生传》（增编版）上册，远东图书公司，1984 年，第 28 页。

等。两种不同的思想自然而然地在他的头脑中开始了碰撞。实际上，这也让孙中山的监护人——他的哥哥孙眉内心产生了不安。因为孙中山受基督教思想的影响，开始批判中国人供奉无比敬仰的关帝（关羽）像的行为。这也是哥哥勒令他辍学回国的理由之一。"关云长只不过是三国时代的一个人物，死后怎能降福于人间，替人们消灾治病呢？如果谁生了病，应该请医生治疗才是。"①

确实，这也是一个边际人在接触近代西方文化这种异文化的时候，在理解世界的过程中对传统习俗产生疑问的一种合理化的过程——譬如从某种巫术中解放的过程。不过，我这里要特别强调的是，孙中山的这个变化过程带有非常强烈的政治色彩，这一点与其他一些历史人物有共同之处。根据他在檀香山结识的朋友所述："我们在课外常用方言交谈……有一天晚上，他（孙中山）问我：'为什么满清皇帝自命天子？而我们是天子脚下的虫蚁，这样对吗？'"②

孙中山自幼就听村里人讲太平天国的故事，非常崇拜洪秀全。这一点在他的童年逸事中多有记载。作为一个农民的儿子，对于童年时候的"贫困"生活，"到了他能够进行自我思考的年

---

① 《广东文史资料》第 25 辑，第 285 页。吴相湘编选《孙逸仙先生传》（增编版）上册，第 31 页，再引。

② 迟景德《国父少年时代与檀岛环境》，载《中国现代史专题研究报告》第 6 辑，1976 年，第 415 页。

龄，首先在他脑海里产生的疑问就是自身的境遇问题"①（宫崎滔天），对自己所处的环境产生根本性的怀疑。在各类研究孙中山的资料中，这一点多有记述。无论是谁，在形成个人人格和世界观的时候，环境可以说是决定性因素。但是，在孙中山的成长史中，他的这一段檀香山的经历有一个最显著的特点，那就是他能够跳出生他养他的故乡——中国，并且非常直观地从外部世界来观察中国的最高统治者皇帝（天子）以及帝王思想。确实，与近代西方文明的接触给他带来了传统习俗、迷信、思想观念上的解放。但是，试想一下，在当时的封建王朝中国，最大的巫术是什么？应该说就是帝王思想了吧。至少，在公共政治这一层面，帝王思想牢牢地束缚着人们的思想。譬如20世纪著名的知识分子费孝通就有这样一段关于他童年时代的回忆的记述：我记得幼年时曾经不知怎么在小朋友面前夸口自称起皇帝来，祖母在旁边赶紧很严厉地呵斥："这是不能说的！"他在后面还添加了备注："用现代名词说是Tabu，即是孩子们戏言都不能触犯这个威权。这不是迷信，历史上，至少是传说的历史上，有着屠杀据说命中有做皇帝可能的孩子的说法。"②

---

① 宫崎滔天《孙逸仙传》，载《宫崎滔天全集》第1卷，平凡社，1971年，第478页。

② 费孝通《皇权与绅权》，载吴晗、费孝通等著《皇权与绅权》，岳麓书社，2012年，第3页。（中译文照录自岳麓书社版，作者原参考为学风出版社版。下同。——编者注）

以上是我大致整理的孙中山作为一个边际人的来龙去脉，下面我想稍微具体地分析一下孙中山领导的这场革命运动的方向以及这场运动的性质。

（一）孙中山之所以能够以批判的眼光来观察生他养他的世界，正是由于他这次独一无二的檀香山经历——经历了两个不同世界的生活之后所产生的激进思想起到了至关重要的作用。事实上，孙中山在回国之后一边学医，一边反对旧俗，反对迷信，开始宣传改良思想，发起启蒙运动。《致郑藻如书》（1892，《澳门报》）可以说是他的处女作，其中，孙中山提出了兴农会、严禁鸦片、村村开设学堂等具体的实践性方案。孙中山还有一个显著的特点，那就是他的全局观，他将中国社会看作一个社会体制、一个整体的体系，欲从外部客观地、整体地加以把握。这一点鲜明地体现在他青年时期想要寻找社会活动场所时所发表的言论——《上李鸿章书》一文中。在这篇《上李鸿章书》中，他一面探寻欧洲富强之本，一面思索中国应该采取之措施，寻求实现"人能尽其才，地能尽其利，物能尽其用，货能畅其流"[1]之道。尽管"人能尽其才，地能尽其利，物能尽其用，货能畅其流"乍一看像个惯用句，但实际上是从人、土地、生产、流通这四个方面给整个中国社会体系把脉会诊。19 世纪中期以后，不断有开

---

[1] 《上李鸿章书》，载广东省社会科学院历史研究室等编《孙中山全集》第1卷，中华书局，1981 年，第8页。

明的知识分子通过与西方进行比较研究来给中国出谋划策，提出改革方案，但都只是针对某一个方面而已，而孙中山却能轻松地跳出王朝体制的框架，提出整体的思路。这正是因为他具有一个边际人的眼光。也许，我们会将他的这种思维和眼光全部归功于其个人经历和人格，但是，我觉得这还得益于那个时候广大的中华世界正在发生巨大改变这一历史现状。

确确实实，孙中山的个人经历非常独特，他的个性也很强。但是，19世纪中期以后，中国民众远走海外他乡的人并不在少数，这一点非常明显。特别是中英《北京条约》（1860）、中美《蒲安臣条约》（1868）签订之后，按照条约，清政府允许中国劳动力移民海外。在这之前中国劳动力移民仅限于东南亚地区，从这之后中国的劳动力开始向美国、澳大利亚、加拿大等国输出。自从英国的大炮敲开了中国的大门之后，中国发生了一系列连锁反应。打个比方，西方列强给中华帝国施加的强压，就像产生了多米诺骨牌效应一样，虽然传达到了每一个中国人身上，但是也将中国沿海地带（广东、福建）的人推往了海外。那个时候，居于帝国中枢的皇帝－官僚体制不得不直面异质、异文化的西方文明世界，正统的儒家哲学也经历了一场激烈的文化摩擦（例如道器论、中体西用！！）。当我们将中华世界当作一个整体来观察的时候，我们会发现处于这个世界底层的一部分民众，以被外来压力推出去这种被动的方式开始体验国外的文化，并与国外文化发生碰撞。这是一种没有明确形态的无定形变化。但是，有一点可以肯定，就像奔向大海的波浪必定会反冲回来一样，往外发展的民众终会再次回来冲刷这个国家的海岸。[①]

孙中山的全局性思维与眼光来自他与众不同的境遇。但是，这种现象也绝不是孤立的。虽然他的成长过程在中国民众整体中带有特殊性，但是从某种意义上来说，他非常具有代表性、典型性，是一类典型的代表。他代表的是中华帝国体制解体过程中，在这种体制下产生并逐渐积蓄下来的一种社会的、文化的能量。

也许，我们必须给孙中山所代表的这种变革的力量以及方向一个准确的定位。拥有帝制国家、朝贡体系的中华世界长期以来一直君临东亚，如今，这个国家迫于近代西方的武力不得不打开国门，其体制逐步土崩瓦解。最重要的是，在其自身的周边区域，在政治文化次元自主地产生了对立物。这就是后来孙中山所提出的共和理念以及基于这个理念所扛起的"创立合众政府""创立民国"的大旗。他的理念不仅平实易解，而且具有连贯性，决定了辛亥革命的方向。辛亥前，海外华侨在各个领域都起到了非常重要的作用。我们不能将孙中山的活动定性为亡命者从海外归来的一次革命行动。他的所有革命活动都是中华帝国历

---

① 一方面，往东南亚、北美移民的华人增多，在当地形成了一个华人社会圈；另一方面，在华人移民海外的同时，经济、社会、文化各个领域往中国本土的逆向输出也日益强劲。关于这方面的内容，参照了《"华南——华侨·华人的故乡"研讨会文集》中的多篇论文，庆应大学地域研究中心，1992年。

史形成的产物，特别是这个帝国 19 世纪所发生的一系列面貌改变过程中、自身解体过程中所产生的恶果。这种中心－边缘的错综复杂的变化过程（华人世界的形成过程）恐怕一直是推动 20 世纪中国历史发展的一大动力。

（二）关于作为边际人的革命家孙中山，还有一点要特别指出来：他同时还是生活在中国大陆的一个拥有庞大基数的底层民众的一员，是农民大众之子。

无须赘言，儒教思想、儒家哲学代表了中华帝国正统的政治文化。有儒教哲学作为其坚强的后盾，"皇帝－官僚的中国"在数亿民众之中几千年来一直屹立不倒。即便是表面上面向所有国民开放的科举制度在某种程度上包括了农民中的上层阶层，官方认可的儒家哲学、儒教道德广泛地覆盖了广大民众，"皇帝－官僚"的政治文化本身在本质上还是基本与穷苦的农民大众无缘。从这个意义上来说，在这个帝制国家的政治文化当中，农民大众可以说是被置于边缘位置的。这种环境下的农民世界，一方面在这个国家的政治社会中，在皇帝－官僚体制下养成了农民大众服从、隶从的心性；另一方面也培育了他们打着"劫富济贫""等贵贱、均贫富"的旗号揭竿起义、造反的政治风土。中国历史上就曾经出现过大大小小无数次的农民起义，几乎任何一个朝代都有。这正是农民大众最广泛意义上的追求天下之"公"或者天下之"平"的心性，也可以说是底层民众世界里潜在的政治文化传统。①

确实，只要我们追寻孙中山的个人足迹，我们就会发现虽然他出身于农家，却并没有从事过农业耕种，相反，他通过与西方医学、科学、社会思想接触，走在了当时知识世界的前沿，成了一名拥有先进观念的知识分子。但是，毫无疑问，他与乡绅－科举考试这种"皇帝－官僚的中国"的政治文化是完全脱节的。正如后面很多事例所证明的那样，他很明显地属于"农民中国"的政治文化传统。他在将他"打倒专制政府""创立民国"的主张付诸行动的时候，没有丝毫的犹豫，因为他革命运动的依据正是来源于这种造反、起义的政治文化传统。

众所周知，孙中山通过征求志同道合者，积极联络三合会等民间秘密社团、会党等来开展他的革命活动。这是孙中山在辛亥革命之前一贯奉行的策略。与他将起义地点定在西南边境一隅这个决定一样，这同时也是他在革命派内部引起争议的一个战略。我们姑且不论这些政治运动在政治史上的评价如何，在这里先给大家讲一个插曲，来看看中国内在的这个造反、起义的政治文化传统是如何通过边际人孙中山与革命相结合，又是怎样往革命转轨的。

---

① 不过，这种造反的传统——农民起义，最终都没能直接创造一个新的体制，恰恰相反，它们都没有摆脱期待"真命天子"的宿命。在这个国家，追求"公"或"平"的起义，在另一方面又对造反的对象构建着"真命天子"之像。这种微妙之处含有宗教精神，很有必要将其列为研究的对象，后面应该会有涉及。

1895 年，孙中山领导的第一次起义（广州起义）不幸失败，他逃亡日本。当他在日本神户登陆的时候，当地的报纸是这样报道的："中国革命党孙逸仙"抵日。据说当时"革命党"三个字给他的同伴陈少白留下了强烈的印象。陈少白脱口说了一句：我们一直以来的想法，"革命"是指改朝换代自己当皇帝，我们的行动只不过是造反而已。[1] 据说孙中山当时是这样回答陈少白的："革命二字出于《易经》'汤武革命，顺乎天而应乎人'一语。日人称吾党为革命党，意义甚佳。吾党以后即称革命党可也。"[2]

确实，他们的行动构成了事实上的"造反"。或者说，对于当时的政权来说，他们的行动是一种谋反的行为。而且，他当时依靠的武力也来自不惜"造反"和"起义"的会党势力。不过，孙中山也仅仅只是单纯地想借助会党的军事力量而已。他在"造反"的传统的基础上加上了"共和"的理念，然后想通过创立合众政府来开创民众的天下以取代皇帝的天下。这极其自然地与农民世界的政治文化传统结合到了一起。他在远离皇帝体制的中国的边远地方找到了他革命运动的最大能量源泉。

辛亥革命之前的十多年，是一段开展了各种活动、为辛亥革命蓄力的历史，孙中山在这个时期的各种活动绝不简单，涉及的

---

[1] 陈少白《兴中会革命史要》，载《"中华民国开国"五十年文献》第 1 编第 9 册，正中书局，1964 年，第 540 页。

[2] 冯自由《革命逸史》初集，台湾商务印书馆，1953 年，第 1 页。

既有进入 20 世纪之后陆陆续续来日的中国留学生活动的问题、海外华侨的问题、保皇党与革命党之争的问题，甚至也有在同盟会内部存在的路线不同的问题。革命运动组成人员的阶层极为复杂，革命本身也不断遭遇挫折，他组织的活动遭遇了一次次的失败，但是他又不断地一次次重新发起。尽管如此，决定革命方向的孙中山本人的思想和行动一方面源于他领先于时代的边际人身份，另一方面又在于他与中国内在传统之一的"造反"的政治文化紧密结合，这一点我深信不疑。一方面，兴中会在全国各地不断成立分会，入会宣誓等都还以传统的秘密仪式的形式举行，但是，另一方面，兴中会的组织和运营却是以民主选举、少数服从多数的方式来展开的，这也从另一个侧面印证了这一点。

正如他后来经常感叹的那样，兴中会成立之初的十年是革命运动最为艰苦的时期。这一点很容易理解。那个时候，志同道合者少，赞同者少，而且还要与维新派——康有为、梁启超等人的"保皇会"势力的活动以及他们的影响做斗争。这一期间，孙中山辗转于东南亚、檀香山、北美等地，高呼"恢复中华""创立民国"的口号在当地华侨中开展活动。不过，他那个时候的活动，虽然也扛着"革命"的大旗，但是其实与他后来将共和国（republic）＝共和这一全新的理念带入中国后的"革命"相比较，还是有很大差别的，总让人隐隐约约觉得带有这个国家农民世界的色彩，充满自信与乐观。正因为如此，19 世纪末中华世界开始被打破、帝制国家刚刚开始解体的时候的变革极其活跃。

行文至此，我不得不提及孙中山领导的革命活动的一个重要内容：推翻满洲王朝的异族统治。我们先简单地给这个问题一个大致的定位。

孙中山兴中会的宗旨是："驱除鞑虏，恢复中华，创立合众政府。"（檀香山兴中会盟书，1894.11.24）后来改为"驱除鞑虏，恢复中华，创立民国，平均地权"（中国同盟会总章，1905.8.20）。他提出了非常有名的三民主义纲领："民族、民权、民生。"正如他提出的同盟会的宗旨和三民主义的纲领所示，辛亥革命的主要目的之一是推翻满洲贵族的异族统治。20世纪初的中国，尤其在义和团运动以后，"排满"的革命思潮汹涌而至。譬如1902年章炳麟、秦力山、冯自由等发起召开的"支那亡国二百四十二年纪念会"（东京），1904年革命团体光复会、华兴会的成立，等等。那时候孙中山的革命活动与这些排满兴汉的潮流基本上处于同一水平线上。不，在这一点上，应该说他"排满"纲领的提出是非常早的，算得上先驱者。旧社会培养出来的读书人以及他们的子弟在经历了20世纪初的义和团运动、拒俄运动、海外留学等之后逐渐将矛头转向"排满"，而孙中山则以此为出发点提出了"驱除鞑虏，恢复中华"的口号。这绝对与他所站的历史高度息息相关。例如，他在《支那保全分割合论》（1903）一文中写道："夫汉人失国二百六十年于兹矣，图恢复之举不止一次，最彰彰在人耳目者莫如洪秀全之事。"虽然洪秀全只是无权无势之"一介书生"，但是，当他倡导"除虏朝，复汉国"之时，应者云集，最终"取金陵，雄踞十余年"。[1] 在这里，他明确提出现在的政治体制是异民族统治，太平天国运动的革命性质为汉民族恢复民族主权的民族革命。孙中山是一个革命家、政治家，他的言论肯定带有一定目的性。而且，一直以来他欲拉拢借力的会党最开始就是以"反清复明"起家的。对于被清政府称为"长发贼""粤匪"的太平天国运动以及被看作下层民众发起的疯狂排外运动的义和团运动，当时的革命派知识分子们大都举棋不定，其评价、态度大多还很暧昧。然而，孙中山没有丝毫的犹豫。他认为无论是太平天国运动还是义和团运动都体现了人民的爱国之心、爱乡之志。这彰显了他农民大众的政治文化背景。正因为如此，孙中山在1890年代中期很早就旗帜鲜明地提出了"恢复中华"的口号。

通过以上的分析，我们就能看出孙中山开展的革命运动有两大支柱：一个是他革命运动高举的"共和""创立民国"这一新的政治理念，另一个则是他继承的如"造反"、"起义"以及"光复"（光复汉民族主体）这些极具象征性意义的词语所描述的政治文化传统。这二者相辅相成。或者应该说，他在"造

---

[1]　孙中山《支那保全分割合论》，载《孙中山全集》第1卷，第222页。

反""光复"这一政治文化传统的基础之上，捕捉到了"共和""民国"这一理念。明白了这一点，就能理解20世纪中国变革的本质。

任何一个国家，当其政治体制开始衰退，其政治体系开始功能不全的时候，其政治文化传统就会为破坏这个政治体制提供思想依据，同时提示一个新的愿景。历史悠久的中华帝国在迎接终极危机的时候，孙中山领导的革命运动的兴起及其随后的发展毫无疑问代表着这个国家某种政治文化传统的展现。具体到孙中山来说，就是占这个国家政治社会绝大多数的农民大众的文化——与"农民中国"的政治文化息息相关。

当然，我们不能简单地给孙中山·同盟会领导的革命运动定性。因为"光复"的口号很容易让人联想到推翻清朝政权，将其作为革命运动的旗帜很容易得到广大民众的支持，特别是那些以保持汉民族文化传统为己任的知识分子阶层。光复会、华兴会的成立就是很好的例证。不仅如此，在革命各派大团结背景下，成立了同盟会之后，一心一意以恢复汉民族统治为己任的光复会派系成员反而与总理孙中山产生了严重的分歧，最终导致同盟会发生分裂。尽管如此，正如王韬所描述的那样，长期以来君临东亚的中华帝国"秦汉以来之天下，至此而又一变"（王韬《弢园文录外编》，《变法中》），中华世界本身正在发生巨大变化。在这个变革的时代，这个国家政治社会中最为基础的几种政治文化传统被激发。而且，孙中山在这一系列"造反""光复"的运动中，最早提出了创立"民众的天下"这一"共和"的理念，并且通过这一理念的提出，描绘出重构、再生中华世界这一关键性愿景。可以说这一点非常明显。[1]孙中山在 20 世纪中华世界发生巨变的开端，代表了胎动中的政治、文化诸势力中的一股，而且，这也表征了孙中山在辛亥前史中的政治地位。我想这一点绝对无误。

不过，我还是觉得有一点需要补充说明，孙中山所提出的"共和"的理念本身深深地留存着这个国家传统思想的印迹。首先，孙中山之所以提出推翻清政府的"暴君专制之政"，最主要是因为它"以国家为君主一人之私产，人民为其仆隶"。他提出"国家为人民之公产，凡人民之事，人民公理之"——这才是民国的"民国"二字的由来。"民国既立，则四万万人无一不得其

---

[1] 正如这里所示，辛亥革命之前的孙中山，将"驱除鞑虏"——"光复"（恢复汉民族为主体）作为革命运动的一大纲领。但是，众所周知，他在辛亥革命的时候，作为临时大总统，宣告中华民国为"汉满蒙回藏"的"五族共和"之国。进入 1920 年代之后，他反而称当时"五族共和"的主张为一个"错误"。这也表明在这种变迁过程中，在分析 20 世纪的中国之际，这个国家存在"民族""民族主义"这一极其重要的问题。在这里，我不能深入地探讨这个问题。本书对于"民族主义"这一课题并没有做充分的研究。关于孙中山提出的"五族共和"，主要参考村田雄二郎《辛亥革命期间的国家想象——围绕"五族共和"而展开》，载中国现代史研究会《现代中国研究》第 9 期，2001 年 9 月；安藤久美子《孙中山的"五族共和"批判与戴季陶的联邦共和国论》，载日本女子大学史学研究会等《史草》第 46 期，2005年 11 月。

所，非惟除满洲二百六十年之苛政，且举中国数千年来君主专制之治一扫空之。"①这里，孙中山对专制统治的全盘否定可见一斑。皇帝"自命为天子，待民众如虫蚁"，本来应该公有的天下被他当作"个人之私产"。众所周知，"天下为公"才是孙中山革命活动的出发点，也是他最根本的理念。人民"公理"的天下，"平等"才是其真正的本质所在。"盖天下万事万物无不为平均而设，如教育所以平均知识……推之万事，莫不皆然。"②孙中山所提出的"共和""民国"乃至后来的三民主义无一不来源于这一"公"以及"平"，而这所谓的"公"与"平"应该称得上是这个国家最基层的价值理念或者价值规范之一。为了实现"公"，他提出了民权主义，为了实现"平"，他提出了民生主义。这种价值规范下的孙中山的愿景，在后来他领导革命运动之际又出现了什么样的问题，暂且留待后述。在这里我想先探讨孙中山的思想与行为是如何触动这个国家文化的深处的。

那么，接下来我们先暂时离开孙中山的思想轨迹，将视角转向推翻清政权的辛亥革命的政治问题。孙中山，或者说广义上的革命派是如何认识接下来马上就要发生的这场革命的呢？他们究竟想要改变些什么，又将如何去改变呢？

---

① 《中国同盟会革命方略》，载《孙中山全集》第1卷，第318页。
② 孙中山《复某友人函》，同上，第228页。

四 革命战略——民权与强权

正如前面所论述的那样，推翻帝制国家（清王朝的统治）很明显有两层含义，至少就孙中山的革命纲领而论是如此。其一是共和国的建设；其二是摆脱异民族的统治，恢复汉民族的主权。不管这个课题包含了多么丰富的历史内容，它基本上表明了孙中山所领导的革命运动的方向和目标。

但是，当我们将目光转移到现实中的政治过程的时候，我们就会发现，实际上起决定性作用的还是发起革命运动时的政治气氛、历史环境以及当时应该提出的革命政治设想与构思。围绕这个政治气氛、历史环境问题，存在两个紧密相连的领域，那就是20世纪初中国国内的各种政治状态以及当时的各种国际政治环境。我们先来看看前者。

1.《中国同盟会革命方略》——军法、约法、宪法

推翻清王朝、建设民国，意味着要创造一个全新的政治体制来代替过去的帝制国家。仔细思考一下，这毫无疑问是一场制度的变革，但同时更是一场统治方式、权力形式的变革，包含了政治社会变革等一系列极其重大的社会、文化课题。更何况清王朝体制是一个具有极长历史传统的政治、社会、文化的统一体，考虑到这一点，就不难想象其困难之大、任务之艰巨了。孙中山应该是预感到了这一点，或者说是认识到了这一点。同盟会聚集的

各派革命势力，虽然汇聚了强大的革命能量，但是也屡屡爆发出"光复旧物""雪累世深仇"（共进会宣言）[1]等诸如此类最原始的种族主义思想。即便如此，作为一个决定辛亥革命方向的革命家，孙中山还是清醒地认识到了摧毁帝制国家权力的含义。推翻清朝的统治之后，必须马上填补权力的空白，同时，为了以此为起点重建这个国家新的政治社会，必须提出明确的构想。的确如此，对于这一系列的问题，孙中山给出了答案。他提出来的《中国同盟会革命方略》（以下简称《革命方略》），也就是他的军政府设想，正是他军法之治、约法之治、宪法之治三步走的构思与设想。

众所周知，孙中山在《革命方略》中提出了组建军政府，由推翻清政府的革命军（国民党）掌握全权，并且在"军法之治"的基础上"扫除积弊"的政治设想。根据《革命方略》，他提出三年之内实现"约法之治"的目标。"约法之治"阶段是以约法为依据，由革命的军政府"以地方自治权归之其地之人民"。军政府与人民的权力和义务都依"约法"之规定，军政府按照规定行使统治权。实行"约法之治"六年之后，制定宪法，军政府解除兵权、行政权，由国民公举的大总统以及国会议员实行"宪法之治"。[2]尽管有些内容还比较笼统模糊，但是这份《革命方略》

---

① 邓文翚《共进会的原起及其若干制度》，载中国科学院历史研究所第三所编《近代史资料》1956 年第 3 期，科学出版社，第 13、15 页。

② 《中国同盟会革命方略》，载《孙中山全集》第 1 卷，第 297—298 页。

为即将来临的革命描绘了一幅非常清晰的蓝图。在这个《革命方略》的基础上再加上一些其他的内容，军法之治、约法之治、宪法之治三步走的构想就形成了辛亥革命之后"军政""训政""宪政"的内容。在国民党的时代、国民政府的时代，不，可以更进一步说，在20世纪很长的时期里，此《革命方略》的内容明里暗里一直都存在于这个国家的政治世界中。虽然乍一看这个《革命方略》只是一个粗略的蓝图，但是这也证明孙中山对权力的运作方式进行了深入的思考与理论上的研究。他在《与汪精卫的谈话》中是这样说的："革命之志在获民权，而革命之际必重兵权，二者常相抵触者也。"压制兵权则不能成事，压制民权则"军政府宰制一切……而民权为所掩抑不可复伸。天下大定，欲军政府解兵权以让民权，不可能之事也"。所以，在兵权决定生死、民权草创的时代，就要制定"约法"，根据"约法"，兵权、民权二者"使不相侵，而务相维，兵权涨一度，则民权亦涨一度"。在革命之始，军政府既掌兵权也掌政权。当过渡到了"约法之治"时期，"使国民而背约法，则军政府可以强制；使军政府而背约法，则所得之地咸相联合，不负当履行之义务，而不认军政府所有之权利"。到了"宪法之治"时期，则"民权立宪政体"有磐石之安。[①]

---

① 载《孙中山全集》第1卷，第289—290页。不过，这是《民报》登载的一篇关于汪精卫的文章，因为里面介绍了孙中山的主张，所以收录在《孙中山全集》里。

这里包含了两个基本论点：

（一）孙中山在革命之际要求军政府掌握绝对的兵权和政权。在颠覆政权的时候，掌握兵权是必不可少的，这是显而易见的道理。但是，在那个时候，并不单单是要推翻满清政权，军政府（革命权力）最重要的任务是一扫"积弊"，创建新的政治社会。正如《革命方略》里明确提到的那样，"积弊"是指迄今为止的"政治之害""风俗之害"等所有长期以来的旧社会的恶习，"政治之害"如"政府之压制、官吏之贪婪……抽捐之横暴"，"风俗之害"如"奴婢之蓄养、缠足之残忍、鸦片之流毒、风水之阻害"。而且，这个革命权力"并施教育，修道路，设警察、卫生之制，兴起农工商实业之利源"[1]，以此为己任。也许，这种设想意味着孙中山·同盟会对推翻清朝统治，一扫"积弊"，创造新的政治、社会、文化有着极高的觉悟。确确实实，《革命方略》在革命遂行之际，一面宣扬"我汉人同为轩辕之子孙，国人相视，皆伯叔兄弟诸姑姊妹，一切平等，无有贵贱之差、贫富之别"，为之后强烈呼吁民族一体做好了准备。这也是在为异民族统治拨开云雾见天日之时突然要实现汉民族的"天下一家"这一政治形象添彩着色。即便如此，我们可以确定的是：孙中山所代表的革命势力设想通过一扫"积弊"来创建一个与旧的封建社会制度完全不同的新的政治体制、社会组织以及文化意识。为此，

---

[1]　载《孙中山全集》第1卷，第297页。

要求掌握兵权的强有力的革命权力（军政府）拥有启蒙的绝对权力。

（二）另一方面，孙中山也认识到了这种革命权力与共和制所倡导的民权相生相克。在"不具备行使民权资格"的草创时代，军政府行使全权，在现实中会压制民权。中国的现状与创设共和制的构想之间存在巨大落差，这是孙中山也无法否认的难题。所以，他设想了这个"兵权涨一度，则民权亦涨一度"的"约法之治"。可以说这就是以边际人身份起航的革命家孙中山在"创立民国"的目标与中国的现状之间架设的一座桥梁，一个令人充满期待的前景蓝图。

不管怎么说，通过以上分析，我们可以得见孙中山描绘的革命政治蓝图。

孙中山在这个变革过程中，承认掌握政权和兵权的强大革命权力是前提条件，是推翻旧政权的必要条件，也是创造新的政治社会（构成这个新的政治社会的社会、文化基础）所必需的。同时，这也是孙中山在帝制国家·社会解体这一 20 世纪中国的起步阶段所感悟到的存在于中国社会的基本课题，并且是以极其粗犷的笔墨描绘出来的政治宏图之一。

但是，对于他描绘的这张过于粗糙的蓝图，我们不得不停下脚步来想一想。虽然是《革命方略》的设想，但是只要我们领会到共和＝民国这一理念，或者结合当时的社会环境，我们就会发现：现实中从哪里可以得到这种追求"公"与"平"的纯洁无瑕的权力呢？"造反""光复"的能量从何而来呢？支撑这种纯净无杂的权力的社会基础在哪儿呢？

而且，还有另外一点，是不是实现了"约法之治"，就能实现兵权与民权融为一体、相互制约呢？譬如，"使国民而背约法，则军政府可以强制"这一条是可以实现的。但是反之"使军政府而背约法，……而不认军政府所有之权利"这一条是否能够实现呢？其结果究竟会如何呢？我脑海里浮现出来的是一幅拥有武装政权的军政府与地方人民对立的画面，难道不是吗？

因为这个问题，在后来的辛亥革命中，革命各派势力之间产生了严重的分歧，这一点在辛亥革命已经过去了将近百年的现在我们已经清楚得知。而且众所周知，《革命方略》本身不仅是即将到来的辛亥革命的实践纲领，同时，围绕如何解释《革命方略》的问题，革命派还与"改良派"、梁启超等人的《新民丛报》展开了激烈的论战。《新民丛报》声称革命将导致群雄割据，在"民智"未开的中国，共和制反而将招致大乱，引起专制。这种责难非常现实，这一问题横亘在革命派的面前。从这个意义上来说，《革命方略》这幅蓝图描绘的是更为久远一点的未来，是悬在半空、尚飘浮于宇宙的一项设计。不过，即便如此，这幅革命的蓝图几乎将 20 世纪中国政治世界的所有问题都朦朦胧胧地勾画了出来。下面我们将目光转向国际环境的问题。

2. 革命与列强

中国之所以掀起革命的浪潮，起因在于列强的欺压、侵略所引发的危机以及由此而产生的民族灭亡的危机意识。关于这一点我想无须详细说明。正是为了摆脱这种危机，各方力量都以改革为前提对革命的方向展开了争论。

关于国际政治形势，最大的问题在于本是为了摆脱危机而进行的革命反而会引来民族危机。在列强们虎视眈眈意欲"瓜分"（分割）中国的这种外部环境下，通过革命颠覆旧政权，将不可避免地留下一段国家权力上的空白。那时候的中国就犹如一艘毫无防备的舰船被包围在敌舰队中间，将任其宰割。革命将受到外国干涉并加剧它们对中国的瓜分，这一点正是改良派攻击革命派的依据。

正如前面所指出的那样，孙中山在这一点上可以说一直抱有某种幻想，持乐观态度。他对帝国主义的认识以及他的反帝意识究竟如何另当别论，至少，从他的革命战略来看，在如何才能得到欧美各国的支持这方面他是煞费苦心的。早在1897年的时候，他在英国的《双周论坛》上发表了一篇题为《中国的现在和未来》的文章。虽然出于各种战略上的考虑，他行文比较谨慎，但我们还是能够从字里行间看出他对英国施以革命援助充满了期待。譬如他说："让我们成功，这也是为了欧洲的利益而特别是为了英国的利益……目前我们所需要的援助仅是英帝国以及其他列强善意的中立，就可使得目前的制度让位于一个不贪污的制度了。纵使贸易暂时停顿，但不久也必会大有进展。同时，中国天然富源的开发，会增加整个世界的财富。"① 对美国，他在 1904 年发表了一篇题为《中国问题的真解决》的文章，呼吁美国人民对中国革命"在道义上与物质上给以同情和支援"。从这里也可以看出他对"自由与民主的战士"——美国寄予了厚望，希望他们能涌现出一大批独立革命时期法国的辣斐德②侯爵式的人物。③

对于从海外（亡命之地）回到国内准备武装起义的孙中山来说，各种形式的外国援助肯定是他求之不得的，特别是枪支弹药、资金等。对于从事革命活动的孙中山来说，通过各种渠道得到这些支援是他战术方面必不可少的课题。围绕这些问题，他与最近的邻国日本民间的一些有志之士一直保持着紧密的联系，这一点也是众所周知的事实。但是，当我们将推翻清帝国这一政治变革置于当时现实的国际环境中考察的时候，革命派们究竟应该如何解决列强们干涉－瓜分这一命题呢？从这个角度看问题的话，革命派当中，对这个问题最为深思熟虑的当属宋教仁。

宋教仁于 1904 年东渡日本，一直活跃在同盟会的中枢。他

---

① 载《孙中山全集》第 1 卷，第 106 页。

② 辣斐德，即拉法耶特，法国大革命时期君主立宪派代表人物。——译者注

③ 载《孙中山全集》第 1 卷，第 248—255 页。

于辛亥年 1 月返回上海，并于辛亥革命爆发前的 9 月 25 日在《民立报》上发表了一篇题为《葡国改革之大成功》的文章。在这篇文章中，宋教仁从外交、内政、财政等各个方面对葡萄牙发生的这场从王制到共和制的变革进行了详细分析，并且从中得到了启发。他提出："革命事业，其目的既在举一国之政治从根本上改弦而更张，其手段又不能不用强力破坏旧有之秩序，以为新建设地步，故当其进行时，与之有密切关系之各国，其所受政治上经济上之影响，既重且大，则不能袖手含默者，亦意中事。"从这一次葡国革命大成功之经验来看，"吾人于是而大得革命之教训三焉：一，革命不得外国之承认，则其目的不得完成；二，革命进行时，不可不预计对外关系，而出以使外国乐于承认之手段；三，革命成功后，不必虑及对外关系之困难而恐其不承认"。因此，他总结出革命三原则："一革命之时宜神速而短（不可久事战争）；一革命之地宜集中而狭（宜于中央）；一革命之力宜借旧政府之所恃者（用政府军队），使为己用，而收事半功倍之效。"①

　　在这里，我们没有必要讨论葡萄牙革命的真实状况以及宋教仁对葡萄牙革命理解的准确度，关键在于宋教仁通过这次政治变革看清了一个事实：兵贵神速，革命党必须迅速建立政权、恢复秩序并依次得到各国政府的承认，才能维护革命成果，"即有

---

① 　陈旭麓主编《宋教仁集》上册，中华书局，1981 年，第 327 页。

一二野心之国"一直在等待这个机会对中国革命进行封杀。同时，他还拟定了利用军队实行短期中央决战的革命战略。

当然，他的这幅革命蓝图发表在"武昌革命"前夕，不太可能马上就与辛亥革命联系起来。最后革命没有发生在北京而是在武昌，而且清政府在那一年中期还发布了铁路国有化宣言，围绕这个宣言，中国国内政局一片混乱，到了一触即发的地步。所有革命现状都超出了预想，偏离了原来设想的轨道。不过，最重要的一点在于宋教仁能够冷静地将革命置于国际环境中，他比任何人都更加清醒地将外国干涉的危机置于现实政治的维度加以把握，并将其列为革命蓝图中最根本的部分。对于沙俄直接侵占中国领土的行为，他在很早以前就鸣响了警钟。对于日本，他一方面与日本的民间志士保持紧密联系，另一方面对于日本在国家层面的野心，展开了激烈的批判。特别是在日俄战争、日本吞并朝鲜之后，他将日本列为"既往将来之大敌国"。[1] 他提出无论是采取"正相的侵略政策"的"武力的侵略派"日本、沙俄，还是采取"变相的侵略政策"[2]——"经济的侵略派政策"的英国，他们都对中国这只"中原之鹿"虎视眈眈，并提出预测："不出五年，日英同盟及其他各种协商条约则尽解散，不出十年，日本与美国则以干戈相见于太平洋之间。"[3] 基于对现实政治的分析，

---

[1] 《东亚最近二十年时局论》，载陈旭麓主编《宋教仁集》上册，第 137 页。

[2] 《政府借日本债款十兆元论》，载陈旭麓主编《宋教仁集》上册，第 203 页。

[3] 《论近日政府之倒行逆施》，载陈旭麓主编《宋教仁集》上册，第 221 页。

他高瞻远瞩地提出列强干涉的危机正是决定中国革命成功与否的关键，无论如何都要避免推翻政权之后出现权力空白，因此，中国革命必须速战速决。这种革命战略在辛亥革命的实际发展进程中究竟是否实现了，我们留待后面再探讨，这里必须先分析一下辛亥革命所处的国际环境与革命派所设想的变革蓝图之间的关系。

正如前面已经提到的，孙中山要求在革命过程中拥有绝对的强权。这也是一个认识到"创立民国"这一革命目标包含的历史课题之巨大的革命者的最基本要求。这一要求与迅速建立新政权之间本来没有什么背离，两者能够同时实现才是众望所归，但是，问题在于，现在中国这个帝制国家的解体与共和国的成立这一政治变革要在 20 世纪初的东亚国际环境中去完成，而 20 世纪初的东亚国际环境正如宋教仁所说，被"正相"的"侵略派"与"变相"的"侵略派"所包围。[①]毫无疑问，我们有必要重新确认这种历史必然性。首先，这与孙中山革命设想中一方面依靠"造反""光复"的内在理念与能量，另一方面积极"建设共和国"这一变革的步调不一致，完全属于不同的维度。但是，这一历史必然性[②]却将对即将到来的辛亥革命起决定性的影响。不

---

① 宋教仁将帝国主义侵略方式分为武力侵略与经济侵略两种。他提出："一正相的侵略政策，以武力为先驱；一变相的侵略政策，以经济力为先驱。"——译者注

② 中国的政治变革必须在列强们"虎视眈眈"的国际环境中完成。——译者注

仅如此，与创立共和国这一历史课题将是一个贯穿整个 20 世纪中华世界的课题一样，可以说，这种历史必然性涵盖了中国政治变革的方方面面，而在辛亥革命以后，外国干涉、侵略恐怕也将使这个国家的所有变革早产、流产，或者使其脱离原来的轨道。

从历史上来看，这个国家在漫长的历史当中从来没有遇到过这种饱受西方列强侵略威胁的国际环境。清朝末年以来，不少知识分子对"天下一变"的局面进行了各种各样的研究并尝试提出对策。宋教仁以一个新知识分子的身份用全新的思维去解读近代国际政治中的政治力学（动态特征），而孙中山则以一个边际人的身份捕捉到了"共和"的理念。与此同时，宋教仁在他留学之地日本冷静地观察到了远东政局中中国的相位并力图读懂在其中起作用的政治力学。他特别清晰地把握住了即将面临的与革命相伴而来的各个方面的问题。可以说，宋教仁支撑起了革命派革命战略构想的重要部分。

至此，我们对新旧思想、新旧文化作用下的孙中山所代表的革命各派势力在政治维度上描绘出来的革命政治蓝图进行了分析。简而言之，他们的革命政治蓝图描绘的主要是强权下的共和制国家、对创建共和制社会的期待，同时还有通过快速建立中央政权来防止列强的侵略与干涉。很明显，在 20 世纪初的中国，这份蓝图是正面应对推翻旧的封建社会制度、重建新的国家这一基本课题的产物，而且是非常正确的选择。不过，现实中的辛亥革命究竟在多大程度上实现了这份蓝图的构想呢？下面，为了去辛亥革命过程中探寻本书想要研究的几个课题，我们有必要简单地回顾一下辛亥革命的政治史经过。

3. 辛亥革命的发展历程

1909年，作为实施立宪制的准备阶段，清朝举行了相当于地方议会的各省咨议局的选举（限制、间接）。第二年10月，清政府在北京成立了以咨议局为基础的钦选、民选参半的准议会机构——资政院。尽管清政府痛定思痛，在制度改革尝试上狠下了一番功夫，但是从政治力学来看，其结果却完全相反。因为清政府的这种改革为时已晚，错失了良机。由于这些合议机构的设定，使得各省的有权势者（士绅阶层）的政治要求"合理化"。这一举措仿佛给这股自下而上的逆流铺设了一条管道。这种合法渠道一打通，要求"速开国会"的声浪马上呈井喷之势，一浪高过一浪。痛感对清王朝的专制体制改革（旧封建社会制度改革）已经迫在眉睫的乡绅阶层在强烈的危机意识的驱动下开始了积极的行动。1910年1月，清政府将原计划开设议会的时间（1917年之前）大幅提前，并宣布1913年开始实施。从辛亥革命发生在1911年这一事实来看，两者之间的博弈像极了赛跑运动员到达终点之前拼尽全力进行的冲刺。

另一方面，从1907年、1908年开始一直到1911年这段时间，中国全境大大小小的起义、暴动频发，大大地动摇了清王朝的根基。这其中很大一部分原因是清朝所谓的"新政"所导致的加征新税。虽然历史上所有的革命多多少少都有共性，但是没有哪个革命像辛亥革命这样，就像一团各式各样、纷繁错杂的丝线迅速盘成一个牢固的"结儿"，这个"结儿"最终成为辛亥革命的直接导火索。这一点我们看清朝军事方面的改革——军队近代化的产物武昌新军的情况就可想而知了。

孙中山在 1907 年以后就多次在清军防备比较薄弱的边远地区举行武装起义，遗憾的是无一例外都以失败告终。但是，不久，同盟会就开始组织以华中为中心的长江流域的会党，并且很快就在湖北的武汉地区发展成为活跃的革命团体。加之他们还成立了"中部同盟会"[①]（1911 年 7 月），最终形成了辛亥革命的直接导火索。1911 年，清政府宣布"铁路干线国有化"，引发了以各地咨议局为据点的激烈的反对运动（保路运动），其中尤以四川为甚，而被派去镇压保路运动的武汉新军则举起了起义大旗。这一段历史大家知晓得比较多，不再赘述。

1911 年 10 月 10 日，在武昌发起的武装起义获得成功。清朝气数已尽，走到了生命的尽头。以武昌起义的成功为契机，十三省的咨议局势力在一个月之内接二连三宣布独立。清政府不得不重新起用三年前被罢免的实力派人物、汉人大官僚袁世

---

① "中国同盟会中部总会"的略称，是长江中下游地区同盟会成员为推动长江流域的民主革命运动而建立的革命组织。——译者注

凯，近乎全部放权给他，令其前往镇压。革命派一边与袁世凯的强权武力进行交战，一边组建与其对抗的临时政府，并于这一年的岁末围绕临时大总统的人选问题在革命派内部展开了错综复杂的政治斗争。一方是得到皇权（虽然已经逐渐丧失实权）支持的官僚－军人政权；一方是代表各地乡绅阶层的所谓"立宪派"势力；还有一方是同盟会名下集结的革命派势力。这三方势力各有优势，相互展开了激烈的角逐。

当时尚在美国的孙中山得到武昌起义的消息之后，辗转欧洲回到上海的时候已经是 1911 年的 12 月 25 日。两天后的 27 日，中国举行临时大总统的选举，孙中山获得 17 票中压倒多数的 16 票，当选临时大总统。这样，1912 年 1 月 1 日，在华中、华南革命势力的支持下，中华民国临时政府在南京成立。孙中山就任民国第一任临时大总统。

但是，时局太过扑朔迷离，瞬息万变。由于英国的介入、调停，南北开始停战议和，在袁世凯的强压之下宣统帝退位，封建君主专制制度结束（1912 年 2 月 12 日）。随后，袁世凯发表赞成共和制的声明，接受这一条件的临时政府参议院选举袁世凯为临时大总统；4 月 1 日，孙中山正式辞职，让位给袁世凯。好不容易才呱呱坠地的中华民国南京临时政府仅仅三个月时间就宣告结束。

关于这一政治历程及其背后的情况，没有必要再详细叙述。这里我们言归正传，对于武昌起义，用孙中山自己的话来说，他

"毫发无功"①，但是他一回国就得到众人拥护，高票当选为临时大总统。那么，这究竟是为什么呢？孙中山在这一时期的革命活动究竟代表了辛亥革命政治文化中的哪一部分呢？他的行为有什么象征意义呢？我们有必要好好地解读一下这短短三个月间孙中山的活动。

五　创建"共和"——新的政治社会的尝试与彷徨

虽然以华中、华南地区为中心的革命形势高涨，但是南京临时政府所面临的形势却极其严峻。临时政府不仅要抵抗占尽优势的袁世凯的武力镇压，最重要的是必须达成迫使清王朝退出历史舞台这一首要目标，又要尽可能地阻止外国的介入和干涉，雪上加霜的是，财政还陷入了窘迫状态。即便如此，在各方政治、军事力量的较量当中，临时大总统孙中山为了实现建立共和制社会的目标，从制度层面到思想、文化、风俗、习惯层面再到政治层面都展开了一系列活动。确实，孙中山这一系列的尝试最终因为袁世凯的登场而变成了一纸空文，没能在历史上充分扎根成长，但是，当我们盘点其内涵和意义的时候，还是会发现他这一系列活动的意义全面体现在了辛亥革命的革命文化上。

---

① 《民立报》1912 年 1 月 1 日，第 2 页。同时参照李新主编的《中华民国史》第 1 卷下，中华书局，1982 年，第 424 页。

　　在孙中山就任时宣读的《宣言书》上，他将临时政府规定为"革命时代之政府"，明确表明临时政府的使命是"必使中华民国之基础确定于大地"（1912 年 1 月 1 日）。[1] 本着一扫"积弊"、创立文明世界之一国的目标，他决定马上采用太阳历，废除年号，定民国创始之日——1912 年 1 月 1 日为民国元年元旦；同时，组建内阁，正式成立临时参议院，设立法制局，倾全力创建新的共和国制度。可以说，这是孙中山集十余年流亡海外经验学到的西方世界的国家、社会、文化等方方面面的精髓，再经过他以一个中国平民的思想过滤之后所描绘出来的极其清晰鲜明的新的政治社会蓝图。

　　其时，各省的独立造成全国一片混乱，在这混乱当中，孙中山为了处理临时政府与地方之间的关系，连日发行"公报"，进行"政事"这一具有"公布性质"[2] 的政治形态的实践。为了尽早选拔人民之"公仆"——共和国官僚，他颁布了《文官考试令》。除此之外，他还命令严禁鸦片，禁止体罚、缠足，禁止买卖人口，废止那些"蛋户""惰民"等的"贱民"身份。而这些都是"天赋人权，人人平等"，"国家社会之一切权力……均许一体享有"[3] 之表现。这一时期，由于战乱，导致"亲死不葬，殡

---

[1]　《临时大总统宣言书》，载《孙中山全集》第 2 卷，第 3 页。

[2]　《令各行政机关购阅公报文》，载《孙中山全集》第 2 卷，第 45 页。

[3]　《令内务部通令蛋户惰民等一律享有公权私权文》，载《孙中山全集》第 2 卷，第 244 页。

厝旷野"①，"城乡内外盗贼充斥，宵小横行，夜则拦路夺物，昼则当街卖赃。或有不肖兵士，藉稽查为名，私入人家，擅行劫掠"②的现象时有发生。从这一情况来看，也许他所倡导的"神圣人权"还仅止于一张布告，但是，孙中山所代表的临时政府，为了实现共和制这一新的政治社会正在努力对政治社会的所有领域进行变革，这一点毋庸置疑。

如果将这些变革稍微上升到权力本身的改变这一政治层面来加以分析的话，那么，再也没有比孙中山咨请临时参议院议决设立"稽勋局"（勋功调查局）一事更能说明问题的了。回顾历史，过去的帝王是通过掌握任命官职这一全部权力之本操控臣子的。这一点在各朝各代创建之始尤为明显。这才是君主帝王集权力于一身的"数千年专制"的基础。同时，也是"数千年专制"之"流毒"。但是，孙中山从一开始就"官惟其才，赏惟其功"，截然为两事。"断未有以官为赏，论功授职者也。"③所以，孙中山设置了"稽勋局"，对于武昌起义这"开国一役"，调查应赏应恤之人，详订应赏应恤之条，再议决施行。这正是他将"官"与"赏"截然分开的一种尝试。很容易想象，因为关于政治权力那种旧体制的观念依然根深蒂固地存在，当时有多少人期待着"论

---

① 《令内务部掩埋城垣内外各处暴露尸棺文》，载《孙中山全集》第2卷，第191页。

② 《命陆军部严加约束士兵令》，载《孙中山全集》第2卷，第24页。

③ 《咨参议院建议设立稽勋局文》，载《孙中山全集》第2卷，第122页。

功行赏"，背后又有多少争夺战为此而发生。应该说，孙中山将"任官与赏功"区别开来其本身就是一种观念的改变，是一种全新的观念。民国元年2月广东省各界推举孙中山的哥哥孙眉任都督这一事件就很好地说明了问题。[①] 孙中山温和地劝他哥哥辞掉官职。正因为创建民国是构建"共和制"这么一种新性质的权力，所以这一问题才正是最核心的课题。可以说孙中山从原理上充分理解并非常明确地把握了这一点。

在分析完孙中山所代表的革命文化的发展理念之后，我们必须更进一步聚焦于对以下问题的深入探讨：置身于临时政府所面临的残酷现实和与之相应的革命权力的动态发展之中，这个国家的政治统一体是怎样一步步走向解体的呢？其重构的轨迹如何呢？在这一过程中所显现出来的政治文化的特征有哪些呢？下面我们通过对这些问题的研究来揭开当时中华世界内在的基本政治课题的一角。

只要对辛亥革命的历史多少有一点了解的人都知道，袁世凯从一开始就伺机篡夺政权，其狼子野心昭然若揭。为此，孙中山一方面警惕袁世凯的野心，让革命军做出北伐的姿势，另一方面很早就提出只要袁世凯达成让清帝退位的大目标、赞成共和制，

---

① 《致孙眉电》，载《孙中山全集》第2卷，第114页。中国国民党中央党史史料编纂委员会《国父年谱》上册，1965年，第402页。

他就同意将临时大总统之位让给袁世凯。实际上，只要分析一下当时的现实情况就知道，袁世凯拥有北洋陆军，革命军根本就不可能在军事上与之抗衡。在众"列强""虎视眈眈"的国际环境下，中国根本无法避免长期的战乱、内战。而且，比起推动"平民革命"的孙中山和革命派，代表过去的咨议局势力的所谓"立宪派"更倾向于让承诺"共和"，拥有军事、政治实权的袁世凯来恢复秩序。关于袁世凯以及"立宪派"的行动以及决定他们行为的社会框架我们在后面的章节再另行讨论。事实上，在袁世凯被选为临时大总统前夕，革命政权的政治构想特别是制度构想发生了很大的转变，共和国的统治形式从一开始的总统制转变为内阁制。

众所周知，孙中山早先一直是将美国的总统制作为民国的主要制度模板。这无外乎是因为他认为在联邦制、权力分立等制度下，只有掌握行政大权的总统才最适合推进新的国家建设。前面提到的南京临时政府时代的状态就是最好的证明。但是，随着孙中山的辞职，政权的模式发生了改变。南京的革命权力应该更多地从制度上去制约临时大总统袁世凯的权力。于是，革命派开始着手制定以议院内阁制为基础的《临时约法》（1912 年 3 月 11 日）。与此同时，过去以革命为目的的秘密会社——中国同盟会随着武昌起义的成功开始从"地下"转为"地上"，正大光明地公开结社，并进一步形成了以议院内阁制为前提的政党——国民党。[1] 这中间仿佛有一双看不见的时代潮流之手在推动着形势发生急速变化。我不认为这一系列变化是革命派在这一过程中，在袁世凯的武力威胁之下，在临时大总统之位旁落他人这一事态面前对制度的设想与构思，以及在应对各种节外生枝的情况下制定出来的十分明确的因应之道。恐怕其主要原因还是在倾覆王朝体制这一具有漫长历史的上层建筑的过程中所带来的巨大变化以及混乱超越了当时所有人的预想。在这一急剧变化的政治形式中，领导同盟会 - 国民党的是宋教仁。他在南京临时政府成立之初就反对孙中山以及同盟会众人主张的总统制，从一开始就强烈要求实行议院内阁制。从他个人的情况来看，他的这一主张来源于他留学日本期间对近代国家法治的研究以及对制度论的探讨与研究。宋教仁合并了应该称之为民党的其他四党，成立了参议院第一党——强大的国民党——来限制袁世凯，阻挡袁世凯的专制之路。可惜的是，这么英明的宋教仁后来被袁世凯安排的刺客暗杀，"辛亥年之光"被军阀政权的黑暗所吞没。那是1913 年 3 月，离武昌起义仅仅一年半光景，而且是在正式召开国会前夕。

　　民国初期无以名状的混乱局势，无比复杂的政局发展动向，作用其中的政治力学不在本书的研究范围之内。在这里，我想将

---

① 这期间的复杂经过以及斗争参照李新主编《中华民国史》第 2 编第 1 卷上，第 39—45 页，以及胡绳武、金冲及《辛亥革命史稿》第 4 卷，上海人民出版社，1991 年，第 12—15、258 页。

问题集中到其中一点来进行讨论：继承了这个国家政治文化传统并从中吸取了有形、无形的能量，为实现共和制鞠躬尽瘁的孙中山，在这急剧变化的政治形势中是如何理解形势的发展并做出了怎样的应对之策呢？最终又是什么样的思想文化在起作用呢？

确实，整个局势的发展就算对于孙中山来说无论如何也是非常棘手的。毕竟起决定性作用的归根结底还在于武力。但是，以中国革命为己任的同盟会在还没有完全消化《革命方略》所勾画出来的"军法之治""约法之治"这一蓝图的情况下，就马上开始向以议院内阁制为前提的议会政党华丽转身，这一点肯定也是孙中山完全没有预料到的。不，应该说"政党"这一观念本身就是这个国家从未有过的一种全新的事物。[①] 武昌起义之后，这个国家的政治会社如雨后春笋般破土而出。据不完全统计，这期间以政治团体自称的就有 312 个[②] 之多。当然，因为政党制度的不完善，出现了很多"跨党"的现象。也就是一个人同时加入了好几个不同的政党，多重党籍者辈出。这也表明在民国初期的风云变化中，正如"千差万别"这个成语的字面意思那般，虽然每个人的动机千差万别，但是他们的目的相同，都想在这新的权力世

---

① 关于清末的政党观，参照三石善吉《传统中国的内发的发展》"第四章　派阀与政党""第五章　初期政党活动"等（研文出版，1994 年）。

② 张玉法《民初政党的调查与分析》，载张玉法主编《中国现代史论集》第 4 辑，联经出版事业公司，1970 年，第 37—38 页。

界中分一杯羹。

在这期间，孙中山几乎没有留下他自己明确的政党观。岂止如此，甚至可以说我们看到的只有他在实现民国这一目标与议院内阁制磨合过程中所表现出来的不知所措。这一时期关于政党的比较系统的描述恐怕只有得到他同意之后发布的《国民党宣言》（1912 年 8 月 13 日）。

"今夫国家之所以成立，盖不外乎国民之合成心力。"其在"共和立宪国"，"国民合成心力普遍于全部，故左右统治权力者，常为多数之国民"。"惟是国民合成心力之作用，非必能使国民人人皆直接发动之者。"人的思想、知识、能力各不相同，既然"优秀特出者"一般都为少数，"虽在共和立宪国，其直接发动其合成心力之作用，而实际左右其统治权力者，亦恒在优秀特出之少数国民。在法律上，则由此少数优秀特出者，组织为议会与政府，以代表全部之国民。在实事上，则由此少数优秀特出者集合为政党，以领导全部之国民"。所以，"政党在共和立宪国，实可谓为直接发动其合成心力作用之主体，亦可谓为实际左右其统治权力之机关"。[1] 在这份宣言中，显露出了"优秀特出者"这一孙中山后来的"先知先觉论"的观点，将政党作为代表全体国民的直接政治主体。这既继承了古典近代国民国

① 载《孙中山全集》第 2 卷，第 396—397 页附录。不过，只是推测执笔者为宋教仁，《宋教仁集》下册第 747—750 页附录也同样有收录。

家理论的正统，同时还意味着政党是实现"全体国民"的"公"
的组织。这正如孙中山言论中所表明的，他期待政党站在全体
国民的立场"齐心协力""巩固此中华民国"。[1] 在这个意义上，
孙中山认为政党均以"国利民富"为前提，"彼此相待应如弟
兄"。[2] 但是，"若仅有一政党，仍是专制政体"。"政党之必有两
党或数党互相监督，互相扶助，而后政治方有进步。"[3] 孙中山提
出：欲求有"完全国家"，必先有"完全议会"，必先有"完全政
党"。[4] 而且，"政府善则扶持之，不善则推翻之"。[5] 政党只有排
除"私见"，排除私利，立于"公理"，才能"将来必有发达之
望"。[6] 孙中山对美国、英国的政党制也有一些了解，他这种对
政党的把握，一定是基于他在国民党成立之初其自身的理解与感
悟吧。

我们很容易就能察觉到：孙中山之所以优秀，最重要的在于
他站在全体社会这一"公"的立场以及追求这一立场的"政党"、
追求"公"的议会这一边。而这些恐怕都来自他灵魂深处的一种
思想、文化框架，同时也是中国文化传统所内含的重要框架之

① 《在北京同盟会欢迎会的演说》，载《孙中山全集》第 2 卷，第 406 页。
② 《在国民党成立大会上的演说》，载《孙中山全集》第 2 卷，第 408 页。
③ 同上。
④ 《在北京共和党本部欢迎会的演说》，载《孙中山全集》第 2 卷，第 440—441 页。
⑤ 《在上海自由党的演说》，载《孙中山全集》第 2 卷，第 343 页。
⑥ 《在北京共和党本部欢迎会的演说》，载《孙中山全集》第 2 卷，第 441 页。

一。换言之，他的立场中至少不存在个别的、私人的利害得失的流露或者妥协。而且，他的这一立场在我们将目光转向经济层面去观察的时候就更加清晰明了。

孙中山认识到了中国是"极贫之国"，在他看来，振兴实业是一项与政治变革同等重要的大事。[①] 但是，在孙中山的眼里，"资本与资本家又是完全有别"，这一点从他的"民生主义"理论也能瞧见一些端倪。他不反对资本，但是他反对资本家。[②] 他认为资本家"以压抑平民为本分者也，对于人民之痛苦，全然不负责任者也"，"一言蔽之，资本家者无良心者也"。[③] 不管你如何看待这种特别激进的言论，抽丝剥茧之后就会发现这是一种对个人利益的彻底排斥，或者说是一种经济层面上很有骨气的人民公有、公产的理论。如果再往前追溯，这体现的正是他"我人所抱之唯一宗旨，不过平其不平，使不平者底于平而已矣"[④] 这一最基本的立场。

我们在孙中山和革命党上面已经花费了不少笔墨，接下来，我们有必要一边整理他们所代表的革命政治文化，一边考察辛亥革命的其他各因素。作为一个中国农民的子弟，同时还以一个边

---

① 《在上海中华实业联合会欢迎会的演说》，载《孙中山全集》第2卷，第339页。

② 《在上海南京路同盟会机关的演说》，载《孙中山全集》第2卷，第338页。

③ 《在武昌十三团体联合会欢迎会的演说》，载《孙中山全集》第2卷，第333页。

④ 《在上海中国社会党的演说》，载《孙中山全集》第2卷，第509页。

际人的身份起航的孙中山一面将民众世界造反的传统往共和的理念转轨，一面决定将 20 世纪初中国的政治变革往既定的方向引领。作为新生中华民国的第一任临时大总统，他为创造新的政治社会倾尽了全力。他开展的一系列活动证明了他对帝制国家崩塌之后所产生的政治、社会方面的诸多课题以及文化的扩展方面保持着清醒的觉悟。在袁世凯上场之前，在毫无疑问将不得不移交政权的时候，至少孙中山本人是将所有希望寄托在了追求"公"的政党、追求"公"的议会以及选举出为民"公仆"的大总统这一共和国的政治制度上。坦率地说，要准确地判断这一时期孙中山的立场以及他的真实感情非常难。我们很难说孙中山对袁世凯没有很强的警戒之心。但是，三民主义当中，民族主义、民权主义都已经达成，袁世凯也对国民宣誓做民国的"公仆"。在这种情况下，孙中山否定了"二次革命"的可能性，自己到"全国铁路督办"赴任，准备振兴中国的实业。从这一点来看，我们又很难看出他有把袁世凯当作民国一贯的敌对者的意识。

姑且不论世人对于那段时间的孙中山的历史评价如何，我们可以通过孙中山的思想与行动在多大程度上浸润了"公"与"平"这一孙中山的向导性理念和价值观来帮助我们看清真相。确实，孙中山"所抱之唯一宗旨在于'平'"，而且主张"人民之事人民公理之"。基于这一理念和价值观，他勾勒出了民国政治制度的蓝图，并将所有希望寄托在这一政治制度的运营上。可以毫不夸张地说，正是孙中山这种植根于内心的思想，从理念、现实两个方面为他所领导的革命运动，为推翻王朝体制提供了潜在的能量。

对于已经知道民国初期这段历史的人来说，仅仅停留在这一点上是远远不够的。"公"也好，"平"也罢，它们本身是模糊的、无形的。要让它们能够在新的时代中与政治实体、社会实体一起扎下根来，确实在各个领域都还有很多需要填补的空白。尽管如此，这种理念和价值观，由于其自身的特征，在现实世界中反而随着某种政治意识形态的出现而频频出场。例如，光复会派系的思想领导、与孙中山对立的章太炎，在革命之后不久就提出："革命军起，革命党消。天下为公，乃克有济。"章太炎将革命党的同盟会定性为私人党派，主张将其解散，从而引发激烈的讨论与论争。袁世凯则出于政治谋划的目的组建了"建公十人团"①。他之所以以"公"来命名，淋漓尽致地显示了当时社会的真实状况。

如今，清帝国刚刚轰然崩塌，中国虽然已经在否定帝制的基础上建立了新的政治制度，但是最终到哪里去找到保障共和制的权力以及保证共和制运行的力量呢？在这个国家传统的土壤与现实的基础之上，新生民国的政治形态、社会形态究竟应该是什么

---

① 民国元年 7 月，袁世凯实质上已经从参议院手里抢到了国务院的任命权。对于那些持反对意见的议员，他以"建公十人团"的名义威胁要暗杀他们。《民立报》，民国元年 8 月 1 日。

样的呢？不过，太过贸然地去探讨这些问题还是有失妥当，在这里我们要调查研究的最重要的还是南京临时政府存活于世仅仅三个月这一历史事实。

以"武昌起义"为开端的辛亥革命的政治因为宋教仁的横死而告终。在清帝国的解体过程中，还有一些同样继承了这个国家的政治文化传统和在决定革命整体趋势中起了决定性作用的其他一些因素，我们必须对这些政治、社会力量进行分析，以进一步明确整个辛亥革命的意义。

接下来我们要讨论的是"立宪派"的代表人物之一张謇。

六　立宪派张謇——乡绅的政治文化

张謇在辛亥革命史中也画上了浓重的一笔，但是他终究还是没有孙中山那么有名。我想在此有必要简单地介绍一下他的政治经历。

张謇（1853—1926）出生于江苏南通的一个农民（富裕的上层农民兼小商人）家庭。在父辈们的殷切期盼下，他按照父亲的安排走上了考取功名的科举之路。经过多年的努力与辛苦之后，他终于通过会试，成为一名进士（41岁），而且最后得中科举考试最高等级的一甲第一名——状元。这期间，他作为地方实力派官僚的幕僚跻身东南地区的士大夫名流之列，获得了比肩总督、巡抚的社会地位。这是中国封建王朝政治社会典型的成功之路。

但是，实际上，除了极短的一段时期之外，他并没有被委以实质性的官职。他一面保持与中央政界的联系，一面在家乡兴办实业。可以说他依然还是旧中国士乡绅（士大夫、乡绅）阶层的一员。但是，他经营的内容已经从传统的农本主义发展到了以近代纺织工厂（大生纱厂）为中心的新实业。

1906 年，清政府宣布"预备立宪"，宣告要开启立宪制的改革。此宣告一出，张謇就大步踏上了立宪运动之路。1909 年，他作为江苏咨议局议长以及后来速开国会请愿运动的全国领袖之一活跃于当时的历史舞台。1911 年 10 月，武昌起义的时候，张謇一开始还寄希望于清政府能够大幅让步来把控事态的发展，但是最终清政府的表现让他绝望了。失望之余，他立即转向，非常明确地确立了共和立宪的目标，积极与革命各派交流，以图实现中华民国。1912 年 1 月，他就任孙中山南京临时政府实业部总长（至 1912 年 2 月），之后，又于民国二年 10 月，在袁世凯政权内担任了两年左右的农业部总长。在这期间，他始创的大生企业集团得到了很大的发展，成为 1910 年代具有代表性的中国民族资本产业之一。

众所周知，以各地咨议局为据点的"立宪派"是左右辛亥革命政治发展方向的重要力量之一。辛亥革命的主要发展经过在上一节我们已经简单地做了介绍，不再赘述。自 1906 年"立宪运动"开展以来，张謇一直是立宪运动的重要人物之一，是全国的领袖人物之一。在这个意义上，说他是辛亥革命过程中立宪派的典型代表人物毫不为过。不仅如此，我们只要分析一下张謇的活动轨迹以及他的主要思想和人际关系等，就会发现许多很有意思的历史问题。特别是他担任广东水师提督吴长庆的幕僚那一时期；他与壬午政变（1882）之际出兵朝鲜的青年军人袁世凯同为幕僚制定《制艺指南》一事；在革命军发起武昌起义之后，他秘密与袁世凯进行重要会谈一事；起义发生之后革命派、北方派（袁世凯派）的重要人物都在上海与其会晤，围绕赵凤昌等其他事件进行各种谋划（所谓"惜阴堂策划"）一事；等等。这一桩桩一件件的事都与辛亥革命有着千丝万缕的微妙联系。[1]

"立宪派"又常常因为其社会基础被称为"立宪派资产阶级"。如果我们要研究整个这个政治集团，其内部又有好多个比较活跃的小团体且存在多样性，我这里仅仅选取张謇作为"立宪派"的代表，也许比前面选取总理孙中山来代表革命派（同盟会）更加难以服众。不过，本书聚焦于张謇，一方面是因为他考取了封建王朝科举体制的最高功名，另一方面是因为他前后参与

---

[1]　关于张謇的传记，有章开沅的专著《开拓者的足迹——张謇传稿》（中华书局，1986年；藤冈喜久男译《张謇传稿——中国近代化的先锋》，东方书局，1989年），有藤冈喜久男的登载了"张謇日记"的《张謇和辛亥革命》（北海道大学图书刊行会，1985年），还有《中华民国第一共和制和张謇》（汲古书院，1999年）。这些著作都非常扎实，非常详细。关于张謇的行迹的内容大多参考了以上前两部著作。

了孙中山、袁世凯两届政权的内阁，他的这一传奇人生以及蕴含其中的历史含义值得我们去解读。虽然我也会将"立宪派"所显示的多样性时刻放在心上，但我更加关注的是当时中国社会的这一社会势力是如何最终结晶为张謇所代表的政治势力，以及这一政治势力如何影响辛亥革命发展这一历史过程，特别是导致这一结晶过程的中国的政治文化形态。在这一过程中，政治、文化传统与制度变革、制度形成之间是怎样交相辉映、相互影响的呢？"立宪派"是辛亥革命的几大重要势力之一，而这对辛亥革命又有什么重大意义呢？接下来我将通过追溯张謇的活动轨迹来探讨这些问题。

正如前面第二节"辛亥前史"中已经提到的那样，1901年，慈禧太后统治下的清政府在西安行宫颁布变法上谕，中国的"风气"发生了很大的改变。以此为契机，张謇应两江总督刘坤一之请，执笔书写了一份题为《变法平议》的宏大的建议书。这份建议书建立在志趣相投的上层士大夫讨论的基础之上，同时也是张謇本人政治主张的全面展现。可以说这是迈入新世纪的张謇的活动目标。其内容跨度很广，囊括了"王朝体制"下的传统政治机关——"六部"所管辖的各个部门的方方面面，建议多达42条。[①] 这份建议书的内容确确实实是

---

① 《变法平议》，载近代中国史料丛刊续编《张季子九录 政闻录》，文海出版
社，1983年，第51—101页。

封建王朝为了"振兴国势"应该采纳的高度概括的、具体的政策改革方案。不过，作为一个在东南地方有一定势力的士大夫，张謇一方面与中央政界有一定的联系，另一方面又有状元这一身份背景且在地方经营实业。在他这份建议书的背后，我们还是能够看出他十多年来的具体人生经验，对社会现实的认识以及从中孕育出来的某种政治路线的影子。为了弄清其来龙去脉，我们有必要追溯几个时代，来探寻他在19世纪末最后几年那动荡的岁月里所开展的现实活动与思想行为。

1895年中日甲午战争的失败给清廷内外带来强烈冲击。作为战争时期的主战派（帝党、清流），在清政府签下屈辱的《马关条约》——"下关讲和"之后，张謇代替两江总督张之洞起草了《条陈立国自强疏》①。可以说这是他站在地方大员督抚层的立场，展示当时的上层士大夫乡绅阶层应对这次打击的代表性主张之一。确实，这份提议广义上是19世纪七八十年代洋务运动的延续。但是比起这份提议的内容，我觉得更应该关注其思想性和具体性。他的主张明显具有以下几大特色。

面对清政府在甲午战争中的失败以及随后屈辱的讲和，张謇的这篇上奏文首先提出要警惕日本更进一步的侵略的主张。当然，对于《马关条约》同意外国人在通商口岸设立工厂——外国产业资本渗入一事，他也绝不会放过。为了应对这种情况，

---

① 《代鄂督条陈立国自强疏》，载《张季子九录 政闻录》，第24—46页。

他提出中国最重要的是要强化军备，即迅速充实陆海军，在各省设兵工厂。但是，特别有意思的是，张謇一方面对日本的武力侵略抱有强烈的警戒心，但是另一方面他提出的具体措施中又主张采用彻头彻尾的日本模式，即日本从德国学来的建设陆军的方式。例如通过派遣留学生、购买洋式装备、训练新兵来建设军队。而且，提案内容从枪的口径、弹药的性能、军舰的速度到所需要的费用等都带有翔实的数据，尽可能地具体化，就事论事。这一点与那些以制度框架为前提的设想以及那些基于传统观念所提出的政策明显不同。张謇的提议具有马上就可以着手操作的高度现实性。这是这一提议的策划者、高度务实的起草人张謇的一大特点。这一点在他6年后撰写的《变法平议》所提出的针对六部各省厅的改革方案中也体现得淋漓尽致。他在《变法平议》中近乎贪婪地借鉴明治日本的制度改革及其方式。在那一提案中甚至具体地论及了官员的俸禄额度。综合考虑张謇有很长一段时间作为地方官僚的幕僚参与各地的政策制定这一经历，他应该是在这一方面得到了很多锻炼的机会。但是，在我们进一步考察这个国家的历史文化构成的时候，张謇作为一个典型的传统王朝的士大夫，在面临体制危机之际所展现出的这样一种"策划者"姿态究竟表明了什么呢？又有什么历史意义呢？这些暂且留待以后再展开。下面我将提出他其他的几大特点。

虽然张謇提出改革的当务之急首先在于强化军备，但是"立国自强"这一大命题肯定不能单靠这一条来达成，还必须"速讲商务"。他提出这是因为"西人常论中国商人最工贸易，惜国不为保护"，任他们各自追求个人私利，不顾大局，以至于"百业皆衰"，所以应该在各省设立商务局，"合众商之力以厚其本，合国与民之力以济其穷"。①

不过，根据张謇的观点，与商务并驾齐驱的还有"工政"，"工政"也是需要"速讲"的。他指出：现在世人皆以为外国是"商务立国"，其实那只是"皮毛之论"。"外洋富民强国之本实在于工。"②而实际上，中国要实现富民强国，最根本的还是要到农业中去寻找出路。

他在那段时间拼命地到处游说，说明设立农会、商会和工会的必要性。他说："立国之本不在兵也，立本之本不在商也，在乎工与农，而农为尤要。盖农不生则工无所作，工不作则商无所鬻。"（《请兴农会奏》）③而且"天下之大本在农，今日之先务在商。不商则农无输产之功。不会则商无校能之地"（《商会议》）。④他提出要振兴提高农学以及农业技术的农会，以及在各省、府、县设立与之相匹配的发展商务、工务的商会和工会。在他的提议中，从农会、商会以及工会的行政组织的创设

---

① 《代鄂督条陈立国自强疏》，载《张季子九录 政闻录》，第37—38 页。

② 同上，第39 页。

③ 《请兴农会奏》，载《张季子九录 实业录》，第1095 页。

④ 《商会议》，载《张季子九录 实业录》，第1091 页。

到技术人员的招聘，从农地开垦的政策到如何号召商人等，都
描述得非常详尽，非常务实。

张謇关于立国自强的构想是全方位的，是他在看准了中国王
朝社会的构造之后为中国量身定做的。这与那些只关心征税和锦
衣玉食的王朝官僚截然不同，也与传统的士大夫阶层道德上的爱
民思想或者过去的农本思想相异。也许以我们现在的眼光来看，
他的这些构想不言自明，但是，在那个时候的中国能够提出这种
农、工、商有机地紧密相连的观点，说他拥有让中国朝自强方向
发展的构造性思维一点也不为过。

通过以上的分析，我想可以提出这样一个极其有意思的观
点。正如前面第三节所探讨的那样，从檀香山归国后的孙中山，
几乎与张謇在同一时间，从"人、土地、生产、流通"这一整体
视角提出了中国社会应该采取的基本因应之道，为中国社会谋划
对策。其中就有兴农会、振兴农业这一条。而孙中山之所以能提
出这些是因为他作为一个边际人拥有从外部世界看中国的眼光。
而那个时候的张謇已经 41 岁，他的眼光与 20 多岁的青年孙中山
实际上有共通之处。张謇以一个"企划者"的姿态所展现出来的
讲究实际内容的合理性与青年孙中山的合理主义绝对不是异质之
物。确实，到了 1890 年代，在先进的知识分子中间，在王朝社
会危急之际产生了这种思想并提出对策也并不出人意料。但是，
究竟是什么促使身为科举状元的张謇能够提出与中央、地方官员
明显不同的王朝政治的对策，能够如此精准地把握社会结构而且

还能够提出如此具体的施政措施的呢？其理由之一恐怕还是他选择了"回家乡经营"的乡绅之道以及由此而产生的亲身经历。其具体情形我们稍后讲述。但是，在深入进行考察的时候，他的这一视角以及这些思想的出现是不是暗示着构成王朝体制基层部分的乡绅阶层，由于受到战争失败的打击以及外部世界的刺激，正在慢慢地、一步一步地发生某种自发性的结构变革呢？如果说孙中山的眼光来自外部世界的观察从而产生的对中国社会的整体把握，那么，张謇的眼光则来自他看透了中国的乡土社会，发自乡绅阶层的内部，或者说产生于他作为一个乡村的社会指导阶层的乡绅的地位及其责任。恐怕我们将其解读为20世纪前夜乡绅社会内部产生的，由各种各样具体对策组成的结构性改革构想的胎动也不为过。其后不久，中国的乡绅阶层便清醒地认识到清王朝体制是旧的封建社会制度，已经不可救药，从而走上了亲自改造这一社会之路。

张謇的构想一贯以来有一个非常显著的特征，一言以蔽之，就是彻头彻尾地"从上而下开拓风气"。与青年孙中山开拓出来的从民众造反到革命之路相反，张謇寻求的是一条通过实施开明政策来从上而下开拓"风气"的"立国自强"之路。例如，在"风气未开"的这个国家，尽管想在商业上"兴之利"，但是屡屡遭遇"集款之难"（资金难）以至于遭受挫折。在这种现状下，他一方面在各府、县募集"廉正绅士"以振商务，同时主张在

"商力不足"之时，政府应给予公费支持。[①]关于工务，他要求各省开设"劝工会"，由官员鼓舞、激励发展工务，并提出派遣大员到各国"察视"。[②]当然，各个领域都应该实行派遣留学生的政策。他在刚才提到的上奏文中也强烈呼吁选出大量"才俊之士"，"分派"到各国。与过去传统的官僚体制中"游历人员"回国后绝对得不到重用的情况相反，他提出应该重新制定政策，积极录用这些留学回国的"才俊之士"。还应该将那些出身于王朝官僚体制中最正统的科举的"正途出身者"派遣到国外，加深他们的"才识"，回国后再委以重任。最重要的是奖励那些"亲贵大臣及满汉世家之子弟"中的优秀者出去"游历"，以使"风气自上开之"。[③]这就意味着王朝权力必须开明化，王朝权力应该打开整个国家的"风气"。不用说，张謇正是在这一系列政策的实践过程中找到"立国自强"之路的。

可是，中日甲午战争失败之后不久，怀着以上远大的抱负，提出诸多改革措施的张謇于1895年冬天开始了他个人的新征程。他创办了一家纺织工厂——大生纱厂。而且，他还于20世纪初以这个纱厂为核心开始打造涵盖炼油、食品、运输等各个行业19个公司在内的企业集团。毫无疑问，这是他一生当中的重大转折之一。不仅如此，不仅限于张謇的个人史，这同时还是几

---

① 《农工商标本急策》，载《张季子九录　实业录》，第1093页。

② 同上。

③ 《代鄂督条陈立国自强疏》，载《张季子九录　政闻录》，第40—41页。

个重要的社会、文化问题的转折点，或者说象征着几个重要的社会、文化问题的转折。在研究张謇的时候，在研究中国民族资本形成的时候，比起我们前面已经谈及的张謇，更有必要探讨他后来的这一段人生经历。

从创办纱厂的经过来看，设立纱厂的计划多少带有一点偶然性。一方面是由于当时一直热心于洋务运动的两江总督兼南洋大臣张之洞站在"洋务派"官僚的立场上怂恿他开办工厂；另一方面，张謇之所以接受这个任务是因为他认识到各国列强的经济侵略使得"中国之利权外溢"并由此产生了危机感。[①] 这一点通过我们前面的论述多少能够猜到一些。现在"而策中国者，首曰救贫，救贫之方，首在塞漏"。在这种情况下，按照张謇的观点，具体的方面"洋纱故中国漏卮大宗"。[②] 这是因为他的家乡江苏南通地区出现了这样一种状况：以前以品质优良著称的棉花被日本买下之后，日本制造的机纺棉纱逆向输出反过来占领了中国的棉纱市场。这一事件的深层背景是外国资本主义来势汹汹进入中国。迄今为止，从棉花种植到家庭内部手工业这一手纺棉纱再到棉布制造这种当地土生土长的生产结构，受到近代纺织工厂生产的外国机纺棉纱的冲击。虽然其形式不断在发生改变，但是显示

---

① 《请保护提倡实业呈商部文》，载《张季子九录 实业录》，第 1215 页。

② 《大生纱厂章程书后》，载《张季子九录 实业录》，第 1119 页。

的同样还是外国资本主义进入中国的过程。纺织工厂的开办首先是"制造土货（国产品），抵抗外国"，防止中国利权外溢所必须采取的对策。可以说，这里面既含有一种建设家乡的个人情怀，同时也含有一种王朝体制下关乎这个国家所有国民的应该称之为经济国家主义的意识。

但是，关于他开办纱厂一事，最大的关键点还在于有着状元光环的张謇身为东南地区的名流人士还能够挺身而出率先开创新的事业。也就是，正如研究张謇的资料中所指出的那样，他在这个时候"新科状元弃官从商"，走上开拓者的道路这一点。他的动机究竟是什么？其中有哪些因素在起作用呢？

正如前面所述，张謇寻求立国自强之路，提议通过官府来振兴商务、工务，一直呼吁"合国与民之力以济其穷"。[①] 然而，作为一个"家乡经营"的乡绅，他在现实当中看到的与他主张的完全相反，他看到的是近乎恐怖的王朝末期的"官毒"——官对民的压榨。不用说各种各样的苛捐杂税、中饱私囊、恣意妄为、专权跋扈，特别是太平天国时期以来的厘金（商品的地方通过税），不仅苦了百姓，还阻碍了商务的发展。从历史的角度来看，这恐怕是这个帝制官僚国家自古以来的宿疴。这真是"中国上下之势太隔"，"但有征商之政，而少护商之法"。[②] 商恐官

---

① 《代鄂督条陈立国自强疏》，载《张季子九录·政闻录》，第38页。

② 同上。

之干预如恐虎狼，而官营事业本身近乎王朝官僚之食。在这样一种状况下，张謇极其清醒自觉地确定了自己的角色："介官商之间，兼官商之任"[1]，"通官商之邮（媒介、中介）"。[2] 从这里可以看出，是他自己选择的这条路，并将其作为自己的使命。

从张謇的地位以及威信来看，乍一看这条路好像比较平坦而且顺乎自然。但是，从实际的情况来看，在"上下之势太隔"的中国王朝社会，他经历了一番异常艰苦的奋斗。

虽然说张謇是名流士人，但是他本人并没有足够的建设近代纺织工厂的雄厚资产。在他的召集下，一开始倒是有很多民间商人响应他的号召聚集到他的麾下，但是很多人后来又陆续离他而去。张之洞、刘坤一等都督巡抚们有时候也会偶尔关心一下他，但是很多时候又辜负了他的期待。这种事情在他当时各种各样的书简中多有记载："下为商苦，上与官磨"[3]，"抑三载以来，……忍辱蒙讥……舌瘁而笔涸，昼愬而夜恤者，不知凡几"[4]。当初的"官招商办"的设想，由于接受了官府进口之后一直搁置于风雨之中的纺织机器的转让而变成了"官商合办"，之后又变成了张

---

① 《为纱厂致南洋刘督部函》，载《张季子九录 实业录》，第 1113 页。

② 《年谱卷下·二十二年丙申四十四岁三月》，载《张季子九录 专录 外录》，第 3600 页。

③ 《为纱厂致盛杏荪函》，载《张季子九录 实业录》，第 1105 页。

④ 《为纱厂致南洋刘督部函》，载《张季子九录 实业录》，第 1106 页。

謇所谓的"绅领商办"的股份制模式。最后，在经历了诸多挫折，经过三年多的艰苦奋斗之后，他的纺织厂终于在 1899 年开车试生产。确实，这是作为"官商媒介者"的士绅张謇自己创立的民营工厂，其基本性质在他创业时亲自拟定的《厂约》中写得清清楚楚。身为总经理的张謇约定了自己的职责："通官商之情，规便益之利，去妨碍之弊，酌定章程，举措董事，稽察进退，考核功过，等差赏罚，下走之事也。"①

如果要讨论张謇个人，我们肯定要添加很多内容。虽然说他是王朝体制下的最高级精英，但他绝不是名门世家出身。相反，从参加科举考试者的社会阶层来看，他所处的社会阶层位于底层。但是，正因为如此，王朝理念支配下的士大夫的使命感体现在张謇身上更加单纯、更加典型。引顾炎武（"天下兴亡，匹夫有责"）与黄宗羲（《明夷待访录》"原臣"）的话来说，民生之安定才是"天下之大命""吾人之职业"。②他屡屡表明这种士大夫意识。另一方面，他创业的时候表现出来的企业家的气魄以及合理主义几乎可以说是他的天赋禀性。不用说，他的这一禀赋在工厂组织、运营的时候更是得到了十二分的发挥。不过，如果要论他的个性乃至人格，或者说因为大生纱厂是以封建士绅为首的，所以这个企业的经济以及社会性质有待讨论，这些问题，我觉得

---

① 《厂约》，载《张季子九录 实业录》，第 1099 页。

② 《致丁恒齐函》，载《张季子九录 文录》，第 2401—2402 页。

在这里就没有必要深入了，那些都不在本书讨论的范围内。在这里，我只是想指出"新科状元弃官从商"的张謇的这一华丽转身虽然顺应这个国家的历史发展潮流，但是存在以下的社会、文化问题。

正如工厂的开办经历了三年多的时间所显示的那样，开设工厂让张謇经历了一番异常的艰辛。

实际上，他面临的状况是："官吏阻遏百端，绅商观望，謇一动足则成局立败。"[1] 面对这种辛劳，他似乎早有精神准备："儒而谋商，窭人而任数十万之事"——"然謇则固有罪矣"。[2] 这正是身为士绅却弃政从商欲为"官商之邮"的张謇需要逾越的鸿沟。即便如此，当我们将视角放大到整个历史社会中去观察的时候，我们会发现：其实，从社会结构来看，这个国家的士绅与商人之间基本上完全不存在那种社会阶层的壁垒。而且，从原理上（理论上）而言，从士绅阶层向工商阶层的转换根本不存在什么制度上的障碍。众所周知，在一君万民的王朝体制下，"士""农""商"都不是所谓的封建身份。换句话说，"士"在封建社会中的阶级身份既不同于日本的"武士"，也不同于西方的"骑士"。"士人从商""商人入仕"是明清之际社会结构变动的一大特色，关于这一明清以来的社会流动性，特

---

[1] 《致丁恒齐函》，载《张季子九录 文录》，第 2402 页。

[2] 《为纱厂致南洋刘督部函》，载《张季子九录 实业录》，第 1114 页。

别是围绕这一流动性的道德思想方面的研究已经出来了一些成果。[①] 中国的士绅阶层或者说乡绅阶层（这与日本幕府末期的武士阶层不同），在体制动摇和体制危机中在向"绅商"、"职商"或者"商绅"转化的过程中看到了希望，他们有可能从中找到自己的未来。即便其先驱者遭遇了各种各样的困难，但是因为这两者之间并不存在不可逾越的鸿沟，不存在不可突破的社会壁垒，思想上也不存在强烈的挣扎，所以他们还是看到了希望。不仅如此，他们还有可能在保持自己的权威和威信的同时给自己铺设一条在新的形势下华丽转身的康庄大道。可以说，这已经非常明显地暗示了构成王朝体制的实质性的基层部分的乡绅阶层所内含的固有能量在这种体制下将会涌向何方。

关于清末乡绅阶层的动态，已经有各种各样的研究成果。围绕其历史变迁、实质等方面仁者见仁智者见智，还有一些学者将其作为经济学课题来研究。[②] 不管如何，总之，张謇所代表的这种社会结构的变动毫无疑问暗示着中国乡绅社会的领导者——乡绅阶层，在王朝体制出现危机和体制动摇的年代，已经作为一种新的社会力量正在政治的地平线上冉冉升起。进一步来讲，在那

---

① 参照余英时《中国近世宗教伦理与商人精神》，联经出版事业公司，1987年。日文版译本为森纪子译《中国近世宗教伦理与商人精神》，平凡社，1991年。

② 关于这方面的研究以及动向，可参照蒲地典子《近代国家的形成与地域社会——美国近年来的研究动向》，载《中国——社会与文化》第4期，东京大学中国学会，1989年。岸本美绪《明清时代的乡绅》，载《世界史系列7·权威与权力》，岩波书店，1990年。

个时代、那种场合下，这种动向其本身一方面是由乡绅社会的传统文化所决定的，另一方面是在新的历史形势下必然会发生与之相适应的变化。

至此，我们对 19 世纪末张謇的人生经历做了简单的回顾，接下来我们先对他开展的一系列活动所显示出的政治、社会意义做一个总结，为后面进一步分析他辛亥革命期间的动态做准备。

（一）王朝帝制国家的政治危机同时也是乡绅社会的社会危机。可以说，在当时的中国社会，终究只有一部分开明的士绅阶层敏锐地感觉到了时势的巨大变化与政治社会本身的动摇。上层精英张謇的变化表明了他想通过最单纯的方式去适应当时的社会形势。

在王朝体制衰败的过程中，它的内部确实会有一部分人结构性地认识并把握这一"大变局"，然后孕育出结构性的应对措施。但是，1890 年代以后，在萌生了此类认知的先进知识分子中，张謇与他们有很大的不同，最重要的不同在于他作为一个有实力的士绅，拥有推动"官（僚）""商（人）"的政治、社会地位和威信。同时，他在行使权力、实现设想之际，具备现实社会中"成大事者"的特征，拥有作为一个企业家、策划者的能力。这首先要归功于张謇的禀赋和才能。但是，我们也不能单纯地将其归功于张謇个人。当我们将其放在更为广域的历史、社会的层面去观察的时候，就会发现在那个时代，给这个国家准备并提供这种类型的人才的，除了基本上在"地方经营"或者拥有这种经验以及历史传统的乡绅阶层之外别无其他。既不是享有绝对权力的王朝家产官僚阶层，也不是完全被权力疏远的一般农民阶层，只有历史上一直负责地方经营实务并承担责任义务的乡绅阶层才有可能产生这种人才。一般而言，在一个政治体制动摇与解体期，什么样的阶层才有可能为改革乃至变革准备能够担任策划者作用的旗手，与旧体制下社会资源的分配状况有很大关系。在旧体制下，地位、价值、权力等的分配或者占有状况起主要作用，同时，拥有调动这些资源权力的集团往往会成为产生改革乃至变革旗手的母体。虽说如此，这种策划者的存在只不过是实现变革的种种因素中的一种，如果不具备展望未来新世界的洞察力，不与新的理念等其他因素相结合，也不可能实现现实社会中真正的变革。从张謇的各种行为与动态来看，按照历史社会学的分析，很明显他已经具备了上述条件。

（二）这种情况同时也发生在其他地方。这些形成帝制国家社会基础部分的乡绅社会的指导层，面对社会的变化和动荡，他们在全国各个地方开始开展他们自己的行动。他们的动态与王朝权力乃至王朝官僚们的政治动向明显不在同一层面。或者说，虽然他们依然存在于这个帝制国家错综复杂的各种各样的政治行为的框架之内，但是他们的社会动向对历史产生了实质性的影响。确实，张謇的行为和构想很明显百分之百是以王朝体制为前提的，在张謇的内心深处有一种对体制的忠诚在支配着他的行为。

只是，在体制发生危机的时候，这一王朝社会的基础部分虽然依然深受传统的政治文化影响，但是他们也想竭尽全力为他们自己呐喊，并贡献自己的力量。

众所周知，张謇成功开办大生纱厂之后，他一面扩大自己的事业，一面极其积极并且有意识地将工厂获得的利润投向教育——开办学校，然后转向公益、慈善——医院、育婴院、养老院、残疾人福利院、残疾人学校。[①] 他后来自己也说：莫如说纱厂的开设是为了筹集教育经费。[②] 至少，在他的理念当中，地方的稳定与繁荣是自己的责任。这种乡绅文化的传统一直活在他的心中。可以说张謇开展的各项活动正是从这一传统中吸取了一种创造性的能量，他想从中探寻一条通往未来的活路。

边际人孙中山根据民众世界的"造反"精神想到了要一举进行革新（革命）。在他一往无前地走上革命道路的时候，在这个国家的内部，还有另外一股社会力量开始了活动。这股社会力量在 19 世纪末的时候一点儿也不强大。与其说不强大，还不如说他对"但启风气"的权力求之若渴。但是，在王朝体制这一旧的封建社会制度显露出根本性缺陷的时候，这股社会力量很快就以

---

① 《呈报南通地方自治第二十五年报告会筹备处成立文》，载《张季子九录 自治录》，第 1916 页。《拟领荒荡地为自治基本产请分期缴价呈》，载《张季子九录 自治录》，第 1854 页。

② 《南通师范学校十年度支略序》，载《张季子九录 教育录》，第 1636 页。《垦牧公司第一次股东会演说公司成立之历史》，载《张季子九录 实业录》，第 1305 页。

鲜明的政治姿态出现在历史舞台上，成为辛亥革命的重要组成部分。在其成为辛亥革命的重要组成部分这一动态发展过程中，不用说，我们必须通过研究张謇的一系列活动继续对他进行探讨。接下来就让我们对他领导的 20 世纪初的立宪运动进行分析与探讨。

七　象征性语言"立宪"的含义

20 世纪初的第一个十年是旧的封建社会体制自身尝试进行体制改革的十年。体制改革这一巨大的历史课题在错综复杂的政治状况下最终以帝制国家解体的方式走向终结。特别是 1905 年之后的几年间，革命运动和"立宪运动"猛烈爆发，蓬勃发展。在对辛亥前夕以张謇为中心的"立宪运动"的政治的、思想的来龙去脉进行探讨之前，我想先匀出一点笔墨来叙述他的日本考察之行。

1903 年，张謇接到了日本驻南京领事馆邀请其赴日参加劝业博览会（大阪）的邀请函，于是，他于当年 4 月开始了为期大约 70 天的日本之旅。在这段时间里，他勤奋得令人惊讶，从长崎到北海道遍布着他考察的足迹，他的主要目的在于考察日本的实业以及教育。他以实干家的眼光，实地考察了明治国家产业政策的具体实施情况，还详细地学习了日本的教育制度，参观了日本的教育设施。回国后，他将这段时间的所见所闻以《东游日记》为题刊发了出来。前文已经提到过，张謇早在《变法平议》一文中就曾经全面地阐述了他关于变革的政治主张，提出要自强立国。不难想象，当目睹日本社会现实的时候，他对日本政治体制的真实情况肯定深有体会。这段时间他亲身经历并深有感触的不仅是日本台面上的各种各样的政策，更加触动他心弦的是这些政策背后的、决定这些政策运用的政治体制。我们可以从他写的类似于考察报告的《东游日记》中发现一些蛛丝马迹。

张謇在参观大阪造币局的时候，提到了货币问题，他在《东游日记》中写下了这么一段内容："东西各国办事人，并非别一种血肉，特造止法度，大假公平画一，立法行法司法人我同在法度之内，虽事有小弊，不足害法。"他还痛批了中国"政治家之性质习惯有一大病"："则将举一事，先自纠缠于防弊。……而我之有立法权者，未更未见弊之法，先护已无法之弊，颠已。"[1]一来，这表达了他对中国封建旧体制中守旧派以及王朝官僚主义的愤怒；二来也抒发了他面对王朝体制下"无法"即专制与恣意横行的现状不满却无能为力的郁闷与愤懑；同时，我们还能看出他对政策的制定、行政的推行能够在公平划一的法制下得到实施，也就是对政治体制的法制化寄予了厚望。在这之前，张謇就对从政治机构改革到振兴实业等国家各个层面的政策提出过建议，大概就是在这个时候，他意识到了能够保障各项政策得以"公平"

---

[1] 《东游日记》，载《张季子九录 专录 外录》，第3463页。

地制定并加以实施的政治体制的重要性，深切地体会到了政治体制所起到的决定性作用。

在他旅日期间（1903年6、7月），还发生了一件令人意想不到的事情。日本当时的内阁首相桂太郎提出辞职，后来因为被挽留而留任。而与之有关联的政友会总裁伊藤博文就任枢密院议长。这一"政治舞台剧"就真真切切地发生在他的眼前。这一政变本身只是明治体制下元老政治特有的幕间节目，但是张謇对这一事件究竟有多大程度的理解就很值得怀疑了。尽管如此，当时日本大街小巷到处都是号外，向市民公告这一新闻。这对张謇来说肯定是新鲜事物。他目睹了各党派通过各自发表政见来推动政治向前发展。这对他来说是一种身临其境的冲击，促使他写下了这样的感想："鸟兽亦有群，朋党性情事。与盗掩耳钟，宁各表其帜。日风故任侠，党多自明治，道同旅进退，明白不曾秘，揭来舆论哦，纷纭在国计。"[1]

不管张謇对日本的理解究竟达到了什么程度，他在这里抒发的感慨表明他已经对政治体制有了深层次的认识。这是他接触到了与王朝体制下的家产制完全不同的另一种政治体制之后发出来的感慨。这也是一种对"公开""公论"的渴望。这种"公开性"以及由此而产生的"公论性"与王朝家产制下的恣意妄为和专制气氛截然不同。

---

① 《东游日记》，载《张季子九录 专录 外录》，第3501页。

毫无疑问，通过这一次日本考察之行，张謇得到了一个决定前途方向的重要启迪。回国之后，他于 1904 年与赵凤昌一起组织人员翻译并出版了《日本宪法》（日本帝国宪法）、伊藤博文的《宪法义解》以及细川广世的《日本议会史》，还送给一些重要人士，意欲"供全国士大夫观览"。他甚至托人将《日本宪法》带到了宫廷。可以说，他的这些举动意味着他看透了一个事实：如果中国不变更政体，换言之，如果不进行立宪制的改革中国则前途无望。在出版《日本议会史》的时候，张謇在序文中写道："西方之人有言：不知政治之组织，而妄求政治之权利，是妄想也。此非过论。即以国势崇替观之，一彼一此，明效可睹。吾国人其亦知之矣。知之又何惮而不行耶？论者辄言非其时。……不知各国立宪之始，将皆时至而乘之乎，抑人为之而时合之也。"这里的政治组织意即国家机构及其运营方法的法制化。"不立宪法，遂无望立法行政司法之实行也。"[①]

回顾历史，1901 年，张謇在《变法平议》中提出了 42 项关于变法自强的政策建议。简而言之，他的各项提议都是以传统王朝的六部体制为大前提而提出来的全方位的变法方案。他想尽可能地将六部的各机构合理化，为此，他提出了各机构应该采取的政策和措施。这里补充说一句，这一政策改革方案在当时那些有权有势的官僚的上奏文中多多少少都能觅得一些踪迹。

---

① 《日本议会史序》，载《张季子九录 文录》，第 2203—2204 页。

在 19 世纪末急剧的政治动荡中，可以说，这些关于这个国家内部传统王朝体制机构以及运营方面的改革方案既符合实际又具合理性，其中个别方案已经成熟。但是，随着时代发展的急剧变化，中国国民逐渐认识到王朝体制已经是旧的封建社会秩序，而且这种思想意识迅猛扩散，其焦点已经不再局限于个别政策，而是聚焦到了政治体制的层面。"朝廷变法自强，屡下明诏，凡百新政，未尝不渐次设施。然政体不变，则虽枝枝节节而为之，终属补苴之一端，无当安危之大计。"[①] 这是为实业、为教育挺身而出的士绅张謇自己的政治选择。与此同时，到了这个时候，不管是中央还是地方，大家都已经达成共识：王朝体制必须向立宪政体变革，这是旧封建体制改革的中心课题，是不可抗拒的潮流。

在这样一种大环境下，清政府于 1905 年废除了王朝官僚体制的根基——科举制度。1906 年，清政府终于颁布了"预备立宪"的上谕，政治局势飞速地发展变化着。

"预备立宪"的上谕一下达，江浙的上层乡绅、开明绅士就立刻在上海设立了预备立宪公会，张謇就任副会长。随后各地纷纷开设咨议局，后来又成立了各省咨议局联合会，再后来兴起了速开国会请愿运动。宛如决了堤的洪水一般，中国变革的浪潮势不可当。这一时期张謇积极地开展了一系列活动，我们在前面叙

---

① 章开沅《开拓者的足迹》，第 167 页。引自日文版译本第 179 页。

述张謇的人生经历的时候也提到过。只是，与辛亥前史相关的立宪运动的过程、张謇的政治活动不是我们本章要讨论的直接课题，所以就不一一展开讨论了。大凡一项政治运动抑或社会运动的兴起，总有其特定的影响因素，不用说，"立宪运动"的影响因素很多，激进派是因为他们对朝廷的反应越来越不满，从而逐步走向了激进，而张謇与他们不同，张謇是一个名副其实的渐进主义者，甚至连总督、巡抚都被卷进来游说他。在明确这一前提的基础上，我们接下来要研究的主要课题是：在 20 世纪初中国轰轰烈烈的体制改革期，立宪运动产生于王朝体制内部并且最终归于辛亥革命。我们有必要从特定的视角来观察与确认立宪运动的内部构造，并且通过这一研究来探讨在其中起作用的政治、文化磁场，探究其历史意义。毫无疑问，我们不得不再次以立宪派的代表性人物张謇为突破口，继续对他的言论以及行为活动进行分析与探讨。在张謇的眼里，立宪的意义究竟何在呢？

严格来说，张謇算不上理论家，关于"立宪"，他并没有留下什么鸿篇巨著，甚至连系统的解释都没有。只是，从他的字里行间，我们可以看出他努力吸收各种各样新思潮的痕迹。与那些曾经留学日本的新型知识分子相比，他受封建王朝传统思想的影响太深，刚好处在传统的王朝知识世界与现实政治结构的中间位置。但是，也正因为如此，也许我们可以通过"立宪"这一象征性语言来琢磨它究竟属于传统政治文化的哪一部分，又是如何将传统文化与新思潮进行组合，从中孕育出了什么。首先，我们来看一些张謇的言论。

1905 年，联合抵制美货运动（针对美国排斥中国移民而举行的抗议运动）发生之后，张謇在《为抵制美货事致袁直督函》中写道："万机决于公论，此对外之正锋，立宪之首要。"[1]

1910 年，在速开国会请愿运动中，张謇提出："立宪云者，通政府与人民之隔阂也。"[2]

后来，他在《年谱自序》中写道："欲其公，固莫如宪法。"[3]

在清朝末年王朝体制风雨飘摇当中，张謇先是追求意见能够上行下达，"众论"能够得到汇集，然后提出"万机决于公论"的要求。"万机决于公论"[4] 这句话不折不扣地源于日本，也许因为这句话本来就是汉文的缘故，张謇将这句日本的流行语铭记于心。可以说，在他看来，这正是"立宪的要点"。譬如，张謇还在要求"速开国会"的意见书中严厉地批评了（国家）对于士民上书的限制，"是欲塞天下之口也"。[5] 只有众论畅达，汇集众论，才能消除"政府与人民之间的隔阂"，实现立宪的目

---

① 《为抵制美货事致袁直督函》，载《张季子九录 政闻录》，第 119 页。

② 《请新内阁发表政见书》，载《张季子九录 政闻录》，第 158 页。

③ 《年谱自序》，载《张季子九录 文录》，第 2284 页。

④ 出自 1868 年明治天皇颁布的《五条誓文》："广兴会议，万机决于公论；上下一心，大展经纶；公卿与武家同心，以至于庶民，须使各遂其志，人心不倦；破历来之陋习，立基于天地之公；求知识于世界，大振立基。"——译者注

⑤ 《请新内阁发表政见书》，载《张季子九录 政闻录》，第 157 页。

的。张謇通过亲身体验诊断出王朝家产官僚制在王朝体制下形成的无数动脉瘤以及由此产生的数不胜数的官毒正是王朝体制最大的病理。为了对王朝体制这一旧封建社会制度进行最根本的变革，张謇要求首先必须实现"公论"与"公议"。1911 年 5 月，被逼无奈的清政府成立了以皇族为中心的"亲贵内阁"，全国舆论一片哗然，张謇在写给清政府的意见书中就明确地写明了这一点。

清政府成立内阁之后的两个月时间里，内阁一直处于"沉寂"状态，没有发表任何政见。张謇质问道：改旧制设内阁者，"统一各部之事权也"；国务大臣"连带责任者，连缀各部行政之方针而使之一致也"。可是，"内阁成立以来，部与阁不相谋，部与部亦不相谋，与往日之习惯无以异也。行政何由而统一？庶务何由而进行？"。那么，"宜乎有内阁之名，而不能发表政见"。而"政见不定，则人民之趋向亦彷徨无措"。他向内阁提出要求："一请发表政见，刷新中外耳目；二请实行阁部会议之制；三请与国务大臣并开幕府，遴辟英俊。"① 从他的这一言论中我们可以看出：众议的汇集、政权负责者的合议、政见的公开公布才是他要求的核心内容。正是从这个时候开始，他产生了建立君主立宪制下的"责任内阁制"的思想。

"责任专于内阁，而君上日临而监察之。""内政有失，则责

---

① 《请新内阁发表政见书》，载《张季子九录 政闻录》，第 158—159 页。

内阁大臣焉；外交有失，则责内阁大臣焉。中外人民之观听，群倾注于内阁大臣。""凡为内阁大臣者，但稍有知觉，绝不能如向之持禄保位，泄沓自安，且其地处于可进可退，即有桀骜不驯之才，亦受责于举国之舆论而无所容逭。"① 这与"专制政体"下"君上独负治乱安危之责任"有根本的区别。而且，专制政体下，"平时百僚庶尹，一切行政，阳为奉一人之命令，而阴窃其威福，一旦有事，则诿过于上而谢其责"。② 从"给清政府的意见书"这一文体形式的本质也可看出，张謇的这些言论满是讲道理、说服、劝导之意。要求清政府马上实施"立宪制"也正是出于"君上乃安于泰山"的目的。然而，毫无疑问，对于张謇来说，所谓立宪，就是要求"公议"，要求"公开"，要求在民众的舆论面前明确政治责任。大概要做到这一意义下的"欲其公"必须真正地"固莫如宪法"——只有从法律上、制度上规定了政治体制框架的宪法才能做到这一点。可以说，这是专门针对专制和专制体制下的恣意妄为提出的法制的要求，是对政治体制合理化、透明化的要求。这里面应该还包含了"立宪"字面上的意思以及"立宪政治"的原理。

"众议"也好，"舆论"也罢，很明显，现实当中这些都属于上层绅商，或者更广一点的乡绅阶层。而且，从当时的政治

---

① 《请速开国会建设责任内阁以图补救意见书》，载《张季子九录·政闻录》，第154页。

② 同上。

局面来看，他们的立宪运动是在与革命派的革命运动的激烈对抗中产生的。特别是 1908 年、1909 年之后，张謇一方面对清朝体制这一旧封建社会体制的政权中枢——清朝皇族的专权与狭隘抱有强烈的不满和愤懑，另一方面给那些反对因循守旧、敷衍一时并执着于权力的满洲贵族统治的种族革命（"光复"）煽风点火。这些都是受当时混乱局势当中发生的一系列事态所引发的强烈的焦躁心理所驱使。很明显，张謇所代表的立宪运动身处各种因素相互作用、多种势力相互博弈的政治磁场当中，而且自成一翼。写到这里，我们不得不对张謇立宪主张中一个重要的思想进行探讨。

很容易看出来，张謇关于"立宪"的理论实际上是从"天下为公"这一传统观念衍生而来的。正如我们前面已经讨论过的那样，不管"天下为公"的内容多么丰富，它还是这个国家传统的、内在的、根本的思想文化框架之一。只不过张謇与孙中山对其解读大相径庭而已。孙中山认为国家是最大的"公产"，人民之事人民"公理"之。孙中山经过抽丝剥茧之后从中提取出了与本质相关的问题。而张謇则从"公"这一规范观念中导出制定天下民众周知的制度、法律这一属于制度性的、程序层面的基本问题。换言之，是对客观章程提出要求。可以说，张謇的这一主张大概就是贯穿他整个"立宪"思想的基本特征了。关于一国之政治，他要求制定明文规定的宪法；在社会领域，他要求将地方自治法制化，"立宪基础，首在地方自治"。① 这与清朝已经公布的"辅佐官治""接受地方官的监督办理"（《城镇乡地方自治章程》，1908）的"章程"不同，必须实现"地方自治之中，亦有行政、代议之别"②；在经济领域，他倾全力于制定以预备立宪公会为舞台的商法。至少对张謇来说，立宪运动不仅是一场政治运动，而且是要求在整个社会的各个领域制定相关法律制度的运动。他从这一视角出发解读"天下为公"并导出他的观点与立场。虽然他的这一观点与立场的转换被传统的术语所掩盖，但是我们还是可以从他的一些认识与言论中清楚地找到蛛丝马迹。

"（君主）一人独有众之所欲得，而又私而不善公诸人，则得亦必终失。夫私也，若何而善公诸人，则孟子所谓舜禹之有天下也而不与焉是也。世固不能皆舜禹也，不能舜禹而欲其公，固莫如宪法。……立宪所以持私与公之平，纳君与民于轨。"③ 在张謇看来，既然求舜禹之世完全不可能，那么要保证"公"，则除立宪（宪法）之外别无他法，以个人利益为前提并以此作为通往"公"的媒介来实现"公"与"私"的平衡，这就是宪法，或者说广义的法律。可以说，王朝士绅张謇虽然接受的是正统的封建王朝教育，也生活在传统当中，但是他力图拭去"公"这一规范观念的一切道德色彩，领会其中内涵并将其万念化作一念，一念

---

① 《拟组织江苏银行说》，载《张季子九录 政闻录》，第127页。
② 章开沅《开拓者的足迹》，第208页。日文版译本，第222页。
③ 《年谱自序》，载《张季子九录 文录》，第2284页。

转作能够通过客观条例、制度来保证的"宪法"。的确，这个转变的过程是在新思想、新文化的启发下完成的。其时，孙中山在中华世界走向解体，在接触异文化的外部世界，体验异质文化的过程中捕捉到了"共和"的理念。在与他们相平行的水平线上，张謇作为一个王朝士绅，在经历了激烈的中西文化摩擦之后，竭尽全力地从自身的传统中去找寻"立宪"所包含的新的文化内容。

从社会经济史的角度来看，张謇的一切思想与行为很明显是出自"逐渐抬头的民族资产阶级"的立场。制定商法这一行为的背后，是江浙一带的乡绅、商会的切实要求。各地立宪运动的背后也有广大的华丽转身的乡绅阶层的"影子"，至于要求"地方自治之中，亦有行政、代议之别"，这本来就是乡绅社会自身的政治要求，是乡绅阶层开展的社会活动。而且，张謇的立宪运动还是以君主立宪制为大前提的，追求的终极目标是"君将纳民于轨""合君民为一体"。[①] 单从他提出的"立宪"的要求来看，他并没有直接提到由谁来制定宪法，法律保障的是谁的权利，权限如何等这些根本性的问题。尽管如此，有一点我们还是可以肯定的：20世纪初兴起的这场以某个社会阶层为基础的"立宪"运动给中国政治增添了一种新的政治文化。一言以蔽之，"立宪运动"以传统的政治文化为基础，想努力将中国政治社会带上法治

---

① 《辛亥五月十七日召见拟对》，载《张季子九录 政闻录》，第175页。

社会的轨道，以从制度上保障"公议"、"公开"和"公共责任"。当然，这一政治、思想动态及其背后的社会力量对辛亥革命影响巨大，形成了错综复杂的辛亥革命过程中的一个侧翼。同时，也是辛亥革命自身政治文化的一个特征。

那么，立宪运动在辛亥革命的过程中又是以一种什么样的姿态出现、怎样出现的呢？其命运如何呢？接下来我们通过一起去考察辛亥革命浪潮中张謇的行为活动来研究这一课题，并尝试分析其在整个辛亥革命中的作用与地位。

八　革命的发展历程与"统一－分裂"构图

也是历史的偶然，武昌革命前夕，张謇正好在武昌，而且正巧于 10 月 10 日武昌革命爆发的当天晚上离开汉口，他在即将离航的轮船上目睹了武昌城内战火纷飞的情景。大约一个星期之后（10 月 16 日），他替江苏、山东巡抚上书清政府，给政府出谋划策，提出政府应该采取的对策："一、先将现任亲贵内阁解职，特简贤能，另行组织，代君上确负责任；二、其酿乱首祸之人，并请明降谕旨，予以处分，以谢天下；三、然后定期告庙誓民，提前宣布宪法，与天下更始。"① 这是一份极其传统的建议书，我

---

① 《代鲁抚孙宝琦苏抚程德全奏请改组内阁宣布立宪疏》，载《张季子九录 政闻录》，第 179 页。

们已经无法了解张謇究竟多大程度上确信他的建议能得到采纳并且真正实施，我个人觉得倒不如说这是他出于道义给清政府的最后进言。

这之后的一个月时间里，湖南、陕西、山西等地接二连三宣布独立。上海、苏州以及杭州，或革命派与立宪派合作，或立宪派与旧官僚合作，实现了"和平光复"。张謇亲眼目睹了这一切成功，他终于开始明确地转变自己的政治立场，于11月13日正式宣布赞成"共和"。①

但是，到了第二年（1912）三四月间，就在孙中山辞去临时大总统职务，袁世凯取而代之并在北京就任临时大总统这段时间里，张謇以上海为中心，开展了一系列取向莫测的政治活动。一方面，他与革命派合作，就任南京临时政府的实业部总长，成为南京临时政府的一员；另一方面，他又多次与袁世凯密电往来，推动袁世凯威逼皇帝退位、进行南北会谈并影响其走向。这就是人们所说的"惜阴堂策划"。当然，在辛亥革命的幕后舞台上参与了这一政治活动的实际上还有许多其他代表各方立场的人物（黄兴、宋教仁、汪兆铭、唐绍仪、章炳麟、程德全、赵凤昌等），而张謇是核心人物之一。从他这一时期的活动我们看得出来，为了革命他也是不惜运用政治谋略的，这也彰显了他的政治才能。种种迹象表明，张謇是辛亥革命时期立宪派的

---

① 《致库伦商会及各界电》，载《张季子九录 政闻录》，第191页。

风向标。

至此，我们已经对张謇在风云变幻的政局中开展的活动进行了详尽的分析。那么，透过现象看本质，通过张謇开展的这一系列活动，我们是否已经明白了究竟是什么从根本上影响并决定了他的这些行为呢？

本来，在这种动乱时期，一个人所有的判断和他采取的方针措施都来源于现实政治形势发展本身。革命军与清军的武力冲突，随战况日益变化的政局，革命派内部的主导权之争等，这一切都会制约所有人的行为，影响并左右其战略。张謇也没能摆脱这一定数。即便如此，我们应该还是可以通过他与现实政治中各派社会势力激烈交锋过程中的行为与言论，通过他接受了什么又拒绝了什么来确定他的路线及其意义。

11月中旬，中国的政局和战局趋向更加不明朗化。清政府任命张謇为江苏宣慰使（11月17日），几乎同时，得到清政府全权委任的袁世凯任命他为农工商大臣（11月18日），张謇当即谢绝。可以说，他的这种明确的态度与决定非常鲜明地表明了他的原则立场，他认定了一条：中国不实现"共和"政体，就不可能有任何前途。从他那自述舍弃立宪而走上共和之路历程的理由书中我们可以读懂他的心声："自先帝立宪之诏下，三年以来，内而枢密，外而疆吏，凡所为违拂舆情，摧抑士论，剥害实业，损失国防之事，专制且视前益剧，无一不与立宪之主旨相反……人民求护矿权路权无效，求保国体无效，求速开国会无效，甚至求救灾患亦无效。……虽日持国运非收拾人心，无可挽回，人心非实行宪法，无可收拾之说，达之疆吏而陈之枢密者无济也，谏行言听之无期，而犹大声疾呼之不已，诚愚且妄。"而鄂难作矣，至江宁且为铁良张人骏言鄂难须从政治根本解释，铁犹唯唯而张不省，曾未弥月而响已十二三省，人心决去，大事可知……今则兵祸已开，郡县瓦解。环观世界，默察人心，舍共和无可为和平之结果者，趋势然也。"[①]

张謇在这一信函中进一步呼吁清朝"明降谕旨"，立定共和政体。我们是否可以理解为这是他过去种种行动的一种延续呢？（一直以来都对清政府寄予希望，不断地劝谏。）不过，他还是非常明确地要求清政府立即亲自给专制政体打上终止符并退出历史舞台。这是因为他已经意识到"君主立宪"在现实中已经根本没有实现的可能，除了"民主共和"之外已经别无选择。的确，"民主共和"的变革并不是他们立宪派自己主动要求开展的。所以，从这个意义上来说，立宪派所主张的"共和"理所当然地与革命派、同盟会所主张的"共和"在很多方面都不在同一水平线上。特别是与孙中山激进的"神圣人权""人人平等"这一见地相比存在很大的差距，这一点不言自明。但是，我们也清楚地看出：张謇已经发现并找到了旧封建社会体制的出路在于"共和政

---

① 《致袁内阁代辞宣慰使农工商大臣电》，载《张季子九录 政闻录》，第181—182页。

体"，必须通过建立"共和"的政治社会来取代旧的封建王朝社会，以制定宪法和法律来保障"公议"、"公开"和"公共责任"并将其制度化。也正是在这一系列的摸索过程中，通过这两者之间的关联，张謇才认识到：在这一时期，只有民国这一共和政体才能实现也必须首先实现人民的"公议""公决"。

到了第二年（1912）1月末，袁世凯已经将清政府逼上了穷途末路，就在他筹划如何掌握政局的主导权，谋划让清朝皇帝退位的方法和形式的时候，张謇给袁世凯提出了以下的建议："政体关系人民，应付全国国民会议。"所以，唯有"全国军民公举代表……开会集议"才有可能"确定政体"。"以业经辞职并非公推之一二人，与少数廷臣讨论，断无效力。"[1]通过辛亥革命，张謇拒绝专制、专权以及由此而产生的一切"官毒"，建立在"公举""公议"基础上的政治体制的确立是他追求的基本目标。这既是"人势所趋"，同时也是为了实现"天下为公"。所以，张謇与孙中山一起并肩作战，参加了共和民国的创设，并就任孙中山南京临时政府的要职。很明显，这意味着他有心亲手转动历史的齿轮。

根据目前对辛亥革命史的研究来看，清朝皇帝退位也好，张謇就任实业部总长也好，实际上这些问题都牵涉甚广，跟当时极其复杂而且极其微妙的政治状况有关。正如我们前面分析的那

---

① 《复北京内阁歌电》，载《张季子九录 政闻录》，第 186 页。

样，将他所有的这一切行为理解为"立宪派"对"革命派"展开的政治策略也不为过。事实上，虽然张謇在南京临时政府任职期间为解决当时非常急迫的财政困难付出了相应的努力，但是仅仅一个多月他就辞职了。尽管孙中山一再挽留，他还是回到了他的家乡南通，闭门不出。但是，他又在几乎同一时期推动袁世凯就任临时大总统。既然革命派根本不可能在军事上压倒北方袁世凯的北洋军，那么，对于立宪派来说，与革命派的合作也许只是清朝皇帝退位之前的一段插曲。也许与革命派一样，在列强虎视眈眈的国际大环境面前，立宪派也认为南北之间的和谈才是应该最优先考虑的问题。关于这些政治史的课题，有可能存在各种各样的评价。我们先将这一层面的探索谨记在心，在研究完了张謇之所以选择共和政体的理由之后，接下来我们要探讨的无疑是以下的课题。

在决定中国命运的这一时期，在往民国方向发展变革的路上，影响乃至决定张謇政治以及战略判断的思想框架、文化框架究竟是什么呢？还有另一个与之紧密相连的问题，为什么张謇欲将民国的前程和未来寄托在袁世凯身上呢？

民国元年1月，张謇响应同盟会-光复会派系的思想领导章炳麟"革命军起，革命党消"的号召，与章炳麟一起组织了"中华民国联合会"。3月，他们将各种政治团体合并在一起，并进一步将其发展为"统一党"。伴随着章炳麟对南京临时政府展开激烈批判而产生的这一政治势力，是为了与孙中山、同盟会对抗而登上历史舞台的。很快，这一政治势力就作为立宪派的集结力量为袁世凯夺取政权铺平了道路。这在辛亥革命史上也是众所周知的事实。不过，"联合会"也好，"统一党"也罢，正如其名称所象征的意义一样，至少按照张謇的逻辑，他们的这一行动绝对不是单纯的政治舞台上的党派之争，而是因为他有很多自己对于政治体制的计划与构想。

张謇希望建立一个以宪法为核心的，有着完善的法制、制度的共和政体。从广义上来说，这是一种对政治体制合理化的希求，同时也是他对自己十多年来政治事业、社会事业成果的要求。如今，眼看专制政体就要退出历史舞台，此时最重要的课题无疑就是建立这种企盼已久的政治体制、政治机关。譬如，"中华民国联合会"以"联合全国，扶助完全共和政府之成立"为宗旨。并且在张謇等人所拟政纲的基础上议定十条"假定政纲"："一、确定共和政体，建设责任内阁；二、统一全国，厘正行政区域；……四、整顿金融机关，发达国民经济……十、注重国民生计，采用稳健社会政策。"① 而《统一党章程》（统一党的宗旨）第一条规定："本党以统一全国建设，强固中央政府，促进完美共和政治为宗旨。"② 当然，这些政治纲领并不是张謇一个人的主张。但是，从这里我们看出，至少在这一时期，张謇追求的是终

---

① 胡绳武、金冲及《辛亥革命史稿》第4卷，第60页。
② 同上，第63页。

结专制体制之后马上成立统一的中央政府，确立责任内阁制。更进一步来说，"实业救国"的张謇谋求的是新的政治体制下国民经济的发展、民生的安定。这一点我们毋庸置疑。这也意味着专制（个人权力）必然会终结，会被共和（公共政治制度）所取代。这也是所有参与政治体制变革的人的共同目标。也正因为如此，不管辛亥革命的政治力学多么认可党派的解释，张謇还是遵照章炳麟的意见，劝告革命派领袖黄兴"销去党名"，也就是解散同盟会以"示天下以公诚"。① 很明显，这与他"立宪运动"的思想立场是一致的。也可以说，这与追求"天下为公"的张謇的道德立场是一致的。

那么，张謇这一行为背后的深层次的社会基础究竟是什么呢？为此，我们有必要再次回顾一下张謇王朝士绅的出身，他所开展的实业活动、教育活动以及他由此走向寻求体制变革的历程。

从社会基础来看，当时的中国已经为士绅们准备了一条绅士—绅商—商绅的比较平稳的发展之路。对他们来说，社会结构的激进变革并不是必需的。确确实实，他们要求中国的政治体制从"专制政体"向"共和立宪政体"变革。但是，他们的要求与孙中山的"革命之志"在于"获得民权"这一政治社会的社会变革，或者创造新的政治社会这一目标存在差距。他们的要求仅仅

---

① 《为时政致黄克强函》，载《张季子九录·政闻录》，第 98 页。

停留在召开向民众负责的国会、实现责任内阁制这一点上。当我们回顾中国漫长的历史的时候就会发现，从封建专制到民主共和的转变本来就是其自身发展的一个巨大变革，但是，这种变革仅仅旋回在政体的层面。如果这里仅从张謇个人的角度出发，武昌起义之后迅速得以传播的"民权""自由""权利"等思想与他没有任何关系。对于张謇来说，自由就是放任，"放任者野蛮之事"。比起自由来，"干涉者文明之事"。①

　关于社会、文化方面的探讨我们就不再继续深入下去了。如果说辛亥革命期间的立宪派是以登上政治舞台的商绅阶层乃至乡绅阶层为后盾，那么从某种意义上来讲，他们留有这种传统的印记也就理所当然了。而且，从中国当时的现实情况来看，孙中山的极其激进之志在所有方面的条件都还没有完全成熟，最终只有共和政体这一政治制度变革勉勉强强得以完成与实现。讨论到这里，我们应该可以进入最后的也是最重要的课题了。张謇以及立宪派为什么会将创设民国一事托付给袁世凯呢？尽管乍一看好像是水到渠成。

　在长达两千多年的封建王朝专制体制崩塌这一最大的历史动乱期，最终决定一切的还是武力。拥有北洋陆军六镇的袁世凯才

① 《师范学校年假演说》，载《张季子九录 教育录 慈善录 自治录》，第1541—1542页。

是掌握战局主动、决定政局最终走势的最主要的势力。这一点不言自明。可以说，在现实的政治过程中，很明显，除了袁世凯之外，张謇别无选择。不过，在这里我还是想将探测器放到这个国家政治文化的意识结构中去深入探寻促使张謇、立宪派最终做出这一决定的原因。那肯定是这个国家的政治世界中，围绕武力，在其周边徘徊，并且将武力或者权力定位其中的一种思想意识结构。我们到长期以来一直支配并束缚这个国家的"统一－分裂"的政治构图中去寻找应该不会有错。

张謇说："一国之权犹鹿也，失而散于野，则鹿无主，众人皆得而有之而逐之而争以剧。"[1] 也许"中原逐鹿"这一众所周知的隐喻在某种意义上过于陈腐。但是，从"无主"发展到"分裂"，然后引起这个国家各大势力"中原逐鹿"，从而带来长期战祸，这种情况在中国历史上确实存在，这也是不争的事实。或者说，对于那些多多少少知道一些这个国家历史的人来说，这正是中国如梦魇般挥之不去、打心底害怕的"一治一乱"的构图。实际上，在辛亥革命时期，张謇多有"郡县土崩""土崩瓦解""生灵涂炭"等这种充满危机意识的言论。本来，至少在张謇的理论和他对历史的展望中，他是希望通过建立共和立宪体制来终结专制体制反复制造的"无主""陆沉"（陆地沉没，比喻国家被外国灭亡）的历史的。但是，眼看着天下"土崩瓦解"，他明白，中

---

[1] 《年谱自序》，载《张季子九录 文录》，第2284页。

国必须有能够尽早确立共和立宪政体的统一政权。换句话说，只有有能力让建立共和立宪政体得到天下人的承认，有能力实现国家统一的人才能让中国摆脱"郡县土崩"、"生灵涂炭"、被列强"瓜分"的命运。回顾历史，自清政府颁布"变法上谕"以来，很明显，袁世凯的"北洋新政"取得了一定的成果，博得了一些声望。最重要的是，不管是革命派还是立宪派，都被他"赞成共和"的声明所吸引（所蒙蔽）。恐怕在辛亥革命期间那一时间点上，在人们的观念中，能够避免"无主""陆沉"的情况发生，在这个国家建立统一政权的人非袁世凯莫属了。我们可以这么认为：在这中间，最重要的是"统一－分裂"这一历史的政治意识构图与现实中的政局、战局结合在一起，将袁世凯推上了民国临时大总统之位。当然，张謇也身处这一政治旋涡当中。不仅如此，可以说他起到了推波助澜的作用。

这一政治过程看似必然，但是至少对张謇来说，最大的反对意见是在中国这块历史的土壤上成长起来的袁世凯政权绝不是真正的"共和立宪"的政权，而是"假共和""伪共和"。不，更准确地说，袁世凯政权实质上是王朝权力的延伸，皇权（皇帝权力）才是其真正的核心。在天下"土崩瓦解"的局面当中，迫切需要统一权力的时候，被呼唤出来的最先还是接受了两千年帝制国家传统，一直蹲伏在这个国家地底深处宛如怪物贝希摩斯一般的皇权。正如前面我们已经探讨过的那样，革命派孙中山（即便他在现实之重面前付出了非常艰苦的努力）在这一时期，为创造新的政治社会、全新的政治权力倾尽了全力。只是，除了孙中山的革命权力之外，只要立宪派势力不亲手创立新的政治权力，这个国家的政治舞台上就不可能出现真正的共和立宪政权。不用说，辛亥革命的发展必将因为传统皇权的出现而遇到一个决定性的政治节点。

辛亥革命的政治由革命派、立宪派以及代表旧官僚、旧军阀的袁世凯权力这三股政治势力组成，这三股势力经过激烈的角逐与争锋最终以袁世凯政权的确立告一段落。正因为如此，辛亥革命制造了令世人难以统一评价的历史性结局并推动历史步步向前，这一事实已无须赘言。正是这一场革命致使专制王朝体制最终走向覆灭，共和民国得以诞生。只是，袁世凯政权在辛亥革命中究竟具体是以什么样的方式出现的呢？在其背后起作用的决定性政治文化要因究竟是什么呢？我们已经分别对以孙中山、张謇为中心的革命派、立宪派进行了分析，最后，我们还必须通过对袁世凯权力进行研究来完善革命动态的最终一环。这个宛如怪物贝希摩斯一般的权力究竟是以一种什么样的方式登上历史舞台的呢？

不过，在本节即将完结之际，关于立宪派张謇，我想就他那耐人寻味的政治轨迹再多说几句。

前面我们已经提到过，张謇帮助袁世凯建立政权并出任熊希龄内阁的农商总长。在宋教仁暗杀事件之后，虽然他强烈主张按照法律处理这一重大事件，但是，当革命派以宋教仁暗杀事件为契机开展反袁世凯的政治斗争（"二次革命"）的时候，他又批判革命派，不想直接追究袁世凯个人的政治责任。

另外，在袁世凯政权下担任农商总长的张謇费尽心机力图振兴实业，竭力推动经济立法，以建立法制基础。他在这一期间，制定了《公司条例》《工商保息法》《农林工商官制》《矿法》《矿业条例》等十多部重要法律。正如他"乞灵于法律"[1]这一极其形象的描述那样，他为中国的立法殚精竭虑。对于自己的这一工作，他以"余本无仕宦之志，此来不为总理，不为总统，为自己志愿"[2]述其志。要评判张謇在这段历史当中的是非对错是极其困难的。评价所有谱写历史篇章的人和集体都会遇到这种情况。不过，张謇的思想与行为所代表的这股政治、社会势力是辛亥革命的重要组成部分，构成了辛亥革命不可或缺的一翼。根据以上的分析我们可以明确一点：张謇所代表的这股政治势力最主要是谋求政体的变革，而在其背后支撑他们的是立宪共和的政治文化。

九 传统皇权及其分裂

很明显，袁世凯想要掌握新生的中华民国的权力，而他实际

---

[1] 《实业政见宣言书》，载《张季子九录 政闻录》，第350页。
[2] 《年谱卷下·民国三年正月十八日》，载《张季子九录 专录 外录》，第3648页。

上获得并行使的权力（后来他复活帝制就是明证）分明就是传统王朝权力的延续。这一点也许我们压根儿就没有必要再进一步论述了。在那个时候，世人就已经用很多词来形容袁世凯了："怪杰""奸雄""枭雄""狡猾""诡计多端"等。作为一个欲将天下玩弄于股掌之上的权力者，袁世凯在人们心目中留下的是这样的一些印象。尽管如此，我们还是回顾一下袁世凯的人生足迹吧。

袁世凯（1859—1916）出身于河南望族，是大地主、大官僚家庭中的一员。比张謇小 6 岁，比孙中山大 7 岁，年龄正好位于他们两个人之间。由于不适合走科举考试的老路，他便选择从军一途入了淮军将领吴长庆的"庆军"麾下。1882 年，清朝属国朝鲜发生壬午军变，袁世凯随军出兵朝鲜。之后，从 1884 年甲申事变到 1894 年中日甲午战争开战，在李鸿章的指示下，他一直以铁腕手段在朝鲜扶植亲中势力，帮助朝鲜"内修政治，外联邦交"。袁世凯掌握自己的权力资源始于中日甲午战争之后。甲午战争中国落败之后，清朝着手建设新式军队，袁世凯被委以重任，组建新军。他仿照德国军制成功新建 12000 人的新式陆军。后来，新军不断扩大，到 1905 年的时候发展为北洋六镇（北洋新军），拥兵 60000 人。可以说，北洋新军是袁世凯权力（武力）的象征。

同时，在这期间，义和团事件（1900）之后，袁世凯作为直隶总督兼北洋大臣，在推进以天津为中心的所谓北洋新政的近代化政策（创设巡警、司法改革、振兴实业等）方面取得了一定的成果。之后，他就任铁路、商务、电政等督办大臣，逐步掌握了最大实权。但是，伴随着他权势的不断增大，也引起了清廷内部满洲贵族的强烈不安。1909 年，他被清政府解除官职，解甲归田。两年后，辛亥革命爆发，清政府不得不再次起用袁世凯。他手握重权（近乎全权），一方面与南方革命军对峙，另一方面，他认识到"共和"是天下大势所趋，于是施展各种权谋术数同时与革命派、立宪派、清政府三方斡旋，最终迫使清朝皇帝退位。

为了获得权力，袁世凯使用了各种手腕，施展了各种策略，他之所以逼迫清朝皇帝颁布《退位诏书》是想要得到清王朝移交的权力。在辛亥革命的动乱当中，他是清王朝权力实质上的继承者。在这个意义上，可以说袁世凯本人想要掌握（收入囊中）的权力一直都是这个国家政治世界当中最传统的皇权（皇帝权力）。从 1911 年到 1913 年，袁世凯依靠军事实力左右了当时的政局。清木新政以来，他培养、储备的这支北洋陆军的武力成了他的资本，让他的野心得以实现。一言以蔽之，以武力为主要支柱的袁世凯权力实质上就是皇权。我想这么说绝不为过。那么，在这个国家的政体从帝制向共和制转变的过程中，这一皇权究竟具有什么样的具体形态以及特征呢？这是我们最应该讨论的问题。被大家称为"皇权"的究竟是一种什么样的权力？又起着什么样的作用呢？在这里我们有必要简单地进行一下梳理，来帮助大家看清楚袁世凯权力的真面目。

无须累述，在中国长期以来的政治生态中，皇权作为一种专制权力，其最主要的特征在于它的绝对唯一性。"天无二日，地无二君""真命天子坐龙廷""国不可一日无君"等这些拥有独特文化韵味的语言历经几千年一直存活到了20世纪。毫无疑问，在人们的观念中，皇帝权力是不受任何制约的唯一绝对的权力。而且，这种权力还将人们紧紧地束缚其中。皇权居于中华世界权力的最高峰，是担保、保证中华世界"大一统"的绝对的权力。尽管经历了各种各样的历史变迁，尤其是唐、宋以后，中国一直以来采用的都是"一君万民"的政治体制，现实中行使的皇帝权力都是这种绝对的至高无上的权力。

但是，有一点我必须指出来，在回顾历史的时候，我们要看到这样一个事实：皇权这种绝对的权力在形成之初是经过浴血奋战与惨烈的武力争夺得来的，前提是必须得到国民的公认。自从秦汉帝国建立以来，经过两千年的王朝更替，"成王败寇""帝王本无种""彼可取而代之"这种观念深入人心，恰恰与皇权的绝对唯一性正反而存，而且还有明证。当我们观察中国历史上各朝各代的兴亡，研究每一个新皇权的成立、皇帝的出身的时候，我们的脑海里就会鲜明地浮现出流民型（刘邦、朱元璋）、地主型（曹操、李世民）、农民型（陈胜、吴广、黄巾军、黄巢，不过后来成了流寇）、游牧民族型（辽、金、元）这几种类型[①]来。确

---

① 袁方《论天高皇帝远》，载吴晗、费孝通等著《皇权与绅权》，第69页。其他参见白钢《中国皇帝》，天津人民出版社，1993年；周良霄《皇帝与皇权（增订本）》，上海古籍出版社，2006年；等等。

实，皇权是绝对的。但是，它同样也是被争夺的对象。皇权可以通过武力取得，皇权需要通过武力来维持，也可以被武力所颠覆。

现在，当我们置身于历史、思想的前后脉络中观察的时候，我们就能透过事物现象看本质：首先，从革命动乱期一直到民国初期，袁世凯几乎没有过任何犹豫，他一直都是以这种绝对皇权的政治文化传统为前提自我主张自己的存在的。

袁世凯通过军队和特务一次次地打击反抗他的人和势力，这一点众所周知。但是，为了弄清楚这种权力的存在状态，我们必须最低限度、至少要确认一下以下事件的事实真相。

袁世凯就任临时大总统仅仅 5 个月——民国元年（1912）8月，他通过复杂的政治谋略逮捕了武昌起义的功臣之一——军人张振武，并立予正法。这是民国成立之后首例大总统违法杀人事件。袁世凯毫不犹豫地践踏了《临时约法》第六条第一项"人民之身体，非依法律，不得逮捕、拘禁、审问、处罚"的规定。

民国二年 3 月，袁世凯派刺客暗杀了国民党领袖宋教仁，震惊天下，成为"二次革命"的诱因之一。这一事件在这里不再累述。

民国二年 4 月，袁世凯不问参议院意见与英、法、德、俄、日五国银行团签署了 2500 万英镑的《中国政府善后借款合同》。然后又于 6—7 月间，罢免了南方三个国民党籍的都督。并对以此为契机高举反袁旗帜的"二次革命"予以血腥镇压。

民国二年 11 月，袁世凯以"二次革命"为由解散国民党，剥夺了 438 名国民党籍议员的资格。

民国三年 1 月，袁世凯取消所有国会议员的资格，解散国会。同年 2 月，停止地方各级自治会的职权，下令解散各省议会。

综合考虑民国初年南方数省分立的政治局势，也许，袁世凯为了建立自己的统一政权而排挤国民党势力的这种做法在一定程度上也符合政治伦理。可能有人会认为，在当时那种历史状况下，发生这种历史事件也可以理解。但是，关于这种权力的状态，最核心的问题是袁世凯动用了从胁迫、恐吓到暗杀、武力讨伐等赤裸裸的暴力手段——屡次出动军警包围国会，对反对派以刺杀相威胁，以暴力驱逐国会议员。可以说袁世凯政权（现实中冠以新生共和民国之名却行倒行逆施之事）简直就是想要检验皇权可以通过武力取得、维持，也可以被武力颠覆（这一认知）的历史真实性。民国三年 5 月，为实现独裁统治，袁世凯政权重新制定的《中华民国约法》规定中华民国实行"总揽统治权"的"大总统制"。他在布告中宣称："查中国有历史数千年，治乱兴亡之迹，代各不同；然无论何种时期，其国家能治与不能治，率视政权之能一与不能一以为衡。是以春秋著'大一统'之文，孟子垂'定于一'之训，微言大义，深入人心。"[1] 从这种意义来

---

[1] 白蕉编著《袁世凯与中华民国》，人文月刊社，1936 年，第 121 页。

看，民国四年 12 月袁世凯的帝制复活只不过是"大一统"的延长线上的一步而已。

革命派领导的武昌起义进一步加深了帝制国家的"龟裂"。各地的立宪运动更进一步往共和立宪深入发展，也加快了这个帝国解体的步伐。在这个时候，从帝国土壤中突然冒出一股政治权力，它无疑就是直接继承了皇权传统的袁世凯权力。在帝国分裂、解体的过程中，这个国家事实上能保证共和民国成立的统一权力除了袁世凯权力之外别无其他。于是，承载了孙中山所有希望的共和民国的公共政治制度与应该承担这种公共政治制度的权力之间发生了可怕的（惊人的）背离。

尽管如此，当讨论辛亥革命政治文化的各个方面的时候，我们必须承认袁世凯权力中所包含的极其荒谬的，也是最为本质的一点。确确实实，袁世凯权力实质上就是传统的皇权。但是，他的权力实际上只是分裂了的皇权，或者说是内部分裂了的皇权。也正是在这一局势中，潜藏着辛亥革命这一 20 世纪中国的起点的本质意义。

追溯袁世凯的言论和行为我们马上就能发现：尽管他赤裸裸地，而且在众目睽睽之下无情地蹂躏法律和制度，但是他在打倒、驱逐敌对者的时候总是以他们"违法"为借口。譬如"二次革命"的时候，他颁布的大总统令如下："该暴徒等……破坏民国之统一，扰害地方之治安，此等行为，实为乱党，政府不得不依照国家法律以兵备警戒是用兵定乱，为行使约法上之统治权，民国政府当然有此责任。"[1] 又譬如，他在命令取消各地方自治会的时候，一面指责"自治会侵权违法，屡形自扰"，一面宣称"似此藐法乱纪之各自治机关，若再听其盘踞把持，滋为厉阶，吏治何由而饬，民生何由得安？"[2] 他还说："国家既采法治主义，庶政皆借法律以行。"[3]"况共和国家，所借以巩固者惟宪法。"[4]

既然袁世凯夺取了行政权，那么他的这些主张也并非毫无根据。但是，考虑到他自己违反《临时约法》的基本法规，以武力剥夺国人言论自由的劣行，不用说，他的这些言论只不过是本末倒置的理论而已。但是，这也并不代表袁世凯所有的布告、命令都是恶意中伤的一派胡言。最重要的是，这意味着袁世凯的皇权权力实际上还是深深地受到了法律、法制的制约。尽管袁世凯的权力是依靠武力夺取皇权之后获得的，但是很明显，他的权力与"皇帝所言即法律"这种传统的皇权还是大有区别。即便袁世凯在现实当中确实是为所欲为、任意践踏法律，但是他本质上还是受到法律约束的。从这一观点来看，我们很容易发现：不管怎样，袁世凯的权力受到的最大约束来自"共和"的原理。

袁世凯在对付反抗他专制政权的国民党和责难立法府（国

---

① 白蕉编著《袁世凯与中华民国》，第 57 页。
② 同上，第 108 页。
③ 同上，第 55 页。
④ 同上，第 113 页。

会）的时候，抛出了"暴民专制"①"国会专制"②的言论。想想在民国初期的政局下袁世凯无法无天的所作所为，他的这些言论实在让人哑然。但是，即便如此，袁世凯在武力镇压反对派的时候还是要先给他们冠上反"共和"的"专制"之名，而且在完全确立总揽统治权的"大总统制"的《中华民国约法》中还将其权力公告天下："于是有参政院之设，以维持共和立宪之精神。"③ 这恰恰说明了袁世凯政权是以"共和之名"行"专制之实"的"假共和""伪共和"。袁世凯权力确实是在帝制国家崩塌的过程中从其土壤中冒出的皇权权力。但是，同时它也是植入了共和与法制的皇权权力。换言之，袁世凯权力是一面拥有"皇权之实"，但是另一面借"共和之名"而建立的"伪皇权"。这种"伪皇权"受到"共和"的制约，受到法律的束缚。这是一种分裂的皇权。这些事件，让我们看清了袁世凯权力的本质。

民国四年 12 月，袁世凯完全丢掉这种伪装，恢复帝制。在某种意义上来说，这也是一种必然。但是，他的这一行为在中国国内引发了"三次革命"，他登上洪宪皇帝的宝座仅仅 83 天时间就不得不宣布取消帝制。在这里我们没有必要详述，我想要强调的是以下这一点。

---

① 白蕉编著《袁世凯与中华民国》，第 101 页。

② 同上，第 76 页。

③ 同上，第 123 页。

　　袁世凯政权是以传统皇权以及传统皇权的政治文化而登上历史舞台的。但是，他的权力与传统皇权又不尽相同，是一种权力和权威分裂了的皇权。而制约这一皇权的"共和"与"立宪"（法律）同样来源于这个国家传统的政治生态。支持革命派和立宪派的两种政治生态在 20 世纪初最终汇聚在一起形成了一种新的政治文化。正是这种新的政治文化深深地约束、制约着袁世凯的"伪皇权"。

　　对袁世凯权力的特征进行稍微比较具体的分析之后，我们就该回到最开始的问题了。在 20 世纪初的中国，辛亥革命最终占据了什么样的历史地位呢？对于这个国家的前途，又提出了哪些历史课题呢？

十　小结——若干展望

　　辛亥革命在种种意义上是一场将清帝国的解体暴露在光天化日之下的革命。中华帝国是帝制国家、乡绅社会、儒教政治哲学三种形态共存的政治、社会、文化的统一体。通过辛亥革命，这个统一体的中华帝国坍塌了，分裂成了几大块。随着中华帝国的解体，这几大块开始变得支离破碎。辛亥革命的过程本身错综复杂。正如我们前面已经分析的那样，辛亥革命就是三大政治势力角逐、争锋的过程，这种图解在政治史上被认为是比较符合史实的。但是，这种图解其内部实际上也非常复杂。各方势力在某些方面对立，在某些方面又相互配合，而且还出现了很多矢量相交。

　　不过，如果要问辛亥革命本身的政治文化状态的话，应该可以这样来加以说明：结合革命的实际情况，辛亥革命的政治文化首先是"分裂的政治文化"。这里既有希望创造新的政治社会的孙中山（革命派）的共和政治的政治文化，有想通过政体改革来转换体制的立宪派的立宪主义的政治文化，还有企图通过伪皇权来整顿政治的袁世凯权力的皇权政治文化。这三种政治文化有时候相互背离，有时候相互配合，有时候又相互角逐。其实这只不过是这个帝国好不容易保持下来的将统一体系凝聚在一起的政治的一个点被切断了之后出现的各种各样的政治、社会势力开始相互角逐这一事实的直接反映。更重要的是，这也意味着清帝国的政治统一性、社会统合性、文化整合性内部各自正在进行分裂。

　　掌握了辛亥革命成果（新生中华民国）的统一政权——袁世凯权力实质上游离于伪皇权与伪共和权力的夹缝之间，我们很难确认 20 世纪初这个国家的政治世界当中什么权力才是正统。提供帝制国家社会基础的乡绅阶层虽然谋求新的立宪共和政体，但是由于受到新生民国权力（袁世凯 - 北洋军阀权力）的压制，反而被逼不得不进行乡土社会的自卫。包括广大农民大众在内的社会基础的动摇、解体更进一步推动和加快了乡绅阶层进行乡土社会自卫的步伐。而一直以来为这个国家提供思想依据的儒教哲学，通过这次革命一分为二。一个是创造了新的最广义的所谓的

"共和"道德，另一个则是沿袭守旧、保守的国粹道德。也许这种解体与分裂才是辛亥革命所展现出来的本质特征。

从这个意义上去理解辛亥革命的意义听起来似乎有点消极之嫌，不过不用着急，我们还没说完。当考虑到这个国家漫长的历史的时候，我们就会发现，一个文明世界的帝制国家的解体对于这个国家本身来说是一个特别巨大的冲击。在政治、社会、文化的各个领域都产生了众多极其复杂而又非常重大的课题，这些课题与这个国家的外部国际环境纵横交错交织在一起并同时寻求解决的方案。不管 20 世纪初中国的这场变革多么错综复杂，多么迷雾重重，至少在这个国家内部埋下了共和－民国、立宪－法制这两种政治、思想、文化的种子，它们就像照亮前方道路的灯塔一样，指引中国的发展方向。

如今，辛亥革命已经过去了一个世纪，当我们从这个视角来考察这场革命的时候，中华世界在辛亥革命之后又是以一种什么样的方式再生、重构的呢？为了便于后面的研究，在这一章快要结束之际我必须再啰唆几句。

袁世凯的帝制复活就像一场闹剧一般毫无悬念地以失败收场。这正说明了民国之"名"在这个国家已经落地生根，已经没有人能够否定得了。但是，正如众所周知的那样，袁世凯去世之后出现在中国的是军阀割据所带来的各地的小皇帝——簇生的伪皇权政权。政治上的统一这一梦想支离破碎。这样一来，20 世纪前半期的中国最主要的课题依然还是建立统一的政权这一政治课题，这一课题优先于一切。

辛亥革命之后的国民革命就是在这一历史进程中发生的。结合史实便知，国民革命是一直以来持之以恒追求民国之"实"的孙中山之建立广东护法政府、军政府，继承其遗志的国民党的北伐，以及后来的南京国民政府的成立等一系列的革命运动过程。由国民党主导的这些革命运动正是按照孙中山三民主义的"军政""训政""宪政"的顺序来实施建设共和民国这一政治、法制秩序的。

但是，中华世界在政治、社会、文化等各个领域都已经产生了很多、很深的龟裂，不用说，国民革命肯定也遇到了数不胜数的困难。而且，当时的国际政治环境还异常残酷，列强不将所有新生政权的尝试扼杀在摇篮里不肯罢休。

如何定位1930年代南京国民政府这一建立统一政权的努力是理解20世纪前半期中国历史的关键。不过，单就这一政权的性质而论，我个人觉得虽然国民党高扬着从"训政"向"宪政"发展的旗帜，但是，在完成政治上的统一这一沉重的历史课题面前，在现实当中，他们还是被牵引着快速往传统的强权统治方向迈进了。或者正如戴季陶所言：（南京国民政府）非常接近传统的统治，看上去好像非常依赖长期以来已经表里如一的社会、文化基础（戴季陶《孙文主义之哲学的基础》）。的确，在这一过程中，决定国民党政权状况的"因"，同时又成为其"果"而登上政治舞台的，正是拥有全新意识形态的共产党的权力。在20世纪前半期，在革命与战争的年代，国民党与共产党围绕中国政治的统一这一生死攸关的最优先课题以武力进行了激烈的争夺。到了 1930 年代后半期，在中国国内还处于内战的政治状况的情况下，雪上加霜，中国又受到了日本的武力侵略，进入到整个中华民族的"生死关头"（1937 年 7 月，卢沟桥事变的时候蒋介石说的话）。

如果我们尽可能深层次地去透视这个国家的政治世界，并敢于果敢地表达的话，这个国家之所以出现这种状况，恐怕是因为这个国家一直以来存在两种不同的社会、文化基础。一种是可以称为"皇帝－官僚的中国"的社会、文化基础，另一种是可以称为"农民的中国"的社会、文化基础。这个国家的权力陷入这两个坚固的政治磁场当中。正如毛泽东非常简明扼要地说的那样：共产党政权在那个时候的斗争在很大意义上"实质上是农民革命"[1]。或者说，是一场继承了"造反"与"起义"传统的农民战争。虽然后来由于日本的侵略，民族"光复"的课题再度被正面提上了议事日程，但是，这一特征绝对没有改变。而且，中国的这种政治磁场，至少在 20 世纪中叶变得更强，起到了更大的作用。在这一时期，对于总是偏向于传统的、强权的官僚统治的政治权力，中国的政治世界里出现的挑战它、打倒它的能量以及政

---

[1] 毛泽东《新民主主义论》，载《毛泽东选集》第 2 卷，人民出版社，1952 年，第 663 页。日文版《毛泽东选集》第 2 卷，外文出版社，1968 年，第 504 页。

治势力除了农民（的权力）之外别无其他。抗战之后的解放战争——共产党建立统一政权的过程肯定也在这一框架之内。当这种权力最终完成了政治上的统一这一课题的时候，也就意味着农民的政治文化在中华世界的正式登场。

本来，这里仅仅提这么一句似乎有点舍弃了共产党的意识形态、社会结构的变化和国际政治的影响等很多极其重要的因素而过度片面化的感觉。中国 1920 年代以后的复杂历史，根本不可能用任何简单的图式来解释说明。即便如此，当我们从特定的视角分析中国 20 世纪初的变革——辛亥革命的时候，这场革命所包含的各个领域的基本历史课题及其形态，在 20 世纪二三十年代有没有得到解决呢？我们必须对其动态特征进行各种各样的考察。这也必将促使我们进一步扩大视野，重新省察整个中国革命以及这一跨世纪的中华世界的大变貌。

关于国民党政权、共产党的登场、抗日战争等等诸多内容我们留待后面再去探讨，关于辛亥革命这一章的论述到这里先告一段落。

第二章　民国时期各种思想潮流的考察
——"五四"启蒙、孙中山·三民主义、毛泽东·马克思主义

一　1910年代·新文化运动的意义

1911年，辛亥革命爆发，中国最后一个封建王朝——清朝灭亡，中华民国随之诞生，中国由此开启了新的历史篇章。贯穿整个1910年代，中国思想史、文化史上最大的观念革新，毋庸置疑，当属"新文化运动"。1910年代中期开始的新文化运动和不久之后1919年发生的"五四"运动一起，深入到了中国的社会底层。也正因为如此，这两者共同开创了中国近代史上一个重要的时代。"五四"运动，即反对巴黎和会上将山东半岛的使用权割让给日本，并要求政府拒绝签署和约而引发的一场广泛的群众运动。所以，新文化运动有时也被称为"五四"文化革命。之所以这么说，一方面是因为以下的历史事实：以北京为中心的青年学生群体在新文化运动潮流中迅速成长起来，打响了"五四"

运动的第一枪，并且在整个运动过程中承担了重要的角色；另一方面，更重要的是，在这一系列的运动中，在各种微妙的因果关系的作用下，近代中国历史舞台上政治与文化之间错综复杂的关系得以充分地展现出来。正因为如此，"五四"学说——围绕"五四"的讨论在此后长达一个多世纪的时间里，持续影响着这个国家政治、思想的立场和角度等方方面面。的确，在经历了辛亥革命，实现了政治体制的变革、转换之后，"五四"文化革命深入且广泛地揭露出这个国家必须要直面的以及未来需要面对的诸多重大问题。

首先，关于新文化运动，我们尝试着设定了极为基础的问题，在这里我们想提出的并不是从思想到哲学、语言、文学等多方面的，直接关系到新文化运动实质性内容的问题。我们所追求的是，通过展开在这场运动中提出的某一课题，从特定的视角对其进行考察，将其系统化、体系化，从而对民国期间及随后产生的几种思潮的定位进行整理与补充。

众所周知，陈独秀创办《新青年》（创刊时刊名为《青年杂志》，从第2卷起改名《新青年》。——编者注），拉开了新文化运动的序幕，毫无疑问，其主要出发点之一在于提出伦理革命、意识革命的课题。这主要是因为：虽然辛亥革命创立了共和制，成立了中华民国，但是在袁世凯政权的统治下，中国出现了更加专政的政治统治。"盖伦理问题不解决，则政治、学术皆枝叶问题。"①陈独秀的这一宣言最为鲜明地体现了新文化运动的本质，即要真正实现政治、制度革命，首先必须实现意识革命和伦理革命。新文化运动设定了一个涵盖整个"五四"思潮的命题——"个体的觉醒"。而后，由此起航的这一基本要求在 1910 年代的中国社会文坛中陆续唤起各种思想、政治课题，影响广泛而意义深远，直接关系到 1920 年代、1930 年代各种思潮的兴起。本章主要集中讨论"五四"新文化运动时期的政治启蒙、孙中山·三民主义的新样貌以及毛泽东·马克思主义的登场等各种相互交织、相互影响的思潮的动态发展。因此，这种形式的分析研究也是从某一特定的视点出发的，具有相当的局限性。而且，本章也还是以归纳、摘要的形式来提出问题。虽然同样具有一定的局限性，但是，本章所进行的考察还是多多少少洞察到了中国 20 世纪二三十年代各种思潮存在的意义及其定位。

让我们首先从新文化运动中的陈独秀开始进行探讨吧。

1. 陈独秀的"个体"观

1910 年代新文化运动的作用在于：从思想史上来说，新文化运动在中国近代史乃至整个中国历史上，至少在言论上最为旗帜鲜明且自觉地提出了个体意识、个人独立与平等这一课题。这

---

① 陈独秀《宪法与孔教》，载《新青年》第 2 卷第 3 期，第 199 页。上海亚东图书馆，群益书社印刷发行。大安，影印版，1962 年。以下同。

一点毋庸置疑。至于如何理解这一课题，很明显，参加新文化运动的众人仁者见仁、智者见智。其中，《新青年》杂志的创刊者陈独秀说过一句这样的话："法律上之平等人权，伦理上之独立人格，学术上之破除迷信，思想自由。"[①] 可以说，他的这一观点非常形象地描绘出了这一课题的理想状态。陈独秀自身意识中的"个体"究竟是什么样子在这里我们暂且不论，但是从他的表述来看，至少他充分把握住了个性、自立、独立、自由、理性、合理主义等一系列课题，而且明确提出这些要素其实相互关联构成一个整体。正如陈独秀在这篇文章中接下来所说的，"此三者，为欧美文明进化的根本原因"。由此我们可以看出，陈独秀的这些主张基本上源于近代西欧的个人主义。这一点再明了不过了。

但是，在这里，我并不想把陈独秀的观点和主张单纯地归结为西欧思想的传入或欧化，更不想将其归因于传统思想与西欧思想的对比。我想从思想的外发性和内发性这一视角来理解他的观点。一般而言，一种思想的变化、发展大体上都蕴含着内发性和外发性两种变化契机。当然，从这种角度进行考察，严谨一点来说还需要事先考虑方法论的重要问题，本书暂且将陈独秀所代表的个性的觉醒、自立的主张理解为由外触发而引起的内触发。我想通过考察其历史背景，即 1910 年代中国的历史背景来把握与理解他提出的这些观点与主张，并尝试挖掘这些思想主张在中国

---

① 陈独秀《袁世凯复活》，载《新青年》第 2 卷第 4 期，第 313 页。

历史上的意义。那么，在这一时期，中国究竟处于一种什么样的状态呢？

众所周知，当时中国的局势相当混乱，为了更好地展开本章的主题，在这里我大胆地对当时中国社会的状况进行简单的描述。

（一）辛亥革命虽然取得了成功，但中华民国名存实亡。帝政国家土崩瓦解、王朝体制被国民否定，紧随其后出现的是袁世凯政权以及北洋军阀统治下的赤裸裸的武力政权。一言以蔽之，当时中国的政治状态可以说是丧失了政治正统性的赤裸裸的权力横行。

（二）另一方面，在权力横行的同时，当时中国社会的真实状态、各种各样的暗流也渐渐浮出水面。构成这一社会的家族 - 宗族共同体、村落共同体、行会、商会、同乡组织等各种各样的社会组织所开展的活动开始公开化。本来，数亿人生活的一个地方，不管其政治状态如何，肯定会有各种各样的社会组织开展各种活动。这也是明清时代以来构成王朝体制的真实的社会元素。因此，这里所说的社会现实状态的真实显露，意味着在这种政治局势混乱、社会分裂不断加剧的政治状态中，整个社会呈现出一种分崩离析的状态。

（三）可是，在这种分崩离析的状态下，广泛约束这个国家人民群众的行为规范（譬如伦理、道德、社会意识）又是什么呢？最全面的也是最基本的恐怕还是延续至今一直约束着这个国家人民的儒教理论以及道教的世界观。简而言之，就是以"孝

悌"为核心的家族、宗族伦理思想以及与之相对应的共同体伦理
（共同体的伦理意识）[1]，还有一直以来深深扎根于这个国家普通
民众意识里的道教的行为模式。仅从政治社会意识的层面来看，
再加上现代化理论分析的视角，我们经常用脱离政治（东洋的无
政府主义）、宿命主义、巫术及迷信等字眼来描述道教的特征。
儒教伦理和道教的世界观都包含着中国思想最原始的观念——
道，它们相互融汇，和谐共存（一方发展为天道、天理，另一方
则发展为产出一切的"实在的"能量）。不管怎么说，儒、道二
者结合，决定了中国所有历史的、传统的行为规范。我想这一点
毋庸置疑。

前面我们已经简要地回顾了当时中国的政治、社会、思想、
文化等各个领域的大致情况，接下来我们来探讨一下陈独秀的政
治纲领，他的政治纲领究竟是以一种什么样的姿态出现在历史
舞台上的呢？特别是将他的政治纲领放在他的思想架构中来看
的时候。

陈独秀政治纲领的立场非常明确：从个体的自立、自由出
发，打破以"孝悌"为核心的家族、宗族共同体原则；再有就是
从所谓的近代理性的观念出发，无情地抨击道教的法术、迷信、

---

① 其实质即礼教，这样的社会称为礼治系统或者礼治社会。这一观点参见
沟口雄三、伊东贵之、村田雄二郎的著作《中国的思想基础》，平凡社，
1995 年，第 93—95 页（沟口），第 190—195 页（伊东），第 216—219 页
（村田）。

虚无之道。关于 1910 年代中期陈独秀的这种立场，在众多关于"五四"启蒙的研究里多有提及。[①] 在这一章，我们姑且不论应该如何评价陈独秀所理解的"欧美文明"及其观点。而且，他对"欧美文明"的理解在他的思想架构中究竟占有什么样的地位，我想这里也没有必要再做讨论。

不过，这一时期，对于与当时的这种思想立场息息相关的政治课题，陈独秀曾经发表过以下言论：

吾人宁取共和民政之乱，而不取王者仁政之治。[②]

他的这句话朗朗上口，言简意赅。纵观历史，我觉得正是因为他这种条理清楚、平实易解的语言特色，陈独秀这一时期所发表的言论才能够为历史所铭记。他这句话非常鲜明地体现了他的思想立场投射到政治领域时所表现出来的政治态度以及应对方式。标榜自立、个性、自由的陈独秀追求"共和民政"本来就在情理之中，他的这番言论表明了他即便"乱"也要选择"共和民政"，绝不选择"王者仁政之治"的断乎决绝的决心。我们也能从这里看出他作为一个所谓的激进民主主义者的政治态度。

———————

① 关于陈独秀这一时期的立场，参见拙著《近代中国的思想世界》，岩波书店，1990 年。第一章、第二章、第五章第二节有详细论述。

② 陈独秀《通信》，载《新青年》第 2 卷第 4 期，第 378 页。

但是，众所周知，在当时那种急剧变化的社会状态下，陈独秀仿佛被一股激流裹挟，其立场后来突然发生了一百八十度的大转变，从原本最激进的民主主义者转变为马克思主义者。从他的言论我们可以看出他观点和立场的改变，他先是提倡"伦理革命"，（受杜威美式民主的影响）要求"实行民治"①，然后主张"开明专政"，最后则转向要求实现马克思主义的"劳动阶级专政"②。

设身处地地想想，作为一种发展变化的模式，陈独秀立场的转变是完全可以理解的。对于陈独秀而言，归根结底，重建逐渐解体的政治社会、克服"乱"才是最根本的课题。面对当时那种严峻的现实，在包括"五四"运动在内的急速发展的政治形态下，陈独秀受到某种依靠强大力量来实现重建社会的宏图的吸引，或许也是一条必经之路。但是，这里最关键的问题是陈独秀立场的转变并不单纯意味着他从思想家或者思想的世界一举实现向政治家或者政治的世界转换。从伦理革命起步的陈独秀，是怎样走上政治变革的道路的呢？又是如何与之融为一体的呢？这才是隐藏其中的一个难解之谜。或者也可以说这正是最广义的围绕文化和政治的课题。而且，发端于"五四启蒙"的这个课题作为后来的历史的某种直接原因，一直持续"发酵"，以各种各样的形态出现在政治、思想领域。

---

① 陈独秀《实行民治的基础》，载《新青年》第 7 卷第 1 期。
② 陈独秀《谈政治》，载《新青年》第 8 卷第 1 期。

如前所述，1910 年代中期，陈独秀非常鲜明且明确地提出了"个性的命题"这一课题。很明显，那是陈独秀提出的新的道德、行为规范。与此同时，自然而然地就会产生一系列与之紧密相关的课题，例如，社会如何构成？更进一步，政治社会如何形成？等等。当他果敢地开始挑战传统伦理、道德的时候，随之而来的社会形势也要求他在新的行为规范的基础上勾画出新社会理想状态的蓝图。具体到 1910 年代，与中国密切相关的课题不仅仅局限于此，更为迫切的是必须尽快找到应对围绕日常生活的严峻的政治现实的解决方案，可以说这件事情刻不容缓。

正如前面提到的，"宁取共和民政之乱，不取王者仁政之治"正是陈独秀的基本政治立场及出发点。这一点与他的思想立场相连相通。但是，很显然，对陈独秀而言，这并不是真正地认同并放任"乱"。他的这一纲领实际上必然包含了如何从"共和民政之乱"创造出"共和民政之治"，或者如何将"共和民政之乱"引向"共和民政之治"的课题。

陈独秀热切期盼平等人权、独立人格以及以此为基础的"共和民政之治"，这一点是毫无疑问的。这是 1910 年代中期陈独秀描绘出的无比鲜明或者说过于鲜明的一幅蓝图。但是，在中国的现实社会中，想要实现这样一幅蓝图，很难立刻找到明确的思路。不，在此之前，所谓的平等人权、独立人格，所谓的"共和民政之治"这些要求，在中国社会的历史土壤中究竟要如何才能扎下根去？在中国严峻的社会现实面前，要将平等人权、独立人格与"共和民政之治"这两者整合到一起，无论是在理论上还是思想上都困难重重。更何况这些问题的讨论、课题的提出暂时都还停留在陈独秀的知觉以及他个人的思想认识层面上。即使他为了实现这种思想主张，费尽心力积极地开展"五四"启蒙运动，中国的现实世界也不可能因为这些言论而立即发生巨大改变。帝政国家瓦解之后，陈独秀处于混乱、混沌以及由此而产生的思想焦躁当中，如果希望这个国家重建乃至重构的话，不可避免地首先必须在思想领域导入一个强有力的思想体系。就陈独秀个人的思想转变轨迹来说，这个时候急速出现了作为权力论的马克思列宁主义的建党论。马克思主义提供的涵盖从政治、经济到思想、文化等广泛领域的完整的系统性的解答，出现在他的眼前。其时，虽然陈独秀还带着他自身1910年代的思想，但实际上他已经积极地走在马克思主义的道路上。而且，在现实的政治世界里，他也已经开始摸索依靠某种强人力量建立新秩序，开始投身于创设中国共产党（首任总书记）等一系列政治活动中。在时代的浪潮中，众多青年人怀抱着各种各样的初衷，也开始追随马克思列宁主义思想，积极参加马克思主义思想运动。这确实是一段真实发生的历史。

2. 身份认同危机

然而，当我们将1910年代后期陈独秀的思想路线放到当时中国的思想、社会状况中，放到伦理革命和政治社会重组问题的中心框架中重新进行梳理的时候，不得不指出其中隐含着本质性的危机。这种危机并不完全是他的这种思想路线正确与否的问题，而是源于当时的历史状况——帝国解体，中国正遭受西方世界的经济、文化、军事侵略，那个时候，中国正面临一系列社会现实问题。

的确，在 20 世纪初中国的混乱状态中，陈独秀旗帜鲜明地提出了"个性的命题"。虽说最先提出来的时候仅限于意识、思想领域，但其影响逐渐蔓延辐射到了社会、文化乃至政治领域，这一点前面我们已经讲述过。但是，也正因为如此，他的这一路线引发了一个根本性的危机，概括来说就是关于身份认同危机的问题。

回顾过去，在中国悠久的历史中，在思想、文化领域，在社会现实状态中，中国一直以来大体上都保持着一定的框架，或者更确切地说，是一直保持着某种内在的价值体系。在这里，我只能笼统地、简单地加以说明。这种内在的价值体系是这个国家社会凝聚力、人际关系的全部——基本上，就是支撑并完全渗透于这个价值体系的家族、宗族的规范。或者，也可以说是中国社会特有的极为广义上的儒教的道德规范。可以说正是因为拥有这样的社会构成和行为规范，以及内在价值体系，作为文明世界之一的中国，才具有自己的特色。伴随着帝政国家的解体，这种内在的价值体系也发生了强烈的动摇。但是，陈独秀提出的路线，无疑是要在最根本的领域尝试对"中国"性，或者说是中华世界的同一性发起决定性的挑战，要对其进行重要改编。显而易见，想要否定中华世界一直以来就存在的事物，否定其存在的状态，也就意味着至少其自身会将一直以来保持的身份认同置于危机之中。这并不是关于进步、保守抑或是反动的问题，也不是左、右政治坐标轴的问题，而是在这个坐标轴背后，潜藏着更为巨大而且中心的课题，那就是与身份认同危机相关的一系列问题。这种现象相继出现在 1910 年代末到 1920 年代初，我们可以在所谓的"东西文化论争"、"科学与人生观"的论争（"科学和玄学"之争）中窥见一二。反之，也可以说这些争论的出现本身就明确地揭露出了问题之所在。

　　这里我们没有必要详细叙述这两场争论的经过。稍微梳理一下围绕这两种争论的前后脉络就足够了。这两种论战和社会主义（问题）论战、无政府主义论战一道，形成了 1920 年代前半期中国思潮的主要支柱。众所周知，关于东西文化的问题，以最为煽情的方式点燃争论之火的是第一次世界大战之后去欧洲考察回来对国民发出强烈警告的梁启超。这里之所以说他是以动情或者煽情的方式，是因为一如他在《欧游心影录》中用如下的语言与方式所呼吁的——"我们可爱的青年啊！立正！开步走！大海对岸那边有好几万万人，愁着物质文明破产，哀哀欲绝的喊救命，等着你来超拔他哩"[1]——他把第一次世界大战带来的前所未有的

_____

① 《欧游心影录节录》，载《饮冰室合集》专集第 5 册，中华书局，1936 年，第 23 卷，第 38 页。

惨祸作为西方物质文明破产的证明，并以此来论证东方文明或者中国文化的价值。

又如梁漱溟在他的名作《东西文化及其哲学》一书中，以比较粗略的形式先提出中国文化固有的价值，然后提出未来的文化是中国文化的复兴，众所周知这也是受到了梁启超很大的影响。梁启超的语言以直击人心的形式、极其鲜明的姿态提出了问题。这个问题，广义而言是国家身份认同的问题，也可以说其背后隐藏着国家身份认同的危机。

另外，在个体的层面上，大约同一时间开战的"科学与人生观"的论争与"东西文化论争"基本处于同一水平。这一点也无须赘述。"科学与人生观"的论争是一场由科学是否能解决人生观的问题而引发的争论，后来进而扩大到世界观、宇宙观的问题。毫无疑问，论争的背景还是伦理革命以及标榜"民主和科学"的新文化运动彻底动摇了中国的传统道德、行为规范、价值观这一事实。虽然争论的内容是批判"科学万能论"及其内在包含的围绕着"科学主义"的诸多问题，但归根结底，争论的还是这个时期新提出来的"人应该怎样活着"这一课题。不言而喻，这其实根源于个人身份认同的问题，即所谓的个人身份认同也好，抑或是上升到国家身份认同也好，这场论战其实就是围绕身份认同的危机感而发生的。无论是单纯的个人层面，还是扩大到民族共同体的层面，或许都表现为"自己不像自己"的危机感，又或者说是分裂的危机感。

说起 1920 年代初的这些论争，陈独秀从自己的立场出发对"玄学派"等其他学派的观点一一进行了反击，还有参加新文化运动的人、急速发展起来的马克思主义派也对"玄学派"等其他学派的观点进行了反击，与他们展开了激烈的论战。但是，最重要的是，即使他们在论战中获得了理论上的胜利，事实上，这些关于身份认同危机的问题，却还是没有给出一个让所有人都满意的答案。不论"科学派""马克思派"如何痛击所谓的"玄学派"，也还是没能立刻解决中国乃至中国人自身的价值问题或者身份认同的问题。在性质上，身份认同问题属于更深远、更复杂的课题。更确切而言，这个问题依然悬而未决，留下了空白。这个问题究竟怎样才能得到解决呢？

从当时的思想、社会状况来看，我认为能够填补这一巨大空白的正是孙中山提出的三民主义。关于孙中山，我们已经在第一章，从政治文化的视角，对他从王朝体制到民国共和体制变革时期（辛亥革命时期）的思想和行动进行了分析与探讨。在之后的十年左右的时间里，在袁世凯政权 - 北洋军阀政府时期，孙中山率领着中华革命党（国民党）前仆后继，自始至终坚持开展革命活动。正是在这一系列革命活动中，他提出了中国革命的政治理论，也就是孙中山学说——孙中山·三民主义。因为与我们这一节的主题息息相关，所以在这里我不得不再次提及。

二 为了克服身份认同危机——孙中山·三民主义的
地位、含义与作用

回顾当时的各种思潮，孙中山的三民主义之所以能够被广大民众广泛接受，是有非常充分的理由的。首先，1920 年代前半期，孙中山、国民党在一定范围内实际上领导着中国政治的走向，这是不争的事实。如果说 1910 年代独领风骚的是新文化运动和"五四"运动这一大规模群众运动，那么 1920 年代前半期与其几乎具有同等意义的，或者说是同等重要的则是以国民党领导的政治运动为背景的孙中山学说。其次，我个人觉得，与其分开去讨论思想层面上分别以国民党、共产党的政治势力为背景的孙中山·三民主义与马克思主义，还不如结合当时中国思想界的动向及动态，将两者置于同一地平线上，尽可能地从整体上加以探讨，全面地加以把握。

在这一时期，孙中山·三民主义之所以在一定程度上得以广泛传播，正是因为国民党具备了相当的政治实力。虽然我们很难断言孙中山学说本身在当时的广大知识世界领域里已经自然而然地形成了一种明确的思想潮流，但是，既然孙中山学说作为一种主义，或者说一种理论能够逐渐被广大民众接纳，那么我们就肯定能够在这个过程中找到其相应的内在思想原因。

首先，从结论来看，当时只有孙中山思想才能够在某种形式上轻松地克服被广为质疑的中国的身份认同危机的问题。这种思想在某种形式上具备了不会受到强烈抵制、能够被大众所接受的各项要素。孙中山的三民主义就这样填补了悬而未决的空白。

但是，为了阐明这个问题，如何正确解读孙中山学说又成了一个新的课题。对于这个课题，在这里我想先以简单明了的形式提出一个问题：孙中山的思想基本上是由所谓的近代要素构成的，还是以传统的思想构造为基础构成的呢？我想以这个简单的问题为线索，到这个问题的延长线上去寻找答案。也许有人会认为这个问题提得过于随意了些，但是，根据当时的思潮以及这个课题，还有我们这一章的主题以及前面的分析来看，其实，这个包含了两极性的大胆设问是十分有意义的。还有一点要补充的是，后面文章中也会提到，从某种意义上来说，在这两极中如何解读孙中山思想是一个非常重要的问题。①

话虽如此，实际上如何正确把握孙中山及其三民主义的内容这件事情本身就是一个难题。这不仅与孙中山长期的革命经历、思想变迁有关，而且我们还不能仅仅把他当作一位思想家、理论家，还应该从革命政治家的政治哲学的角度来审视这个问题。从这个侧面出发，我简单地归纳了如下几个论点及特质。

（一）结合上下文，我们知道孙中山本人已经充分理解了西

---

① 在研究史上，关于这一问题有一些研究成果，如岛田虔次发表的《关于孙文的宣扬儒教的动机论》《孙文研究之我见》等文，均收录于《隐者的尊重》（筑摩书房，1997 年）。岛田在文章中强调了孙中山思想中的儒教的要素。

欧的民权主义的内涵。至少在政治哲学方面，孙中山已经是一位不折不扣的近代民权主义者，这一点毫无疑问。关于孙中山学说的概要，别的姑且不论，至少，从他的《三民主义》能将"权"和"能"区分开来这一点就能明白，他的民权思想已经体现得淋漓尽致了。人民，只有人民才拥有权力或者权限，然后有能力的人组成政府，行使权力。众所周知，这个理论体现在孙中山构想的政治体系中的选举权、罢免权、创制权、复决权即所谓的"四权"上。[①] 或者说（如果运用比喻能够非常鲜明地刻画出问题的关键所在的话）他将君权国家比喻成东家生意，而民权国家则比喻成公司生意，权在股东多数人。[②] 孙中山的这种民权思想随处可见，这里不过多赘述，下面仅提出一点，很有意思也很重要，这就是关于政治社会形成时的契约－宣誓的问题。

孙中山在《建国方略》的三部著作之一《心理建设》中提出，中华民国建立之初自己率先宣誓就职总统，后来袁世凯继任的时候，他也特别重视这一点，尽管同人们对宣誓与否都比较漠视，但是他依然没有丝毫妥协，坚决要求袁世凯宣誓，更在文章

---

① 《三民主义·民权主义》第5讲、第6讲，载广东省社会科学院历史研究室等编《孙中山全集》第9卷，中华书局，1985年，第314—355页。安藤彦太郎译《三民主义》下，岩波文库，1957年，第8—75页。

② 《在桂林对滇赣粤军的演说》，载《孙中山全集》第6卷，第26页。日文版《关于军人的精神教育》，伊地智善继、山口一郎监修《孙文选集》第2卷，社会思想社，1987年，第213页。

中提到"其后不幸袁氏果有背盟称帝之举，而以有此一宣誓之故，俾吾人有极大之理由以讨罚（伐）之；而各友邦亦直我而曲彼，于是乃有劝告取消之举"。"帝制之所以不得不取消者，以列强之劝告也。列强之所以劝告者，以民党之抵抗袁氏有极充分之理由也。而理由之具体，而可执以为凭，表示于中外者，即袁氏之背誓也。"① 在这里，孙中山强调：国家的形成、政治社会的创建，都必须坚持一个原则，即进行宣誓，签订契约，履行程序。而且，孙中山还要求民国的官员，甚至民国的所有国民都要宣誓。要求官员理所当然地履行宣誓的义务，"必照行其宣誓之典礼者，乃得享民国国民之权利"，否则"仍视为清朝之臣民"。②

在孙中山看来，从原理上来说，国家的成立就是人与人之间相互缔结契约。因此他构想中的创建民国一定要坚决贯彻这一原理。孙中山有长期的西洋生活经历，从这种意义上来说，他对近代民权主义思想理解得非常透彻。这一点毋庸置疑。

但是，这里我们有必要追加一个重要的问题。孙中山虽然带有"近代民权主义者"的特征，但是关键问题在于，在政治上、

---

① 《建国方略·心理建设》，载《孙中山全集》第6卷，第213页。日文版《心理建设》，《孙文选集》第2卷，第104、105页。

② 《孙中山全集》第6卷，第214页。日文版，《孙文选集》第2卷，第108页。只是，他的这种想法也有另外的一面，正如后面将要提到的，以他的"训政"理论为基础，在南京国民政府时代，他规定"中华民国人民必须服从拥护中国国民党、誓行三民主义"。关于这一点，参见横山宏章《中国的政治危机与传统统治》，研文出版，1996年，第142页。等等。

思想上，他都只强调了民权而并未强调人权。或者说，他的思想里面，个人、人权、人格这些观念非常淡薄。在他的观念当中，还是把人民看作一个集合体，这个问题与总体或者全体的问题，或者说中国思想史上一直存在的关于"公"的问题一脉相承，紧密相关。这一点我们留待后面再加以探讨。

（二）我们接下来看一看孙中山著名的"知难行易"说。1910 年代后半期，孙中山经历了辛亥革命失败的痛苦之后，痛定思痛，特别在思想层面加以反思，全力以赴对中国数千年来的传统的"知之非艰，行之惟艰"的思想进行了强烈批判。正如他在《心理建设》（1919）的"自序"中所表明的那样，他将革命失败的原因几乎都归结为这一传统思想。他写道："呜呼！此说者予生平之最大敌也，其威力当万倍于满清。……可畏哉此敌！可恨哉此敌！"[1] 既然《心理建设》认定了传统思想才是革命失败的主要原因，思维方式的问题才是中国亟待解决的主要课题，那么，就算他的表述多少有些夸张，他的这一想法还是非常强烈的。而且，这一时期，孙中山为了他的"知难行易"说废寝忘食。这也说明他以另外一种方式与新文化运动这一"思想的时代"同呼吸共命运。只是这里我们应该特别注意一点：孙中山通过他的"知难行易"说，将认识论的水平提高到了一个新的高度。

---

[1] 《孙中山全集》第 6 卷，第 158 页。日文版，《孙文选集》第 2 卷，第 14 页。

从《心理建设》中孙中山提出的各种各样的证明（"以饮食为证""以用钱为证"等）就可以非常清楚地了解到，这里孙中山提出的"知"可以简洁地归纳为一句话："知"指的是近代科学知识，或者理论知识。由于篇幅的原因，这里省略他文中所举的具体事例，仅阐述其观点。孙中山说：如果没有科学知识的话，土木建筑就完全不可能，如果没有理论知识的话，建国大业也不可能进行到底。一件事情要怎样实施，一幅蓝图要如何落实，如果背后没有客观理论的支持，也是完全不可能实现的。按照现在严密的判定标准来看，对于那些与社会现象相关的科学知识，当时的孙中山究竟在方法上准确地把握到了何种程度，也许我们无法给出肯定的答案。但是，最重要的一点是，他的"知难行易"说中的"知"，无论从何种意义上来说，都与道德、伦理无关，或者说已经完全脱离了道德、伦理的范畴。

回头来看，"知易行难"这一观点在民间广泛流传，或者"知行合一"的观点被提出来的时候，这两种学说几乎都与人们的行为规范有关，正因为如此，这些学说在个人修养水平的层面上才都带有深深的道德、伦理的意义。围绕"知易行难"还是"知行合一"等学说，这个国家中存在无数争议，而且他们在如何定义"知"和"行"方面都极其笼统，迄今为止，这个国家在讨论"知"与"行"的问题时，一直都停留在个人伦理、个人修养的层面上。孙中山学说最显著的就是，他所主张的"知"基本上已经脱离了道德、伦理的范畴，或者说，他对于"知"的解读已经完全不带有道德、伦理的色彩。从这一点来看，虽然存在 19 世纪后半期西洋科学文明传入的历史背景，但是这个时期的孙中山学说在认识论的水平上，已经明显超越了传统的思考模式，站在了比以往更高的高度，或者说已经在传统的基础上不断地进行了改革与创新。

不过，关于"知难行易"说，实际上我还必须追加一个重要的论点，那就是关于这一学说引申出来的著名的"先知先觉""后知后觉""不知不觉"的问题。众所周知，孙中山把这三大类人群分别比喻成"发明家""宣传家""实行家"，在发现、发明了理论知识、科学知识的"先知先觉者"的指导下，"后知后觉者""不知不觉者"遵从他们的指导，开展工作，经营事业，建国大业也只有这样才有可能实现。孙中山为什么提出这一纲领，在思想层面、政治层面有各种各样的解释。另外，他的"先知先觉说"并不是单纯地意味着"先知先觉者"独占优势，反而"先知先觉者"要通过经营为"不知不觉者"提供"服务"，从而实现真正的社会平等。[1]这种独特的伦理观念值得我们关注。至少对于孙中山来说，"知难行易"说自然而然地引申出了"先知先觉说"，这在政治思想、政治指导两方面都具有十分重要的意义，是不容忽视的核心论点之一。至于其问题性，我将在后文加以阐述。

---

[1] 孙中山《三民主义·民权主义》第 3 讲，载《孙中山全集》第 9 卷，第 283—299 页。安藤彦太郎译《三民主义》上，第 193—217 页。

（三）综上所述，我们已经对孙中山及其三民主义所包含的民权主义思想以及认识论的转换（重视理论知识）进行了考察。我们已经明了：孙中山思想中所包含的近代要素绝对不容忽视。或者反过来说，孙中山的思想基础并非主要来自传统的儒教思想。尽管如此，我还必须指出一点，那就是孙中山及其三民主义作为一种政治哲学，必然存在一个支撑他的政治哲学构造的基础的政治、历史磁场，而且这个磁场有力地推动着这种政治哲学的形成，而三民主义形成的前提条件在于孙中山的政治哲学首先是为了克服民族危机衍生而来。

众所周知，正如孙中山的《三民主义》"第 1 讲"开头所述，用最简单的定义说，三民主义就是救国主义。"何以说三民主义就是救国主义呢？因为三民主义系促进中国之国际地位平等、政治地位平等、经济地位平等，使中国永久适存于世界。所以说三民主义就是救国主义。"[1] 三民主义是为了克服国家危机——民族共同体危机应运而生的思想。孙中山之所以要进行变革、进行革命，最重要的是为了自己国家的存续。也正因为如此，他为保持民族身份认同、国家身份认同而努力。所以，我们根本无法想象他能完全告别自身的历史。如果我们拿它与完全是另一种极端、坚决告别过去的法国大革命相比较的话，这种历史情况所包含的

---

[1] 《三民主义·民族主义》第 1 讲，载《孙中山全集》第 9 卷，第 184 页。日文版《三民主义》上，第 12 页。

意义实在是一目了然。"处死国王"象征着与过去完全告别，与过去完全告别才是法国大革命的课题（参考林·亨特著《法国大革命中的政治、文化和阶级》[①]日文版，平凡社，等等）。

就这样，孙中山及其三民主义一方面如前所述，本质上包含着崭新的、所谓的近代思想的要素，另一方面为了极力保持自己的民族身份认同、国家身份认同，又"活用"了中国传统的基础与思想。关于《三民主义》所包含的多面性，本书中已经多处提及。例如，孙中山主张，承认中国社会中已经存在的宗族团体的现实，在此基础上用宗族的小基础，来做扩充国族的事业[②]；他提出了国家自由、民族自由的纲领，而不是个人自由（中国社会的自由太多了）[③]；再有，他还援引了忠、孝、仁、义这些中国传统的道德理念[④]……

但是，更值得我们关注的重点是，孙中山几乎是在所有场合，经常在新的环境中重新解读、置换这些道德理念、传统价值以及固有的文化。这也正是其"活用"的表现。孙中山思想一方

[①] 林·亨特著，松浦义弘译《法国革命的政治文化》（中文译作《法国大革命中的政治、文化和阶级》——译者注），平凡社，1989 年。

[②] 《三民主义·民族主义》第 5 讲，载《孙中山全集》第 9 卷，第 239 页。日文版《三民主义》上，第 106—111 页。

[③] 《三民主义·民族主义》第 2 讲，载《孙中山全集》第 9 卷，第 282 页。日文版《三民主义》上，第 187—190 页。

[④] 《三民主义·民族主义》第 6 讲，载《孙中山全集》第 9 卷，第 244—245 页。日文版《三民主义》上，第 118—122 页。

面从传统的思想基础中不断地汲取能量，另一方面又将这些能量重新注入到为了民族存续、再生而创建的新的组织框架中去，这一点在孙中山 1920 年代提出的三民主义中已经显而易见。这也正是孙中山的独特之处和伟大之处。

话说回来，孙中山及其三民主义直截了当地提出了民族危机的历史主题，同时将思想中的外发契机和内发要因、基础巧妙地结合起来，从而解答了当时的政治课题。正因为如此，孙中山及其三民主义在 1920 年代前半期的中国政治思想中形成了一股潮流，占据了一席之地。他将保持民族身份认同与克服民族危机结合到了一起，因此，对人民群众具有强大的吸引力。

但是，孙中山和国民党的发展，却在历史性的 1925 年 3 月，因为孙中山的去世而发生了骤变。孙中山去世后，国民党分裂为左右两翼，更为严重的后果是国共合作破裂。从中山舰事件（1926 年 3 月）到 1926 年 7 月开始北伐，再到翌年的"四一二"军事政变，众所周知，这期间发生了一系列骇人听闻的政治剧变。从思想层面来看，随着这一系列政变，孙中山去世后不久，国民党内部就开始对三民主义进行重新解读。例如，孙中山去世仅仅数月，戴季陶就公开发表了《孙文主义之哲学的基础》（1925 年 6 月）以及《国民革命与中国国民党》。戴季陶认为，孙中山之所以能够通过强大的领导能力保障国民党的统一，应该归功于孙中山的"三民主义"。孙中山通过将这一理念体系化（将其思想和主张作为本党的信仰）来防止党内的分化，这一点无可否认。另外，从当时政治势力构成的版图来看，戴季陶作为当时"西山会议派"的成员，比蒋介石更加右倾。但是，从更全面的角度纵观历史，正是戴季陶的《孙文主义之哲学的基础》确定了国民党思想的正统性。我想这么说绝不为过。而且，三民主义在思想构成方面，以及独自的重要性来看，之所以能够占据统治地位是具有充分的理由的。下面我们将视线转向国民党的思想，并由此围绕 1920 年代后半期的思潮展开讨论。

三　政治季节——孙中山之死与戴季陶·孙中山主义的登场

一般认为，戴季陶的著作是从右倾主义的角度对孙中山思想进行的重新解读，他是从儒学的角度来阐述三民主义的。在此大前提下，这里必须探讨一下戴季陶著作本身的意义以及围绕这一理论出现的问题。戴季陶的核心论点归纳起来大致有以下几点（《孙文主义之哲学的基础》及《国民革命与中国国民党》）。

（一）他以孙中山的"军人精神教育"为主要论据，将智、仁、勇——"诚"定义为孙中山伦理思想的最高理论。在他看来，这些道德是中华民族文化的结晶。①

---

① 《孙文主义之哲学的基础》，载中国国民党中央党史史料编纂委员会编《革命先烈先进阐扬国父思想论文集》第 1 册，中华民国各界纪念国父百年诞辰筹备委员会出版，1965 年，第 82—83 页。

（二）在主张民族、民权、民生的三民主义中，戴季陶对民生主义评价最高。他认为民生即全部，民生是历史的中心。民生问题涵盖了衣、食、住、行、育（养生）、乐（送死）。衣、食、住、行、育、乐六个方面需要均等普遍的满足。[1]

（三）总的来说，戴季陶认为孙中山的三民主义就是中国的正统思想，是继承尧舜以至孔孟而中绝的仁义道德的思想，即完全是正统道德思想的继承者。[2]

（四）三民主义虽然目的、性质与共产主义完全相同，但是其哲学基础却完全不同。共产主义要解决的问题只是经济生活层面的，而三民主义所针对的还有育和乐，远远超越了经济层面。[3]

（五）因此，革命最根本的动机源于利他的道德。不仁是反革命的。革命和反革命之间的对立，即是觉悟者（自觉者）和不觉悟者（不自觉者）之间的对立。国民革命是联合各阶级的革命，是要治者阶级的人觉悟了，为被治者阶级的利益来革命，在资本阶级的人觉悟了，为劳动阶级的利益来革命，要地主阶级的人觉悟了，为农民阶级的利益来革命。[4]

关于戴季陶这个人及其思想，我并不打算在此详细分析，而

---

[1]　《孙文主义之哲学的基础》，载中国国民党中央党史史料编纂委员会编《革命先烈先进阐扬国父思想论文集》第 1 册，1965 年，第 85 页。

[2]　同上，第 94 页。

[3]　同上，第 86 页。

[4]　同上，第 93—94 页。

且，也不打算去深入探究他将三民主义进行这样的体系化、这样的解读是否妥当、正确。但是，即使不进行分析或评价，有一点还是所有人都一目了然的：戴季陶的重新解读将三民主义从思想构造、人生观、社会观乃至世界观等所有的方面完全塞进了传统的儒教思想框架当中。通过将智、仁、勇——"诚"定义为孙中山伦理思想的精髓、伦理思想的最高理论，使之与传统道德相吻合，又将"道统"观念放在中心位置使之与传统相贴合。也就是说，戴季陶以这种方式将三民主义当作沿袭旧中国文明的儒教思想呈现在大家眼前。

戴季陶一边信奉着孙中山总理的主义，一边期望按照他自己的方式推进国民革命。但是，以三民主义作为基本方针的国民党，如果以他这样的哲学为基础，最终将会迎来什么样的政治光景呢？打个比方来说，这与陈独秀的"使'共和民政之乱'变为'共和民政之治'"，并且热切期盼以此为目标的"变革"的要求大相径庭。国民革命将彻底变成"王者仁政之革命"。而且，在戴季陶的认知里，1910年代意识革命的课题被置之不理或回归原位。戴季陶的三民主义坚持奉行"总理的思想和主张即本党的信仰"，将孙中山学说作为先知先觉者的理论，也就不可避免地产生了对孙中山三民主义理论绝对归依的态度。我们在接下来的阶段应该马上就可以看到。

只是，戴季陶之所以会这样去重新解读孙中山的三民主义，实际上是因为当时在知识层面已经出现了马克思主义，在政治层面出现了中国共产党。我们必须深入了解当时的社会政治状况。戴季陶是 1910 年代末期国民党中极力主张接近马克思主义的人，再考虑到他 1910 年代关于民权主义的政治思想，结合这些方面，我们就不会错漏这一点。也就是说，正如前面所提到的，唯物史观虽然一方面对中国一切"封建道德"加以彻底的批判，但是另一方面，凡是涉及批判所带来的中国自身的身份认同问题的时候，就会出现如戴季陶思想般反而强烈主张保持传统的固有道德的思想。而且，共产党作为共产国际的一个分支，成为一个新的政治势力出现在历史舞台上，同时还提出了"中国革命是世界革命的一部分"的纲领，这些都正好激发出了戴季陶思想中的中国或者中国自身的国民革命这一强烈的民族主义思想。

经过戴季陶重新解读的孙中山三民主义，在国共合作期间，自然而然地受到了共产党甚至国民党内部的大力批判。在孙中山死后立即将孙中山的三民主义进行这样的理论化、体系化势必引起激烈的争论。但是，激烈争辩的左、右两派的分裂并非只停留在桌面上，各方政治势力的两翼分化强烈地冲击着整个社会的思想言论。把从 1926 年 7 月开始一直到 1927 年北伐战争这一时期，称为政治季节最恰当不过了。戴季陶的"孙中山主义"，其命运实际上完全受这个政治舞台的变化所左右。在政治急剧动荡的情况之下，社会思想也必然随之发生变化。于是，在孙中山去世三年之后，1927 年发生了"四一二"反革命政变，除此之外，还发生了日本武装干涉中国内政（"济南事件"）等可怕的流血事件，在这种政治、社会背景下，蒋介石的南京国民政府成立了。

从北伐成功至 1930 年代初期，多地频发的中原战争（1930 年 5—9 月，新军阀之间的混战）说明国民政府的成立并非易事。但是，随着国民政府的成立而出现的蒋介石政权还是具有相当重要的历史意义的。从民族危机，特别是克服分裂的危机这一课题来看，蒋介石首先是以解决民族危机的军事领导人的身份登上历史舞台的。不管怎么说，蒋介石政权的成立表明他通过武力（实力）让大家承认了他作为民族共同体的领袖的身份。由此，开创了一个与袁世凯政权以及北洋军阀统治时期截然不同的政治新时代。这一切也意味着政治上开始了国民政府所提出的"训政"时代。

众所周知，孙中山在描绘民权国家的成立过程时，革命期的"军政"之后，首先设想的就是"训政"时期。那是结合中国当时的现实状况所制订的政治计划。孙中山认为，因为当时政治、社会、文化的落后，中国无法立刻实现基于宪法的"宪政"，因此，政治流程上必须先实行由党对人民进行指导、教育（训导）的"训政"。孙中山的这一构想几经修改，最终内容基本体现在《国民政府建国大纲》（1924 年 1 月）中。

1928 年 8 月，国民党二届五中全会宣布"军政"结束，"训政"时期开始。1928 年 10 月，二届中央委员会第一七二次常委会通过了《训政纲领》，将"训政"时期的所有"权"与"能"都集中在国民党中央执行委员会手中。1931 年，国民会议通过了《中华民国训政时期约法》，以国家根本法的形式确认了国民党一党专政的统治。

"训政"是孙中山政治学说最基本的方略之一。按照"军政""训政""宪政"的顺序，国民党自行宣布"军政"结束、"训政"开始。当然，这也可以归结为国民党忠实于孙中山学说。"以党治国"是"训政"时期的基本方针，同时也是进入"宪政"时期所必经的阶段。但是，如政治史上包括"四一二"反革命政变在内的多个事件所体现的那样，如果说南京国民政府的成立实质上带有极为浓厚的蒋介石军事独裁政权的色彩，那么，这个政权就完全不具备孙中山所希望的经由"训政"转到"宪政"的"民权国家"的条件。而且，正如前面提到的那样，以独特的方式将传统与革新紧密结合的孙中山主义，在孙中山去世之后，极大程度上又被倒行逆施，回到传统思想结构中去了。结合这一情况来看，此时所出现的与其说是孙中山主义朝着"宪政"前进的思想能量，不如说是孙中山主义被转化为了统治阶级的工具。更进一步明确地来说，此时出现的"训政"虽然在军事上勉勉强强实行了所谓的"王者仁政之革命"，但实际上则更倾向于"王者仁政之治"（君主专制）。

当然，单从这样的思想史的观点来分析现实的政治过程不一定百分之百正确，我们还需要站在政治与思想的结合点上来探究这一问题。从这个角度来看，从国民党的"训政"开始到1930年代初，至少可以找出和这个主题相关且同样非常重要的两件大事，那就是胡适的人权论和宋庆龄的民权保障同盟的活动。接下来我们就简单地通过这两件大事来探讨问题之所在。

四　国民党"训政"的开始、胡适的人权论以及"中国民权保障同盟"——民权与人权之争

国民政府以一个中央政府的形式成立了。在国民党开始实施"训政"的时候，有一个人站在风口浪尖上从正面与之叫板，与其进行对抗。这个人就是新文化运动的领导人之一胡适。关于胡适这个人，众说纷纭，褒贬不一。从整体上来看，自从日本侵略东北以来，他基本上都还是在国民党政权允许的范围之内开展活动的。但是，在国民党开始实施"训政"的这一阶段，很明显，他提出来的问题以及他的思想主张在 1920 年代后半期以后的中国政治思潮当中已然属于本质问题。在本书第三章中，我们将会对以胡适为代表的自由主义派的思想进行详细分析与探讨，所以其具体内容留待后面详述。这里仅摘录一些必要范围之内的问题点，也许多少会有一些重复，希望大家能够理解。与此同时，在这一节中我们还将提到"中国民权保障同盟"。"中国民权保障同盟"本身的情况非常复杂，而胡适与"中国民权保障同盟"之间又有着千丝万缕、错综复杂的关系。本节将对胡适与"中国民权保障同盟"之间的关系进行分析，看看究竟会展现出怎样的思想问题。

　　1929 年 5 月，胡适（时任上海中国公学校长）在《新月》杂志上发表了一篇题为《人权与约法》的文章。以此为起点，胡适以非常激进的方式对国民党实施的"训政"进行了猛烈的批判。这是一场以胡适的"人权论"为代表的广为人知的思想斗争，也是一场言论斗争。在《人权与约法》中，他提出虽然国民政府下了一道保障人权的命令，宣布"当此训政开始，法治基础亟宜确立"，"但我们欢喜一阵之后……不能不感觉大失望"。紧接着他对国民党颁布的泛泛而谈、内容空洞的"人权保障命令"进行了激烈的批判。他说，"我们就不知道今日有何种法律可以保障人民的人权"，而且这个"命令所禁止的只是'个人或团体'，而并不曾提及政府机关"。① 根据胡适的观点，"法治只是要政府官吏的一切行为都不得逾越法律规定的权限。法治只认得法律，不认得人"。② 胡适这是从近代立宪主义的立场出发对国民党"训政"提出正面批判。他追求的虽然是制定宪法，但是他又提出如果制定宪法很困难的话，那么至少要制定"训政"时期的约法（规定人民的权利、义务与革命政府的统治权）。规定是不可或缺的③，否则，"无宪法的训政只是专制"④。胡适的这一观

---

① 《人权与约法》，载梁实秋、胡适、罗隆基等著《人权论集》，新月书店，1930 年，第 2—3 页。

② 同上，第 8 页。

③ 同上。

④ 《我们什么时候才可有宪法？》，载《人权论集》，第 32 页。

点所包含的道理不言而喻，我们没有必要再详细分析。他这是从争取个人人权的立场出发，对国民党的"训政"提出异议与指控。

再者，胡适在这一时期还从正面对孙中山提出的"知难行易"说进行了批判。很显然，从另一个视角来看，孙中山的"知难行易"说在理论形态上有一个特征：他将"知"与"行"截然分开。众所周知，新文化运动以来，胡适将杜威的实用主义介绍到了中国，不仅如此，他还是杜威的实用主义的倡导者。杜威的实用主义从理论上不接受这种观点，不承认"知识"与"行为"存在明确的分离。光凭这一点便知，胡适是肯定不会接受将"知识"与"行为"进行明确切割与分离的孙中山的"知难行易"说的。他主张"越行越知，越知越行"，也就是"知一点，行一点；行一点，更知一点"。[1] 对于奉行杜威的实用主义的胡适来说，他的这种"知行观"才是理所当然的结论。但是，在这里我并不想讨论他这一观点正确与否。确确实实，他的这种观点属于理论上的，特别是认识论的问题，但我觉得更是现实中的政治问题。

胡适还在这种理论批判的基础之上揭露了国民党政府实施的思想统制的实质。国民党打着"知难行易"的幌子，提出"知"的部分由先总理孙中山负责，先总理孙中山在三民主义、《建国方略》中已经详细地说明了政治社会的准确意义；而关于"行"的部分，则由政府、党的同志来承担。实际上，他们无非就是通

---

① 《知难，行亦不易》，载《人权论集》，第163页。

过"先知先觉论"来美化对领导的绝对服从，为国民党封杀反对自己的理论、限制言论自由的行径正名。[①] 也许，我们可以这么认为：胡适指出了孙中山政治哲学中所存在的问题，同时，也尖锐地指出了孙中山学说在蒋介石政权占据统治地位时实际上所具有的历史功能。胡适抓住了孙中山学说中问题的本质所在，而且，他所采取的方式非常激进，富有战斗力。

对于胡适的这种言论斗争，毫无疑问，国民党采取了相应的措施。他们说胡适"批评党义，触犯党讳，被党员认为污辱总理，大逆不道，有反革命罪"。国民党政府的中央执行委员会议决由教育部向胡适加以警诫，并发布《全国各级学校教职员研究党义条例》，通令全国教职员工每天花至少三十分钟时间学习党义。[②]

国民党的"训政"往专制的路上越走越远，带有变质的倾向。估计当大家看到"大逆不道"这一词语的时候，任何人都会有这种感觉吧。不过，对于我们这些已经探讨、分析过戴季陶关于孙中山三民主义的言论（重新解释）的人来说，这已经司空见惯了，绝对不会再认为这是什么不可思议的事情。很明显，这是一种思想层面的变质，政治层面的变容，两者相辅相成，形成了一种制度，构成一个政体。同时，这一事实也表明了至少在那个

---

① 《知难，行亦不易》，载《人权论集》，第164—165页。
② 罗隆基《告压迫言论自由者》，载《人权论集》，第92页。

时候，胡适对国民党在政治以及意识形态方面将政治与伦理道德绑架在一起，并在此基础上独占权力、实行专制，理论上唯我独尊的做法给予了尖锐的批评与反击。

下面的内容也许会让大家觉得多少有一点简单化，但是在这里我还是想就这一问题稍作整理。

如何从平等人权、独立人格、思想自由出发，将"共和民政之乱"导向"共和民政之治"是中国 1910 年代提出来的关于文化与政治的新课题。但是，正如前面已经提到的那样，那个时候中国正面临民族危机。在民族危机当中，虽然也要保持国家身份认同，但是为了民族共同体能够存续下去，如何摆脱民族危机才是最重要的课题。借用李泽厚的话来说，这就是"启蒙"与"救亡"的"双重变奏"。而如今，正是"双重变奏"中"救亡"主题出场的时候。① 在这一时期，"救亡"主题掩盖了其他所有一切，优先于所有其他主题。但是，其实质就是：在现实政治当中，1920 年代，孙中山的三民主义很快就被倒行逆施拉回到传统政治、传统思想的架构中去了，也正因为如此，国家身份认同这一课题向最传统的政治形态转化，也就是政治与道德捆绑在了一起，因为权力被独占导致思想理论上的唯我独尊。在这种情况下，胡适从追求个性独立、思想自由的立场出发对其进行

---

① 李泽厚《启蒙与救亡的双重变奏》，《中国现代思想史论》，东方出版社，1987 年。坂元广子、佐藤丰、砂山幸雄译《中国的文化心理构造》，平凡社，1989 年。

了反驳。也就是说，胡适所提出的保障人权的诉求，毫无疑问是 1910 年代开始的、从个性立场出发的一场反击。而且，他对"知难行易说—先知先觉论—领袖论"展开的批判，在如何认识权力、调查追究权力有什么样的动机这一点上，是站在建立政治社会这一立场上提出来的原理批判。在这一时期，能够旗帜鲜明地从原理上提出反对并对其进行批判的除了胡适以及胡适的实用主义之外别无其他。我想这一点值得我们关注。

探讨了胡适对国民党实施的"训政"进行的批判之后，我们不得不将研究的视角转向别的问题。其实，这一内容与胡适也还是脱不了干系，那就是前面我们提到过的有关"中国民权保障同盟"的问题。下面我们简单地回顾一下当时的历史，进入中国革命本身的争论点，从而过渡到探讨毛泽东思想所内含的课题。

胡适关于人权与约法的论争发生约三年之后，也就是"九一八事变"发生一年多之后的 1932 年 12 月，中国"救亡"的课题更进一步深化。在这种历史背景下，宋庆龄、鲁迅、蔡元培等人在上海组建了"中国民权保障同盟"。宋庆龄任主席，蔡元培任副主席，杨杏佛任总干事。耐人寻味的是，在"中国民权保障同盟"成立之初，胡适也是其重要成员之一，就任北平分会执行委员会主任。"中国民权保障同盟""以唤起民众努力于民权之保障为宗旨"。具体而言，同盟以营救一切爱国的革命政治犯，争取人民的集会、结社、言论、出版等各项自由为主要任务。关于"中国民权保障同盟"成立的经过、政治背景以及历史地位等已经有若干研究成果。[1] 众所周知，"中国民权保障同盟"的活动中还有艾格尼丝·史沫特莱[2] 的身影，带有某种国际合作的性质。

1933 年 1 月 30 日，"中国民权保障同盟"北平分会成立，杨杏佛代表同盟总部由上海赶到北平参会，参会期间，他调查了几所监狱。后来，"中国民权保障同盟"总部收到一封控诉书，控诉书详细揭露了监狱里的种种酷刑和非人道情况[3]，而这封控诉书后来又被"中国民权保障同盟"总部刊登在各大报刊上。此事引来胡适的不满与抗议，直接导致胡适与"中国民权保障同盟"总部之间产生了嫌隙。1933 年 3 月 3 日，"中国民权保障同盟"召开临时中央执行委员会会议，决议开除会员胡适。这中间

---

[1] 参照中华民国史资料丛稿之《中国民权保障同盟》，中国社会科学出版社，1979 年。等等。

[2] 美国记者。1929 年以《法兰克福报》特派记者身份到中国，在上海参加中国进步文化运动，协助宋庆龄成立"中国民权保障同盟"，与宋庆龄、鲁迅等人建立了亲密的友谊与合作关系。——译者注

[3] 1933 年 1 月 31 日，杨杏佛、胡适和著名报人成舍我前往拘禁政治犯的北平陆军监狱调查，胡适、杨杏佛与一位名叫刘质文的政治犯用英文进行了交谈。而正是这位共产党员刘质文，在他们调查监狱之前寄出了两封匿名英文信，一封发出营救请求，另一封是揭露监狱黑幕的控诉书，诸如虐待犯人"或以针尖刺指甲，以猪毛刺尿道，痛彻心髓。或以细绳反扎两臂，高悬空中，谓之鸭儿凫水。或袒背以皮鞭或细竹条用力笞之，谓之打花背条"，等等。在杨杏佛等调查监狱之后，这封控诉书被"中国民权保障同盟"总部刊登在各大报刊上。胡适认为这封控诉书是"捏造"的，不符合事实，他觉得这种匿名文件"岂可不经考查，遽然公布于世？"。——译者注

的过程极其复杂。关于杨杏佛视察监狱的真实情况，关于控诉书材料的真伪问题以及胡适与"中国民权保障同盟"总部之间在同盟的基本原则的认识等问题上出现的思想分歧等在当时的报道中也有体现（参照中华民国史资料丛稿之《中国民权保障同盟》，中国社会科学出版社，1979 年等）。不过，在这里我既没打算对这个事件进行详细考察，也没打算去探讨其政治背景、双方的立场以及他们相左的意见与想法。我想要探讨的只有以下一点。

确实，胡适与"中国民权保障同盟"总部的出发点是一致的，都是为了保障、拥护普通民众的权利。但是，问题在于保障、拥护民众权利这一课题是在"九一八事变"之后蒋介石政权执行"攘外必先安内"这一路线的政治背景下展开的。在当时国民党、共产党正在进行政治、军事斗争的背景下，这一课题本身就是一个突出的政治问题（爱国的革命政治犯！）。同时，这一课题还与某种原则性问题密切相关。"中国民权保障同盟"以追求政治自由为中心，以解决政治犯的问题为己任，要求无条件释放一切政治犯。而胡适则是从个人人权以及法治的要求出发，要求保障个人的人权，以"一、帮助个人。二、监督政府。三、彼此了解法律习惯的应用"[1] 为目的。具体而言，就是"监督政府尊重法律，要求政府给政治犯以法律的保障"。[2] 在胡适

---

[1] 《胡适之谈民权保障》，载《中国民权保障同盟》，第 106 页。

[2] 《胡适昨日谈片》，载《中国民权保障同盟》，第 107 页。

看来，要逮捕政治嫌疑犯必须有充分确切的法律证据；羁押和在监的政治犯应予以合理的人道待遇；应由法院审讯的政治犯应进行公平和公开的审判。胡适提出，"中国民权保障同盟"不应该如某些团体一样提出不加区别地"释放一切政治犯"，却不知道"依法治罪"的要求。他一再强调：一个政府为了保卫它自己，应该有权对付那些威胁它本身生存的行为，但政治嫌疑犯必须同其他罪犯一样，得到法律的保障。①

如果大家认同我的观点，那么，胡适与"中国民权保障同盟"总部之间的对立就表现在以下方面：所谓民权与人权存在共性，但是，从其他视角来看，民权与人权在某种情况下又存在某种本质上的差异。或者说，民权与人权在权利这一点上既具有共通性，但是本身又包含了个体与群体之间的对立。

这一年6月，"中国民权保障同盟"总干事杨杏佛遭到国民党特务的暗杀。胡适关于人权、法治的观点在现实政治面前几乎等同于一句空话。考虑到当时中国严酷的现实，胡适的人权、法治主义在政治的有效性这一点上几乎不值一提，这一点谁也无法否认。尽管如此，要给出这个问题唯一的答案也绝不是一件容易的事情。为此，我们有必要从不同的层面，从相互关联的政治、思想等各个领域对其进行细致的研究与探讨。

为此，我首先想到的是要确认1930年代初期中国的人权与

---

① 《胡适昨日谈片》，载《中国民权保障同盟》，第109页。

民权之争。其原因之一是 20 世纪初以来这个国家的思潮发生了各种各样的变奏，而人权与民权之争是其中非常重要的组成部分。其次，扛着保障民权大旗的"中国民权保障同盟"的运动是中国"九一八事变"以后民族危机进一步深化的情况下与国民党、蒋介石"攘外必先安内"路线相对立而出现的。而且，它从原理上、政治上对国民党的统治提出了异议，对其进行了反抗。

那么，在这种状况下，与国民党统治针锋相对的另一个政治势力中国共产党，对于这一课题，是如何应对的呢？

众所周知，中国共产党成立于 1921 年，是第三国际在中国的支部。从革命理论、政治纲领到战略战术，中国共产党一直都受第三国际的影响。从这个意义上来说，中国共产党的思想、行动基本上都在马克思列宁主义理论，或者说马克思列宁主义学说的框架之内。到 1930 年代前半期为止，对于以上的政治、思想课题，共产党采取的是一种直接的、明确的对抗方式。他们在莫斯科的指导、指示（强大的政治力学）下，与蒋介石国民党展开了残酷的军事斗争。例如五次反"围剿"战争、长征。但是，从 1930 年代后半期开始，抗日战争全面爆发之后，对于这一基本的思想课题，中国共产党做出了彻底的解答。这就是毛泽东的《实践论》（1937）的思想以及以此为基础开展的一系列运动。

五　围绕个体与共同体的中国马克思主义的相位——关于 "爱国的自由" 与毛泽东《实践论》的地位

　　《实践论》是毛泽东的主要哲学著作之一，到目前为止，已经有很多讨论与研究这本著作的成果。关于这本著作的内容不是本书要研究的课题。前面我们一直在考察 20 世纪二三十年代中国的各种思想潮流，接下来我们要探讨的是《实践论》的主张在这些思潮当中究竟占据着什么样的地位，显示出什么样的相位。

　　众所周知，当时《实践论》是以文件的方式发表的，而其真正广为人知是在中华人民共和国成立之后的第二年——1950 年。《实践论》是毛泽东在抗日战争时期中的 1937 年 7 月在延安的红军大学（后来的抗日军政大学）讲授马克思主义哲学的讲义基础上撰写出来的，当时主要是在中国共产党党内流传，内容主要是基于马克思列宁主义的辩证唯物论的认识论。从这个意义上来看，毛泽东的这本著作与孙中山的三民主义、国民党的三民主义论一样，并不是与结合中国现状的理论直接进行对比的产物。为此，我们必须根据本章的文脉内容，从某种特定的视角对其进行分析与研究。如果在我们前面研究的基础上直截了当地加以概括的话，那么问题的焦点就集中于《实践论》如何看待国民党政权，如何看待以道统的继承者自居、开始走向回归传统的蒋介石和国民党的三民主义，如何看待戴季陶重新解释的三民主义，以及如何看待他们由此得出的结论——"对领袖的绝对服从" 这一系列问题。

《实践论》以"实践—认识—再实践—再认识"这种循环往复以至无穷的人类认识发展的规律——从感性认识能动地发展到理性认识，又从理性认识能动地指导革命实践这种改造主观世界和客观世界的模式——而闻名。《实践论》的副标题"论认识和实践的关系——知和行的关系"，从"辩证唯物论的知行统一观"①出发，用传统思想领域的"知-行"范畴的语言全面地分析了认识和实践的关系，提出了自己的观点。这也是大家关注的重点。不过，我想尽量避免从哲学上去讨论《实践论》的这一论点，我想尝试用以下的方式来分析这一著作的总论点。

（一）《实践论》的基本观点在于实践是检验真理的唯一标准，实践是理论之源。正如党史研究中多少都曾指出来的那样，在当时的政治状况下，这种观点很明显是针对第三国际-王明路线（也就是教条主义）的，是中国共产党的自主主张。换句话说，是作为中国革命实践者的毛泽东对中国共产党的运动的自主主张。具体来说，是毛泽东和中国共产党自身对中国农村的革命根据地建设、游击战、持久战的自主认识与自主主张。如果我们要追溯中国革命运动的根源，那么就又深深地陷入哲学或者存在论的问题之中了。中国共产党自成立以来，与第三国际一直保持

---

① 《实践论》，载《毛泽东选集》第 1 卷，人民出版社，1951 年，第 296 页。日文版《毛泽东选集》第 1 卷，外文出版社，1968 年，第 440 页。

着非常复杂的关系。而以《实践论》为开端，中国共产党的各种思想行为都开始带有自主主张的性质。相信了解这段复杂关系的人丝毫都不会怀疑这一点。

这里还有一点：实践第一，实践是理论之源的思想，同时还有强烈反对、否定国民党的统治理论——"先知先觉论"的意思。或者说，这也在其思想辐射的范围之内。首先，在给实践者获得理论知识的可能性这一点上，这种思想旗帜鲜明地对"先知先觉论"、由"先知先觉论"引申出来的"领袖论"以及单方面强制认定政治指导权的做法提出了异议。所有集体、所有个人，只要是实践者，都应该给予他们作为一个认识者的理论判断权。这种思想的确从哲学层面否定了已变质的国民党统治的理论（认为"先知先觉"理论是绝对的）。我想这一点无须赘言。

此外，唯心主义认为实践是"道德修养"，是"内省"。而《实践论》提出实践第一，承认实践知识的优势地位。《实践论》的这种观点从根本上对传统哲学知识认识论向唯心论发展的现象进行了批判。具体而言，现实实践才是所有认识的出发点，实践才是认识之源的思想至少在理论层面上与"道德修养""内省"没有任何关系。《实践论》之所以将其理论称为"辩证唯物论的知行统一观"也源于此。

如果以上的概括成立，那么，在这里我不得不多啰唆一句：这种理论与批判所归结出来的结论其实是多种多样而且多义的。

有人可能会认为这种理论也存在某种危险性。也许下面的言论听起来非常极端。根据《实践论》的这种理论是不是可以得出以下的结论呢？最高的实践者就是最高的认识者，或者说最高的革命实践者就是最高的革命认识者。那么，这是不是又陷入了"先知先觉论"的谬误呢？这样，恐怕最后就成了革命运动的最高领导者毛泽东同时也是理论的最高领导者。用一个比喻来说，在某种形式上，首先在这个国家传统的思想土壤中，实践者＝认识者＝理论者，实践者、认识者、理论者三位一体达成了"知行合一"，有创造"革命圣人"的趋向。

这种论点原本绝对不可能只是单纯理论上的东西，也不是单纯的来源于哲学上的认识论，而仅仅只是作为一种思想动态出现的。这种论点在现实的历史当中究竟将如何发展？我们姑且将其当作一个课题留下来吧。它必须放到更辽阔、更长远的历史现实当中去考察才行。

（二）当这种实践——革命的实践，乃至实践知识最重要的观点渗透到当时整个政治生态中去的时候，也许会被认为有些不可思议。而实际上，这种实践论的思想最初体现在共产党提出的"实践自由"或者"自由实践"的要求上。进入抗日战争之后，这种思想体现在他们提出的"爱国救国的完全自由"[①] 的要求上。

---

① 《抗日民主与北方青年》，1937 年 8 月 20 日《救国时报》，载中共中央文献研究室编《毛泽东文集》第 1 卷，人民出版社，1993 年，第 500 页。

换言之，蒋介石和国民党政权一心追求国民党权力统治下的国家统一，严格限制其他党派、民众特别是共产党的政治活动，剥夺他们的行动自由，在这种历史背景下，在民族存亡的危急关头，最紧要的课题就是爱国的实践的自由以及为了抗日救国而要求获得"人民的言论、集会、结社自由"①，以及政治上的"民主和自由"②。"为争取千百万群众进入抗日民族统一战线而斗争"正是毛泽东在这一时期提出的最重要的口号。这一时期，共产党提出了言论、集会、结社的自由的要求并为此开展了一系列活动，这也是政治史上不争的事实。换言之，这恐怕也是针对国民党及国民党"训政"下的一党专制所提出的民主要求。我想这么说应该没错吧。考虑到在此之前国共两党你死我活的斗争的历史，要说这一事态的背后没有各种各样的政治谋略和军事谋略估计没有几个人相信。不管怎么样，实践第一的观点，其前提是要求实践自由、行动自由。在民族共同体身处危机的状况下，可以说实践自由、行动自由的要求最主要就集中体现在"爱国救国的完全自由"和"言论、集会、结社自由"的要求上。

我想提的是：在这种政治背景下，这一时期中国共产党所开展的活动抓住了民主主义的某一本质部分。例如，当我们将焦点

---

① 《中国共产党在抗日时期的任务》，载《毛泽东选集》第1卷，第254页。日文版《毛泽东选集》第1卷，第380页。

② 《为争取千百万群众进入抗日民族统一战线而斗争》，载《毛泽东选集》第1卷，第274页。日文版《毛泽东选集》第1卷，第410页。

集中于"抗日爱国的自由"就会发现，在要求举行抗日爱国运动的自由这一点上，其实就是要求政治上的"民主和自由"。"历史给予我们的革命任务，中心的本质的东西是争取民主。"①"无论什么情况，民主的口号都能适应，民主对于中国人是缺乏而不是多余，这是人人明白的。"②在参与政治这个方面，这确实迈出了民主主义思想史上重要的一步。

尽管如此，这里不得不补充重要的一点：这个自由指的并不是个人的自由，而是人民的自由，或者说集体的自由。这里的自由被理解为是激进的。直截了当地说，自由的主体是人民（people），而不一定是个人（individual）。一直到现代，这一论点大家都还是认为极其重要，我想这还有待我们另行探讨。

（三）话说回来，反过来看的话，在人们的行动、个人行为准则的层面上，"爱国的自由"的要求、"爱国的实践的自由"的要求带来的又是什么呢？简而言之，带来的是基于抗日、基于爱国自由观点的"为爱国而献身"的精神。或者说，是为抗日——民族解放这一民族"大义"——"公"而献身的"忠诚"的伦理道德观。过去俗称的"老三篇"，即《为人民服务》《愚公移山》《纪念白求恩》是毛泽东在那个时候发表的三篇文章，这三篇文章提倡的就是这种精神。"为人民服务""为人民利益而死，就

---

① 《为争取千百万群众进入抗日民族统一战线而斗争》，载《毛泽东选集》第1卷，第273页。日文版《毛泽东选集》第1卷，第409页。
② 同上，第273页。日文版《毛泽东选集》第1卷，第409页。

比泰山还重"的道德观念作为一种新的价值，一种规范人们行动的内在价值被大力提倡，要求人们努力做到。虽然这种"献身""为人民服务"的精神基本上是针对中国共产党党员提出来的，但是，在抗日战争时期，正如期待中的那样，参加抗日战争的"千百万群众"都为了"爱国、救国"而献身，这一道德观念已作为决定行为的规范深深地植根于人民大众心中。

回顾历史，在这个国家中，作为志士仁人、"先天下之忧而忧，后天下之乐而乐"的士大夫的道德观念，为天下、为"公"、为全体而献身确实是他们的一种传统。但是，除去这种形态之外，在这个国家更加深入人心、代代相传的基本上是维持、追求宗族共同体这种私人的、个别的利益，或者是与之相反的否定、脱离天下、国家规范的所谓的"脱政治的自由"。我想我这么说不算为过吧。这里所主张的"献身"精神，一方面依然还在孙中山的三民主义所提出的"从宗族到国家"的要求，或者说重新解读忠、孝、仁、义的新伦理的要求的延长线上；另一方面，这种提倡"献身"精神的主张对民族危机中的中国人平等地提出了某种新的"公"的道德观念，在这一点上，可以说具有历史性的意义。

从中国的历史来看，在某种意义上，我觉得这一时期中国共产党开展的运动在思想层面上结出了新的硕果，这一点不可否认。国民党的"训政"或者一党专制在其构造上还遗留了一些传统的要素，而共产党的运动带有打破国民党这种统治形态的性质，面貌焕然一新。而且，还提出了与之相对应的新的行为规范。顺便提一句，中国革命运动史上最有名的口号——"几万万人民的个性的解放与个性的发展"（《论联合政府》，1945）就是在这一时期提出来的。

尽管如此，在这个时候，历史现实当中决定并掌握几万万人民大众的共同行为，即几万万人民大众实践的自由、自由的实践的真实情况的，实际上也就只有作为一个政治势力、作为一个政治权力的中国共产党。这也是历史的、无可厚非的事实。可以说，中国共产党的运动是在承认所有人的言论、集会、结社的自由以及政治的民主与自由的基础上进行的，这是关于权力与自由的一个本质问题。根据我们前面的论述，在此之前，这个国家几乎没有分清楚过民权与人权。民权与人权这一思想课题遗留至今。

虽然有点重复，但我还是想啰唆两句。在这一时期，这一运动（共产党要求言论、集会、结社的自由并为此开展的一系列活动）在某种意义上开创了一种承认民众的自由，或者说人民的自由与自发性并由此起航的思想，并部分地将"只有得到人民承认的权力才是正当的权力"这种思想乃至理论作为自己的东西。但是，要让我大胆地下结论的话，我觉得这一运动的思想水平也就到此为止了，换句话说，中国革命的思想也就仅此而已。一言以蔽之，这种思想根源于克服民族危机这一最重要的政治课题，也只有在民族共同体的共性占绝对优势的情况下，其辐射范围、其射程才能达到这么远。而在过去的1910年代，诸如陈独秀所提出的个性的命题就没能达到这种高度。

六 小结

在这一章中，我们以"五四"新文化运动孕育的一个课题——个性的命题为起点，对以此为动因而进一步发展变化的思想动态做了一个简单的分析与探讨。不管从哪一个角度来看，20世纪前半期，特别是辛亥革命以后中国的发展道路都充满了激烈的政治动荡与急剧的社会变动。为了解决各种各样的现实问题，中国出现了各种各样的思想。这些思想在急剧变化的政治风浪中沉浮起伏，遭受惊涛骇浪的洗礼。而另一方面，不断出现的现实政治为了寻求指引前进方向的指南针而在不断地呼唤新的思想。从本章的分析研究来看，在这一段中国历史的发展过程中，其主题本身不断地发生变化，在新的背景下又不断地有新的主题浮出水面。

具体到民国时期的思想，不用说，其思想史上存在不少问题。从文化保守主义（新儒家）到激进主义、自由主义、民粹主义等言论，从"中国本位"与"全盘西化"的激烈论战，到"民主"与"独裁"的论战等，真可谓"百花齐放""百家争鸣"。但是，当我们将20世纪二三十年代的思潮放到大的历史进程中去考察的时候，其时最基础、最根本的变化是不是以"五四"启蒙为起点的一个思想课题，在与急剧变化的政治交错、交织的过程中，发生了各种各样的变化，并不断地加入新的元素，最终形成了三民主义以及马克思主义运动这一历史现实呢？本来，这两种思想（三民主义与马克思主义）带来的现实变化最明显的就是产生了国民党与共产党这两个拥有武装力量的政治权力。就此而言，这两种思想作为明显的政治思想体系占有很重要的历史地位。在这些主义、理论的具体内容背后，我们能够发现产生这些思想的最基础的历史动因——救国主义、救亡图存的民族主义的影子。而另一方面，中国之所以能够形成这些主义、理论是不是也应该归功于"五四"以来民权、民主、自由、个性等思想、价值观念的萌芽呢？

经过抗日战争、第二次世界大战、解放战争之后，中华人民共和国诞生了。至此，中国基本上完成了困扰中国达半个世纪之久（20 世纪前半期）的救国-救亡的课题。为了解决救国-救亡课题而产生的中国的 20 世纪二三十年代的思想也大体上完成了其历史使命。

但是，反过来细细思索，辛亥革命之后，这个国家 20 世纪曾经面对的那些课题，从政治领域到社会领域，从文化领域到思想领域，很大程度上还在扩展当中。20 世纪后半期，中国举全国之力试图实现从"旧中国"到"新中国"的转变，为此，开展了"社会主义改造"，紧接着进行了"文化大革命"，之后又进行改革开放，这一系列举措、这一过程表明毛泽东和马克思主义运动虽然很重要，但是当初也只部分地解决了中国"再生"的课题。可以说，辛亥革命以后的历史进程中以各种方式提出来的未完的思想课题再次显露出其身影。虽然跨世纪的这些问题、课题依然存在，但是在这里我还是不得不就此结束本章的探讨。

第三章　"自由主义"在近代中国的相位与命运

——以 1930 年代胡适主编的《独立评论》为中心

序言——问题所在

胡适（1891—1962），原籍安徽省绩溪县，逝于台北。

胡适在中国近代思想史乃至文化史上都赫赫有名。作为 1910 年代中国"五四"新文化运动的领袖，特别是白话文运动的首倡者，他在中国历史上留下了自己的名字。在"五四"启蒙时期，胡适与陈独秀、蔡元培、鲁迅、周作人、李大钊等人大放异彩，活跃在当时的历史舞台。即便在日本，胡适也以"白话文运动"的首倡者、"文学革命"的领导者、约翰·杜威的实用主义哲学在中国的传播者等身份而广为人知。

可是，在 1920 年代到 1930 年代的时候，具有这等身份的胡适却迎来了动荡的、急剧变化的"政治季节"——国民政府的北伐、国共分裂、南京国民政府的成立（1928）、"九一八事变"（1931），等等。在这一系列风云变幻的时局中，胡适旗帜鲜明地以一个"自由主义派"知识分子的形象出现在世人面前。不，更准确地说，在那个时代，近代中国所谓的"自由主义派"几乎可以说是以胡适为中心形成并发展起来的。

回顾历史，"自由"的概念乃至广义上的"自由主义"思想是在清朝末年"西学东渐"的过程中以各种各样的形式逐渐传入中国思想界的。在这里我们姑且不谈从西欧世界所固有的传统思想中产生的（西方的）"自由"观念在近现代中国是怎样被中国人所接受抑或没有被接受这一根本性的问题，总而言之，19世纪末，在政治、社会领域，中国人已经开始强烈地意识到"自由"这一问题。这一点无须赘述。英国思想家约翰·斯图亚特·密尔的名著《论自由》的翻译者严复（《群己权界论》，1903）将西方各国之所以国富民强的理由归结于"以自由为体，以民主为用"（《原强》，1895）[1]。这一令人惊讶、意思通达的表述无比精准、敏锐地抓住了西方列强政治社会体系的实质。也正因为如此，他毅然决然地走上了反对现存清王朝专制政体（《辟韩》，1895）[2]之路。也许，正如梁启超在戊戌变法（1898）失败之后逃亡日本期间一面讴歌"思想自由、言论自由、出版自由此三大自由者实惟一切文明之母"（《清议报》第100册，1901）[3]，

---

[1] 王栻主编《严复集》第1册，中华书局，1986年，第11页。

[2] 同上，第34页。

[3] 《本馆第一百册祝辞并论报馆之责任及本馆之经历》，《清议报》第100册，中华书局，1991年，第2页。

一面又正面提出"开明专制论"（1906）[1] 所显示的那样，中国政治社会的历史现实太过复杂，太过厚重。又例如优秀的革命派（同盟会）成员陈天华，他提出"自由者也，惟欲求总体之自由，故不能无对于个人之干涉"（1905）[2] 的主张。从中我们不难看出所存在的问题及其奥妙之处。

以这些前史为基础，在经历了倡导伦理革命、个性解放的"五四"新文化运动之后，在 1920 年代到 1930 年代这一政治动荡时期，"自由主义派"是以一种什么样的姿态出现在这个国家当中的呢？他们又是以一种什么样的方式与现实世界进行激烈交锋的呢？他们在当时的思想世界中的地位如何呢？在近代中国的各种思想当中他们有什么样的历史意义呢？

以胡适为核心的"自由主义派"成员们，在 1920 年代的时候先是以《努力周报》，然后以杂志《新月》为据点进行活动。进入 1930 年代以后，胡适创办了《独立评论》，将"自由主义派"成员们集结在了这一杂志之下。

本章试图以胡适为中心，一面追溯前史，一面对他们在《独立评论》中展开的思想与活动进行研究，分析"自由主义派"的思想，剖析他们在政治潮流中的相位及命运。在这里请允许我补充说明一下，《独立评论》杂志以"九一八事变"为契机，为应

---

① 《新民丛报》第 73—75 期，第 77 期。

② 《论中国宜改创民主政体》，《民报》第 1 期，科学出版社影印本，1957 年，第 48 页。

对当时的民族危机（或者说是"国难"）而生（创刊），他们积极呼吁中国人民进行彻底抗战，终刊于 1937 年发生的"卢沟桥事变"。正如其刊名所示，《独立评论》代表了 1930 年代中国"自由主义派"的心声。

在进入正文之前，我想先提出几个研究主题。

（一）虽然现在已经完全进入一个新的世纪，但是中国对急剧变化的 20 世纪的中国思想的回顾与研究方兴未艾（代表性著作有许纪霖编《20 世纪中国思想史论》上·下卷，东方出版中心，2000 年等）。在许纪霖所编的这本书中，他一反过去根据意识形态（资产阶级意识形态等）进行分类的传统，按照"激进主义""文化保守主义"等进行分类，将胡适等人的思想活动归类于"自由主义"思想潮流，对其进行回顾与研究。确实，将广义上由西方派知识分子为中心形成的这一群人的思想定位为"自由主义"思想也名副其实。在这一章，我前面就已经使用了"'自由主义派'知识分子"这种表达方式，这也表明了我的态度。不过，虽然我承认许先生这种分类的妥当性，但是，我个人并不认为中国的"自由主义派"是以欧美的"自由主义"思想为基础来开展他们的思想与政治活动的。姑且不论他们的"自由主义思想"是如何形成的，在当时中国内忧外患的时代背景之下，武力横行，各种各样的思想盛行，各种运动在全国如火如荼地展开，各种政治势力错综复杂，在这种环境之下，"自由主义派"知识分子作为其中的一分子，是如何应对当时的社会现实的呢？我想将研究重点聚焦于此。尽管他们这一群人后来被冠以"自由主义派"之名，但我个人还是认为，他们的活动终究扎根于中国大地，是中国社会孕育出来的思想、社会行为之一。

（二）事实上，学界一般认为，从 1920 年代后半期到 1930 年代，中国最大的思想流派是孙中山的三民主义、马克思列宁主义及其与中国革命具体实践相结合的产物——后来常说的"毛泽东思想"。尽管这两大思想流派从思想内容到本质都有很大的差异，但是它们分别与国民党以及共产党这两大现实社会中的政治、武装势力牢固地、紧密地结合在一起。这两种可以称为不同政治意识形态的思想及理论在抗日战争、解放战争期间以及后来的激烈争锋无须我赘述。与这两大思想流派相比，"自由主义派"并没有多大实力，这一点不言自明。

但是，从另一个角度来看，20 世纪初，长达两千多年的王朝体制崩塌（1911）之后，近代中国一直致力于新的政治社会的重建。在制度上、国家组织架构的建设上，乃至伦理、道德、文化等各个方面都在进行全方位的探索。在近代中国的思想世界中，要将所有民众的思想都汇聚到这两大政治思想体系当中肯定也是不可能的。当我们回顾这些影响至今的 20 世纪的中国思想的时候，选取这些思潮中的一种，将其再次置于当时的历史现实当中，考察其相位，分析、确认其价值与意义肯定也是有充分理由的。

在这个意义上，比起追溯近代中国自由主义的谱系（现在中国的研究方式）来，本书更倾向于打开一扇通往那个时代的中国思想世界的窗户，去弄清楚奔腾在近代中国深处的思想暗流。

（三）另外，本章最主要的研究对象是胡适。这里我必须就他的历史地位、研究状况等做一个简单的说明。直截了当地说，就是现代中国所说的"胡适问题"，或者说"备受争议的胡适"。

众所周知，在新中国成立初期的 1950 年代前期，中国兴起了"胡适思想大批判"运动。很多知识分子，尤其是高级知识分子们站在他们各自的立场参与了那场大批判，少数人则选择了沉默。

那时候，胡适居住在美国。

在那之前的 1948 年 12 月末——解放战争正酣之时，人民解放军已经缩小了对北平（北京）的包围圈，蒋介石派专机到北平接时任北京大学校长的胡适，胡适接受了蒋介石的邀请，乘上了这最后一趟特别专机飞抵南京，并于次年 4 月抵达美国。新中国成立之后，他站在了新中国政权的对立面，这也是"胡适思想大批判"运动的历史背景（顺便说一句，在解放军包围北平的时候，共产党也许诺只要胡适不离开北平，解放后仍让胡适当北大校长兼任北京图书馆馆长）①。"胡适思想大批判"运动之后的

---

① 这项工作在共产党内究竟属于什么级别的水平，现在有些地方已经不得而知，根据最近的研究，这应该是 1947 年年末毛泽东的指示。龚育之《毛泽东说：可叫胡适当个图书馆长》，谢泳编《胡适还是鲁迅》，中国工人出版社，2003 年，第 138—141 页。关于共产党方面的挽留工作，（转下页）

近 30 年间，中国大陆对胡适一直持否定态度，认为他是"反动的""荒唐的""错误的"，对他进行抹杀。"胡适问题"其实是"政治问题"。

但是，1980 年代以后，中国社会发生了很大变化，在一系列拨乱反正的热潮中，人们逐渐开始对胡适展开历史的、理性的分析与评价。"胡适思想大批判"究竟为何物？在 20 世纪前半期中国当时的政治、思想、文化现状下，胡适提出了哪些问题？他所提出的问题究竟有何历史意义？这也坚定了我重新盘点中国从王朝体制崩溃到中华世界重建这一世纪大转变过程中出现的各种思想的信心。正是在这一过程当中，政治上的"胡适问题"明显地转换为了"备受争议的胡适"这一思想课题。从研究史来看，1980 年代以后，中国公开出版了胡适的著作、书信、日记等，开始对他进行多方面的研究，发表了很多相关的研究论文，产出了一大批研究成果（而另一方面，在胡适去世之后，台湾也对他

（接上页）很多传记都谈到过，但都不是很具体。其中季羡林的回忆写的是他的亲身体验，最有依据。"大约在 1948 年的秋天，有一天我到校长办公室去见胡适，商谈什么问题。忽然走进来一个人——我现在忘记是谁了，告诉胡适说，解放区的广播电台昨天夜里有专门给胡适的一段广播，劝他不要跟着蒋介石集团逃跑，将来让他当北京大学校长兼北京图书馆馆长。我们在座的人听了这个消息，都非常感兴趣，都想看一看胡适怎样反应。只见他听了以后，既不激动，也不愉快，而是异常地平静，只微笑着说一句：'他们要我吗？'短短的五个字道出了他的心声。……但又不能说他对共产党有刻骨的仇恨。"（季羡林《为胡适说几句话》，欧阳哲生选编《追忆胡适》所收，社会科学文献出版社，2000 年，第 6—7 页。）

进行了各种各样的研究，他的著作的编纂工作、资料的收集整理工作都还在继续进行当中）。

正如前面所言，本章主要是从历史的视角去研究中国 1930年代思想流派之一的"自由主义派"，试图以此来透视近代中国思想世界构造的一角。我意不在重新解读胡适思想或者追寻"自由主义派"的足迹。但是，如果以现在的意识状态为前提的话，不管我对当时历史的分析多么间接，多多少少总会留下历史的痕迹。不管是 1950年代作为政治问题的"胡适问题"，还是 1980年代以后"备受争议的胡适"这一思想课题，我都无法回避，其间还必然会涉及其内在的历史转机，可以说，这将是一段不可避免的"与历史的对话"。

回顾历史，毫无疑问胡适是 20世纪前半期代表中国思想界、学术界、文化界的大知识分子之一。尽管大家对他的评价褒贬不一、莫衷一是，但是自从中国进入新世纪之后，很明显地出现了将胡适与鲁迅相提并论的情况（例如孙郁《鲁迅与胡适：影响20世纪中国文化的两位智者》，辽宁人民出版社，2000年；谢泳编《胡适还是鲁迅》，中国工人出版社，2003年）。恐怕今后"胡适学"将与"鲁迅学"并驾齐驱，在中国的文化史、思想史研究中占有一席之地。本来，本章的主题非常有限。我也没打算对胡适的学术、文化进行直接研究。但是，正如本章开头所提到的那样，中国的"自由主义派"在很大程度上是以胡适为核心而形成的。所以，为了研究胡适的思想与行为，在这一章中我还是不得不追随他的脚步，回顾他思想成形的起点，然后追溯他 1910 年代、1920 年代的活动轨迹，再到他于 1930 年代创刊的《独立评论》。也许看起来有点绕远了，但我还是想先简单地回顾一下胡适早期的活动轨迹，那是他思想成形的起点。

一 创造新文明——胡适的研究

1. 留学时期的胡适

1891 年，出生于清朝末年的胡适在家乡（安徽省绩溪县）的私塾接受了传统的国学基础教育，之后他来到上海的新式学堂就学（1904，13 岁），在那里接触了清末中国的新思想（严复的《天演论》、梁启超的《新民丛报》等），同时也接触到了"革命论""改革论"等纷繁复杂的政治思潮。毫无疑问，这造就了一位十几岁青年新旧思想混杂的混沌世界。但是，真正带给胡适决定性转机的还是他长达 7 年的留美生涯。清政府倒台之前的 1910 年 8 月，19 岁的胡适以第二期"庚款留美生"的身份赴美留学。

众所周知，胡适在留学美国期间写下了大量日记和书信。我们可以通过胡适的这些日记和书信来探寻他留学期间的思想动态以及社会轨迹。胡适一开始在美国康奈尔大学选读农科，后来转入康奈尔大学的文学院，再后来又转入了哥伦比亚大学，师从约翰·杜威学习哲学。当时，1910 年代的美国是塔夫脱[①] 与威尔逊的时代，即"进步主义运动的时代"，胡适貌似全盘接受了这一时代的美国文明。留学美国期间，他丝毫没有懈怠，一方面钻研自己祖国的传统文化和学术，另一方面近乎贪婪地吸收美国、欧洲的文化、历史、文学、思想、学术等。不仅如此，他还积极参加各种各样的学生活动，开展丰富多彩的校园生活。在康奈尔大学上学期间，他就任世界大学生联合会康奈尔大学分会主席并受邀到美国各地演讲。他还出席了基督教的夏令会并大受感动，差一点就成了基督徒。同时，他还积极参与中国留学生的同学会，创办了政治研究会，成立了科学社组织，与自然科学专业的留学生们进行跨学科交流。他还给美国的《新共和》杂志投稿，就中国问题与他们进行争论。作为政治研究的一环，他还到美国地方议会旁听，对选举进行调查，等等。可以说，他就像有三头六臂一样，活力四射，到处参加活动。他甚至还引起了传记研究者的兴趣。再加上他与画家韦莲司（Edith Clifford Williams）的那一段罗曼史[②]，不由得让我觉得，对于胡适来说，留美生活、美国

---

① 威廉·霍华德·塔夫脱（William Howard Taft，1857—1930），美国第 27 任总统（1909—1913），卸任后担任过联邦最高法院首席大法官（1921—1930）。——译者注

② 周质平《胡适与韦莲司》，联经出版事业公司，1998 年；朱洪《胡适与韦莲司》，湖北人民出版社，2003 年；藤井省三《恋爱中的胡适——留学美国与中国近代化论的形成》，《岩波讲座 现代思想》第 12 卷，1994 年；《恋上纽约达达的胡适》，沼野充义编《停留的力量与超越的趋势》，东京大学大学院人文社会系研究科多领域交流项目，2000 年；等等。

社会与他的性格、气质再适合不过了。

在美国生活得简直如鱼得水的胡适于 1917 年 7 月（民国六年）结束了长期留学生活，回到了刚刚诞生不久的中华民国。回国之后不久，他就以《新青年》杂志为平台积极发声，开展文化活动，给当时的思想界、文化界，特别是青年学生们带来了强烈冲击。毫无疑问，这一切绝对是他于留学期间全身心地吸收所谓的"西方文明"的明证。从这个意义上来说，留学期间的胡适为"五四"启蒙时期的胡适打下了基础。

这些内容众所周知，而本章关注的问题点只有一个：他在美国学到了各种主义、各种理论，那么，他是如何透过现象看本质，如何看待"文明"这一问题的呢？

1914 年 1 月，胡适在中国留学生的杂志《留美学生年报》（第三年）上发表了一篇题为《非留学篇》的长篇大论。这篇文章以"留学者，吾国之大耻也！"[1] 这样一种激进的言论开篇。文章的主旨一言以蔽之："留学者以不留学为目的。"[2] 按照他的观点，过去曾是东亚文明之领袖的"吾国"，近百年来接受西方文明的输出，现在向欧美甚至"东瀛三岛"的日本问学论道，这

---

[1] 《非留学篇》，载《胡适全集》第 20 卷，第 6 页。胡适的著作、论述、日记、书信等有各种各样的版本，虽然我想尽可能引用原文，但是为了方便起见，我在本书的引用基本上使用的是季羡林主编的《胡适全集》全 44 卷，安徽教育出版社，2003 年（后文皆简称《全集》）。另外，本章整体上的参考资料、研究文献非常之多，我尽量将引用限制在最小限度内。

[2] 《非留学篇》，载《全集》第 20 卷，第 10 页。

对具有数千年历史的中国来说实在是"大耻"。① 但是，纵观历史，"吾国今日所处，为旧文明与新文明过渡之时代"。② "留学者，过渡之舟楫也；留学生者，篙师也，舵工也。"所以，留学生的使命在于"庶令吾国古文明，得新生机而益发扬张大，为神州造一新旧混合之新文明"，此乃过渡时代留学生之"天职"也。③

这篇文章的实际目的在于批判清政府的留学政策以及留学生的现状。胡适翔实具体地论述了留学政策以及留学生现状中存在的问题并指出了应该努力的方向。但是，纵观全文，我们在关注他提出的政策建议的同时，还应该注意到一点：胡适写这篇文章最基本的出发点究竟何在？他说：

"吾国居今日而欲与欧美各国争存于世界也，非造一新文明不可。"

"造新文明，非易事也，尽去其旧而新是谋，则有削趾适履之讥。取其形式而遗其精神，则有买椟还珠之诮。必也，先周知我之精神与他人之精神果何在，又须知人与我相异之处果何在，然后可以取他人之长补我所不足。折衷新旧，贯通东西，以成一新中国之新文明。吾国今日之急务，无急于是者矣。二十世纪之

---

① 《非留学篇》，载《全集》第 20 卷，第 7 页。
② 同上。
③ 同上，第 8 页。

大事，无大于是者矣。"①

在这篇文章当中，胡适指出：中国要在这个世界上存续下去，最根本的是要"造一新文明"。或者说他给中国设定了从这一起点出发的总课题，想给中国奠定基础。从某种意义上来说，这是全身心接触过异质的他者，即西方文明的胡适最根深蒂固的想法。跳脱一点来说，政治、经济、社会等其他一切领域的所有问题是否都可以从新文明这一基础框架上去理解与把握呢？

话虽如此，我们也不能否认胡适的这一观点依然极其粗糙。更加严密一点来说，他所说的文明究竟为何物，又该如何去把握呢？他设想的文明究竟是什么样的人类活动呢？又或者说，尽管他敏锐地意识到了"新与旧""形式与精神"相克这一课题，但最终他是不是还是将"新中国的新文明"设定在了取长补短、折中新旧、贯通东西这一无限制的折中主义的延长线上呢？

胡适一方面以这种形式把牢中国的基本方向以开拓中国的未来，另一方面，他还进一步具体地指出中国最根本的出路在于教育。要寻求祖国绝不致亡之策必须"从根本下手"，为祖国造不能亡之因，而造因之道，"首在树人；树人之道，端赖教育"。②

胡适设想的开展教育的场所也是有限制的。他在《非留学篇》这一文章当中，力证近代大学的必要性，称大学是将留学之

---

① 《非留学篇》，载《全集》第 20 卷，第 19 页。

② 1916 年 1 月 25 日日记，载《全集》第 28 卷，第 306 页。

成果（知识、技术等）置于中国自身之土壤，助其成长、发展之组织。他的这一主张体现在他的日记中："吾他日能生见中国有一国家的大学可比此邦之哈佛，英国之康桥、牛津，德之柏林，法之巴黎，吾死瞑目矣。""国无海军，不足耻也；国无陆军，不足耻也！国无大学，无公共藏书楼，无博物院，无美术馆，乃可耻耳。我国人其洗此耻哉！"[①]实际上，在胡适的一生当中，他后来一直与大学有着不解之缘。他与大学的这种缘分在这里暂且不再展开，我们还是必须回到原点。对于留学时期的青年胡适来说，他认识到了"文明"这一理念具有决定性的意义，对于西方文明，他持鲜明的他者意识。也就是说，他追求的是在与西方文明的碰撞磨合中"造新中国之新文明"。在"文明之古国"——中国"再造文明"才是他一切思想与行为的出发点。这一点尤其值得我们关注。[②]后来，虽然胡适的思想与行为轨迹都受到动荡的政治波澜的影响，但是他的这一出发点应该从来都没有改变过。

---

① 1915 年 2 月 20 日日记，载《全集》第 28 卷，第 57 页。

② 在"文明"当中找到决定性价值可以说是传统中国思想的一大特色，这一点在"华夷观念"上也可窥见一斑。林毓生强调：只有文化的变革才是所有变革的基础这种想法是中国传统的思考方式之一（林毓生《中国意识的危机》，日文版，丸山松幸、陈正醍译，研文出版，1989 年）。这是一个极其重要而且颇有深意的课题，但是在这里我不再深挖，想留待日后再行研究。关于"文化"以及"文明"这两个词，我都沿用当时使用的术语——不按照其严密的定义来使用——当然，也不想滥用。

提起留学时期的胡适，我们不得不提到他的"道义的抗拒"（ethical resistance）①、"和平主义"以及"大同主义"（世界主义）。留学期间，胡适成了一名坚定的和平主义者。这应该一方面是中国传统哲学——老子的"不争"哲学②、墨子的"非攻"论——为他打下的基础，另一方面也是受到了当时的思潮——美国贵格会③教徒的"绝对和平主义"以及反对强权和极端国家主义的"世界主义"——的影响。他的这一志向体现在他具体的政论与当时以独特的和平论而备受关注的诺曼·安吉尔（Norman Angell，英国人，1933年的诺贝尔和平奖得主）的"新和平主义理论"以及威尔逊总统的"理想主义国际政治论"产生了共鸣。

一般而言，安吉尔的"新和平主义理论"以及威尔逊总统的"理想主义国际政治论"的思想（或者说是理想）很容易博得青年的芳心，而且胡适本人后来也并没有成为彻头彻尾的绝对和平主义者。但是，"不争主义"他倒是贯彻得非常彻底。在后来的日子里，不管在什么局面下，他反对暴力、反对武力的情况都占比很大。老实说，他的这种思想与理念究竟是与生俱来的还是后天习得的，我们很难判断。但是，这种和平主义思想后来一直体

---

① 1915年2月14日日记，载《全集》第28卷，第51页。

② "上善莫若水。水利万物而不争"（《老子》易性第八章）。"天下莫柔弱于水，而攻坚强者莫之能胜"（《道德经》第七十八章），见1915年5月6日日记，载《全集》第28卷，第118页。

③ 又称教友派或者公谊会，是基督教新教的一个派别。——译者注

现在他的言论与政治活动中，甚至可以说，后来他之所以与中国的马克思主义格格不入，其原因也应该在此。

胡适在留学后期致力于吸收杜威的实用主义哲学，同时养精蓄锐为"白话文运动"——"文学革命"做实践性的准备。当日本政府对华提出"二十一条"的时候，留学生界群情激昂，高呼不惜决一死战，胡适则提倡"道义的抗拒"，与他们意见相左。[①] 但是，另一方面，他立刻着手翻译法国作家阿尔丰斯·都德（Alphonse Daudet）有名的小说《最后一课》（又名《割地》）并将其发表于《大共和日报》。他的这一文化活动透露了他的拳拳爱国之心 [②]（顺便提一句，他翻译的《最后一课》后来被编入中国中小学教科书，在抗日战争中产生了很大的影响，而且新中国成立之后也将其编入了教材 [③]）。虽然他承认西方世界历史潮流中文艺复兴的重大意义，但是他固执地排斥将其翻译为"文艺复兴"，认为应该按照其字面意义翻译为"再生" [④]。他所图的无

---

① 在胡适看来，对于强暴的日本，武力对抗不是办法，应该采取经济上的抵制日货来进行抵抗。1915 年 5 月 3 日日记，载《全集》第 28 卷，第 114 页。

② 1912 年 9 月 29 日日记，载《全集》第 27 卷，第 201 页，以及 1915 年 5 月 19 日日记，载《全集》第 28 卷，第 144 页。

③ 参见白吉庵《胡适传》，人民出版社，1993 年，第 52 页。不过，这一事实我并没有去直接确认。

④ 1917 年 6 月 19 日日记，载《全集》第 28 卷，第 568 页。不过，胡适后来研究中国文化史、哲学史的时候，在设定中国"文艺复兴时期"的时候，还是使用了"文艺复兴"这一翻译语。在研究胡适的学术的时候，这一问题非常重要，关于其背景、解释以及问题点的最近的研究可参考（转下页）

非就是"古中国"的"文明的再生"。

民国六年（1917），胡适回到中国上海。

2. "五四"时期的胡适——其个性与时代

众所周知，胡适回国后仅仅两个月，就"暴得大名"，不仅得到陈独秀的大力推荐，被时任校长的蔡元培欣然接受为诞生不久的北京大学的教授（时年 26 岁），而且还成为《新青年》杂志的编辑，开始活跃在中国文坛。关于这一时期胡适的活动，"五四研究"当中有很多内容与此相关，从多方面对他进行了探讨与评价。这里我就不再直接罗列这一时期他提出的主张了。概而言之，胡适提出的课题大致可以归纳为以下几项内容：（一）提倡推进"白话文运动"来进行文学革命；（二）提倡发扬个性（以"易卜生主义"[①]为代表），主张"健全的个人主义"；（三）提出"大胆假设""小心求证"的实验主义方法论；（四）提出"研究问题、输入学理、整理国故、再造文明"的范式（如《新青

（接上页）中岛隆博《胡适与西田几多郎——哲学的中国、哲学的日本》、广濑玲子《革命思潮运动——梁启超与胡适》。还有《中国——社会与文化》第 19 期，中国社会文化学会，2004 年。

① 亨利克·约翰·易卜生，一位影响深远的挪威剧作家，被认为是现代现实主义戏剧的创始人。1918 年 6 月 15 日《新青年》第 4 卷第 6 期出版的"易卜生专号"，发表了胡适的《易卜生主义》、易卜生的《娜拉》和《人民公敌》。在胡适看来："易卜生的文学，易卜生的人生观，只是一个写实主义。"——译者注

年》第 7 卷第 1 期上的《新思潮的意义》所示）。应该说这些都是构成"五四"文化革命本质内容的重要问题点。

那么，那个时候胡适在近代中国的文化领域、思想领域究竟起到了什么作用呢？从最宏观的角度来看，我觉得余英时的分析最为简洁，也最为贴切。他说：因为胡适，中国的"思想格局发生了改变"。

辛亥革命以后，中国思想界存在某种意义上的空白。"当时一般中国知识分子所最感困惑的是中学和西学的异同及其相互关系的问题。进入民国之后，中国的政体虽已略具西方的形式，但一切实质的问题依然悬而未决。"① 这一时期，学术界、思想界存在的问题依然还是清末以来的中学、西学的问题以及"中体西用"（中学为体，西学为用）这一牢固的思想观念。但是，很明显，"五四"文化革命前夕，中国的知识界正迫切地需要对中西义化问题有进一步的认识，他们已经到了非常渴望以某种方式突破以传统儒家哲学为核心的"中体西用"这一旧格局的临界点。恰恰在这个时候，胡适提出中国应该引进的"新思潮的意义"在于"重新估定一切价值"（transvaluation of all values）这一"评判的态度"。通过冷静地、毫不宽恕地检讨至今为止那些过去认为"天经地义"的东西来彻底改变"中体西用"——"中学对西

①　余英时《中国近代思想史上的胡适——〈胡适之先生年谱长编初稿〉序》，联经出版事业公司，1984 年，第 10 页。

学"这一思想格局，也就是说，通过改变思想格局，用广义上的"中国文化""西方文化"之类的名词、概念来取代"中学""西学"这些旧名词。① 这也就等同于将包括思想、意识、风俗、习惯等在内的所有中国文化纳入检讨的范围。同时，通过这一操作，也奠定了"新中国"探索新学术、新思想、新文化的基础。

确实，后来，中国思想界的自我认识与世界认识，包括词汇在内，其相位完全发生了改变。梁漱溟的名作《东西文化及其哲学》，以及所谓的"东西文化论战"等，就是其很好的例证。② 可以说，这是胡适给中国带来的决定性的思想格局的改变。

整体而言，以迅雷不及掩耳之势推动"新文化运动"发展的是陈独秀。毋庸置疑，被称为"壮怀激烈的革命家""法俄大革命的浪漫主义精神与中国民族民主革命的激进主义思潮奇特结合的产物"③ 的陈独秀是"五四"文化革命的主将、斗士。但是，从上述思想格局的改变这一角度来看，在这次运动当中，胡适起到了独特的作用。关于胡适起到的独特作用我们有必要稍加论述，因为这关系到后面我们将要更进一步讨论的话题——胡适的

---

① 余英时《中国近代思想史上的胡适——〈胡适之先生年谱长编初稿〉序》，联经出版事业公司，1984 年，第 8—21 页。

② 梁漱溟之所以能畅谈"东西文化及其哲学"这样的问题，正是由于胡适所倡导的"评判的态度"打破了长期以来的思想僵局。参见余英时《中国近代思想史上的胡适——〈胡适之先生年谱长编初稿〉序》，联经出版事业公司，1984 年，第 18 页。——译者注

③ 欧阳哲生《自由主义之累》，上海人民出版社，1993 年，第 78 页。

思想与行动（关于他个人风格的问题）。

陈独秀创刊《新青年》以后，用众多吸人眼球的词语来描述当时的时代课题，而且提出"五四启蒙"的精髓在于"德谟克拉西（民主）和赛因斯（科学）"这一世纪共通的议题。但是，尽管他提出了这么清晰而又激烈的变革口号，却没有明示，或者说没能明示在中国社会现实当中德谟克拉西（民主）先生和赛因斯（科学）先生（《〈新青年〉罪案之答辩书》，《新青年》第6卷第1期）究竟将以何种具体形式出现。而最先给出具体答案的是胡适，虽然是在学术、思想、文化这些有限的领域。下面我要写的是"五四"时期关于胡适的一些小插曲，它们虽然已经广为人知，但是为了确认问题点的方便我还是想加以引述。

胡适以26岁的年龄就开始在北京大学任教，讲授中国哲学史。据当年北大学生顾颉刚回忆："他来了，他不管以前的课业，重编讲义，辟头一章是'中国哲学结胎的时代'，用《诗经》作时代的说明，丢开唐、虞、夏、商，径从周宣王以后讲起。这一改把我们一班人充满着三皇、五帝的脑筋骤然作一个重大的打击，骇得一堂中舌挢而不能下。"[1]胡适打破正统、非正统的观念，将孔子与诸子百家等同视之。而且，还将其白纸黑字地写在自己的著作《中国哲学史大纲上》（1919年2月）中。冯友兰如

---

[1] 顾颉刚《古史辨自序》，日文版，平冈武夫译《ある歴史家の生い立ち》，岩波文库，1987年，第71页。

是说："在中国封建社会中，哲学家们的哲学思想，……基本上都是用注释古代经典的形式表达出来，所以都把经典的原文作为正文用大字顶格写下来。胡适的这部书把自己的话作为正文，用大字顶格写下来，而把引用古人的话，用小字低一格写下来。"①在"德谟克拉西（民主）和赛因斯（科学）"的眼中，胡适的讲义以及他的著作用最可视的形式告示了国人用"中国文化"来取代"中学"究竟意味着什么。也正因为如此，仅仅两年多的时间里，《中国哲学史大纲 上》就印刷了 7 版，共计 16000 余册，甚至在四川这样的内陆地区都出现了"购者争先，瞬息即罄"② 的状况。③

但是，要重新认识中国文化，实现"文明的再造"，问题并不仅仅存在于传统学术的领域内部。胡适将一直以来因为通俗文

---

① 冯友兰《三松堂自序》，生活·读书·新知三联书店，1984 年，第 216 页。

② 熊克武写给胡适的书信，中国社会科学院近代史研究所中华民国史研究室编《胡适来往书信选》上，中华书局香港分局，1983 年，第 69 页。

③ 本来，关于胡适的著作《中国哲学史大纲 上》的历史评价是另外的问题。这本著作给当时的中国带来的冲击不言自明。胡适对哲学史的把握，他将中国哲学展开到了何等地步，本章无意涉及。但是，这本著作公开出版至今已将近一个世纪，最近，在回顾中国近代的过程中，学术界提到了这样一个问题：中国哲学是否是在导入西方哲学这一概念体系的过程中重新创造的呢？现在大家正纷纷从这个视角出发去研究胡适的工作。例如，郑家栋《关于〈中国哲学〉的合法性》《〈中国哲学史〉写作与中国思想传统的现代困境》、绪形康《哲学的命运——胡适与杜威》等等。参见《中国——社会与文化》第 19 期，中国社会文化学会，2004 年。

学的身份而被认为低人一等的白话文小说重新定位为"文学的正统"。"吾每谓今日之文学,其足与世界'第一流'文学比较而无愧色者,独有白话小说一项。"[1]并断言:"骈文律诗乃真小道耳。"[2]胡适勇于与两千年的传统相对抗,勇猛而又果敢地颠倒了正统与异端的价值。可以说,所有这些都是胡适具体示例如何重新认识正统学术这一上层文化(士大夫文化)与民间通俗文学(大众文化)这两个方面的一种方式。毫无疑问,这就是前面所引用的胡适提出的"研究问题、输入学理、整理国故、再造文明"这一命题的具体实践。

由于他的这些行为比较激进,所以在具体的实践过程中引发了不少争论。在"整理国故"这方面尤甚,这一点众所周知。不过,因为这一内容并非本章的研究课题,所以在这里不做过多的论述。下面我将提出几个与"五四"时期胡适的地位相关的问题。

(一)纵观整个时代,并非只有胡适意识到了"再造文明"这一课题。就这种时代意识、问题意识而言,我马上就想起了李大钊的一句名言:"青春中国之再生。"[3](《青春》,《新青年》第

---

[1] 《文学改良刍议》,《新青年》第2卷第5期,载《全集》第1卷,第7页。

[2] 同上,第14页。

[3] 李大钊在《青春》中曾强调要寄希望于"青春中国之再生",号召青年"本其理性,加以努力,进前而勿顾后,背黑暗而向光明,为世界进文明,为人类造幸福"。——译者注

2 卷第 1 期，第 14—15 页）实际上，这种再造文明世界的意识（的觉醒）、感觉、期待正是 1910 年代新文化运动的重要意义之所在。可以说，在这一点上，胡适只不过是点燃了这次新文化运动的"开山"第一炮而已。在那一时期，陈独秀、胡适、李大钊，还有其他很多人，例如周作人、鲁迅、高一涵、钱玄同等人，虽然各有自己的个性，但是他们几乎站在同一水平线上。在"文化的革命"这一点上，他们的理念是完全相通的。那个时候，在"再造文明"这一课题上，毛泽东也与他们站在同一阵营中。

众所周知，1910 年代中期，对于毛泽东来说，《新青年》杂志的陈独秀、胡适是为他指路的一盏明灯。他曾到北京拜访胡适并向他讨教。为了响应胡适提出的"研究问题"的号召，毛泽东在湖南长沙组织了一个"问题研究会"，并亲自为这个研究会拟定了章程，提出首批亟待研究的"问题"（登载在《北京大学日刊》[①]）。毛泽东想在长沙创造一种新的生活，于是邀合同志，在湖南创办了一所自修大学，在这个大学里实行"共产的生活"。而"自修大学"这一教育机构的名字就是胡适命名（造）的。[②]而胡适也在《每周评论》（第 36 期）上，对毛泽东的论文《民众大联合》（《湘江评论》）大加赞赏，称其为"现今之重要文字"，

[①] 中共中央文献研究室、中共湖南省委《毛泽东早期文稿》编辑组编《毛泽东早期文稿》，湖南出版社，1990 年，第 396 页。
[②] 《致周世钊信》，载《毛泽东早期文稿》，第 475 页。

说湖南的新运动"使我们发生无限乐观"。"武人统治之下，能产出我们这样的一个好兄弟，真是我们意外的欢喜。"[1]顺便说一句，胡适比毛泽东大两岁，这两个人在之后半个世纪的历史中还有各种各样的带有象征性意义的交集。

但是，这些在这一"文化的革命"时期处于同一水平线、站在同一战线的人物，后来有的慢慢走向对立，有的突然分道扬镳，呈现出错综复杂的关系图谱。那么，造成这一局面的社会因素、思想因素是什么？这些因素又究竟是怎样出现的呢？

（二）毫无疑问，胡适是极其果敢地"开时代先风"的一个人。同时，也是那一批拥有共同理念的人当中"个人主义"思想贯彻得最为彻底的一个。总而言之，这种"个人的自立"感觉使他与我们前面提到的辛亥革命之前的"开明知识分子"（例如严复、梁启超等）、"五四一代"不同，是区分他们的重要因素。同时，也是决定胡适人生前进方向的重要契机之一。在《易卜生主义》[2]一文中，胡适借易卜生的戏剧强烈批判了社会对个人的压制。中国"社会最爱专制，往往用强力摧折个人的个性，压制个人自由独立的精神"[3]，"那些不懂事又不安分的理想家，处

---

[1] 《介绍新出版物：〈建设〉〈湘江评论〉〈星期日〉》，载《全集》第21卷，第202页。

[2] 胡适发表的《易卜生主义》是"五四"新文化运动中最早介绍易卜生思想与创作的一篇文章，主张学习西洋新剧，认为戏剧是"真的文学"，试图借易卜生的力量反对封建主义旧势力。——译者注

[3] 《易卜生主义》，载《全集》第1卷，第607页。

处和社会的风俗习惯反对，是该受重罚的①"②。基于这种思想认识，胡适全力拥护社会中的少数派。"一切维新革命，都是少数人发起的"，"只有极少数人，有时只有一个人，不满意于社会的现状，要想维新，要想革命。……大多数人都骂他是'捣乱分子'，……都说他'大逆不道'；……把他在十字架上活活的钉死，把他捆在柴草上活活的烧死。过了几十年几百年，那少数人的主张渐渐的变成多数人的主张了"，"于是社会的多数人又把他们从前杀死钉死烧死的那些'捣乱分子'一个一个的重新推崇起来，……替他们铸铜像。却不知道从前那种'新'思想，到了这时候，又早已成了'陈腐的'迷信！"③，所以说"多数党总是错的，少数党总是不错的"④。

胡适还提出："自治的社会，共和的国家，只是要个人有自由选择之权，还要个人对于自己所行所为都负责任。若不如此，绝不能造出自己独立的人格。"⑤而且，在稍后的时间里（1930），

---

① 作者没有完整引用，原文是："那些不懂事又不安分的理想家，处处和社会的风俗习惯反对，是该受重罚的。执行这种重罚的机关，便是'舆论'，便是大多数的'公论'。世间有一种最通行的迷信，叫做'服从多数的迷信'。人都以为多数人的公论总是不错的。易卜生绝对的不承认这种迷信。"——译者注

② 《易卜生主义》，载《全集》第1卷，第608页。

③ 同上，第608—609页。

④ 同上，第609页。

⑤ 同上，第615页。

他还对青年们说:"现在有人对你们说:'牺牲你们个人的自由,去求国家的自由!'我对你们说:'争你们个人的自由,便是为国家争自由!争你们自己的人格,便是为国家争人格!自由平等的国家不是一群奴才建造得起来的!'"[1]

胡适的个人主义思想非常激进。如果跳出他所在的地域来做比较的话,他的个人主义思想与日本明治维新初期福泽谕吉提出的"一国之独立,基于一身之独立"的主张有异曲同工之妙。可以说,光凭他的这一个人主义思想,在那个时代,他也算得上"启蒙思想家"了。在"少数与多数的问题""自由与独立的问题""自治的问题"等的把握方面,很明显他吸收并且消化了近代欧洲自由主义的本质内容。他的这种立场是他通过长达7年的留学生活,或者说市民社会的经验所领会的思想(或者说哲学)。不管怎么说,胡适通过这种形式找出了近代西方中"异质的他者",并从中发现了将其引入中国的重大价值。而且,看得出来,他还打算以令人惊讶的勇敢坚持贯彻他的个人主义思想。正是当时中国发生的激烈社会摩擦决定了他的思想与行为轨迹。不难想象,他的这种"个人主义""自由独立的人格"的思想,在拥有数千年历史的中国传统的政治文化、政治社会——广大的国土、庞大的人口的农业社会中,究竟能以一种什么样的形式渗透到社会中去,打下社会基础呢?而且,还有另外一个问题,1920年

---

[1] 《介绍我自己的思想——〈胡适文选〉自序》,载《全集》第4卷,第663页。

代以后，面对突然到来的滚滚政治激流，他的个人主义思想将会通过一种什么样的方式与政治挂钩呢？恐怕这些才是真正决定中国自由主义的相位以及命运的问题。

（三）提出以上的问题之后，接下来我们就要简单地论及新文化运动内部发生的具有决定性意义的决裂以及新文化运动的结束。这就涉及了俄国革命的冲击、马克思列宁主义的传入等问题。

俄国十月革命之后诞生了苏维埃政权。在《新青年》杂志的编辑当中，陈独秀、李大钊马上接受了马克思列宁主义，并于1921年7月成立了中国共产党。

以前，大家主要从马克思列宁主义的传入、共产党的成立这一方面去关注、研究这一时期的各个问题。在这里，我想单独站在胡适的立场上来讨论这些问题。

在这一批曾经拥有共同理念，站在同一战壕的人 [①] 当中，随着马克思主义的传入，强烈感觉到某种潜在危机的人大概要数胡适了。他在《每周评论》上发表了一篇题为《多研究些问题，少谈些"主义"》（第31期，1919年7月）的文章，挑起了他与李大钊之间的一场有名的关于"问题与主义"的论战。胡适猛烈地批判"无政府主义""马克思主义"，称那是高谈阔论，根本不研

---

① 前面提到的陈独秀、胡适、李大钊、周作人、鲁迅、高一涵、钱玄同、毛泽东等人。——译者注

究迫在眉睫的具体问题，而且人人"得意洋洋地夸口道：'我们所谈的是根本解决'"。在胡适看来，那些实际上无非是由于一个懒字，"懒的定义是避难就易"。他说"研究问题是极困难的事，高谈主义是极容易的事"。针对胡适的批判，李大钊一面自我警惕不要囿于"纸上谈兵"，一面反驳，称"'问题'与'主义'有不能十分分离的关系"，"因为一个社会问题的解决，必须靠着社会上多数人共同的运动。……要想使一个社会问题，成了社会上多数人共同的问题，应该使这社会上可以共同解决这个那个社会问题的多数人，先有一个共同趋向的理想主义"。所以，"我们的社会运动，一方面固然要研究实际的问题，一方面也要宣传理想的主义"①。

关于这一问题的争论，胡适在《每周评论》上发表了多篇文章，直至《四论问题与主义》②，不可谓不执着。他在文章中，严厉批评教条主义般引进外来的"主义"并将其当作金科玉律，指出那样做非常危险。不过，从"问题与主义"这一课题的争论来看，他实际上只是非常戒备"马克思主义学说"这一理论的性质而已。他对当时突然开始迅猛传播的马克思主义唯物史观的一些

---

① 《每周评论》第31、35、37期，《问题与主义》，载《全集》第1卷，第324—359页。

② 这"四论"原计划刊登于《每周评论》第37期，由于《每周评论》第37期正在付印时被北洋军阀政府查封而没能发表，后来被收录在"胡适文存一集"。

观点（例如李大钊所提出的"经济问题的解决，是根本解决。经济问题一旦解决，什么政治问题、法律问题、家庭制度问题、女子解放问题、工人解放问题，都可以解决"。[①]）表示出强烈的质疑。不，应该说，在胡适看来，这些观点是完全错误的。他认为"文明不是笼统造成的"，是在"评判的态度"的基础上"一点一滴的造成的"。而且，"新思潮的唯一目的"在于用科学的方法来做整理的功夫，以"再造文明"。[②]另外，胡适对马克思主义的阶级斗争理论抱有深深的恐惧感。他对马克思主义的阶级斗争理论也做过学理上的研究，但其背后的深层原因恐怕是他担心阶级斗争理论会在中国社会内部引发敌对关系，而且他还担心阶级斗争理论将推进暴力变革。毕竟前面我们已经在"留学时期的胡适"一节中提到过，"和平主义"思想、"不争主义"思想已经深深地植根于他的内心深处，浸入骨髓。

总而言之，在胡适看来，马克思主义理论的传入与他原来设想的新文化运动的开展在某些方面完全不同。

关于"问题与主义"的争论并没有使胡适与陈独秀、李大钊他们马上完全决裂。整个 1910 年代，他们的冲突还只是停留在思想的分歧上，但是，却埋下了分道扬镳的种子。这对于胡适，对于 20 世纪前半期整个中国的思想界、文化界来说，都是不可

---

① 收录于《再论问题与主义》的附录，载《全集》第 1 卷，第 344 页。
② 《新思潮的意义》，载《全集》第 1 卷，第 699 页。

忽视的，有着不可承受之重。而且，正如某种程度上我们能够想象得到的那样，他们之间存在的核心问题实际上还是围绕文化的革命与政治的变革这两大轴心而产生的。

中国的1910年代在轰轰烈烈的民众运动——"五四"运动（1919）中落下了帷幕。诚然，"五四"运动是与新文化运动紧密结合的一次政治、社会运动。

接下来我们将目光转向1920年代初期的胡适。

二 1920年代的胡适——政治与文化相生相克

1.《努力周报》时期的胡适及"自由民主派"的登场

"五四"运动这一划时代的政治、社会运动之后，中国迎来了1920年代。从此，中国翻开了崭新的一页，非常明显地进入到了一个与"后辛亥"时代完全不同的新时代。在政治上，孙中山评价新文化运动"（此）诚思想界空前之大变动"，"吾党欲收革命之成功，必有赖于思想之变化"。[①] 到那时为止一直处于秘密结社状态的中华国民党于"五四"运动之后不久（1919年10月）从地下转为地上，成立了大众政党之中国国民党，而中国共产党则于1921年以仅仅50多名成员的人数迈出了最初的一步。

---

① 《致海外国民党同志函》，载广东省社会科学院历史研究室等编《孙中山全集》第5卷，中华书局，1985年，第210页。

另外，1921 年，第一次世界大战之后的国际政治发生了很大变化，为了商议中国和太平洋问题，美国、英国、日本、法国、意大利等国家，和包括中国在内的 9 个国家召开了华盛顿会议，华盛顿会议签订的三个主要条约构成了华盛顿体系，确立了一个新的国际秩序。以"五四"运动为分水岭，国际国内形势都发生了重大变化。

在这样的时代背景下，1920 年代初成了胡适思想、政治活动的一个明显节点，其标志性事件有《努力周报》的创刊，以此为契机的所谓"好人政府"的出现以及围绕其展开的一系列活动。从这一时期开始，他的具体行动不再仅仅代表他个人，而是以一个少数人组成的松散的团体形式出现在民国的思想界以及政界。

在讨论《努力周报》之前，这里先简单介绍一下 1920 年胡适等人发表的一个"宣言"。

1920 年 8 月 1 日，北京《晨报》上发表了一篇题为《争自由的宣言》的文章，备受社会各界的广泛关注。《争自由的宣言》由胡适领衔起草，签名者还有蒋梦麟、陶履恭、王徵、张祖慰、李大钊、高一涵等 7 人，这是一篇由著名知识分子联合发表的争自由的斗争宣言。

简而言之，《争自由的宣言》提出：自辛亥革命直到现在，已经有九个年头。九年里不管哪个政府上台，实行的都是"假共和政治"。为了实现"人民发动"的"真共和"，最重要的是这个国家必须有自由思想自由评判的真精神以及"肯为自由而战的人民"。针对北京政府,《争自由的宣言》提出了具体的要求:立即废止视《临时约法》规定的"言论、出版、集会结社自由、书信秘密自由"为无物的现行法令[①],同时呼吁人们为确立近代国家的基本自由权而斗争。从关系到"人民和社会生存的命脉"的"基本的最小限度的自由"开始争起。

受 1919 年"五四"运动的影响,1920 年,以学生、商人、工人阶级为中心,中国社会波澜再起。北京的政权先是因为直隶派在直皖大战(1920 年 7 月,直隶派与安徽派之间的斗争)中获胜而落入直隶派手中。之后政权又被北洋军阀系的各大势力夺取,最终完全被北洋军阀所掌控。另外,1917 年夏天以后,孙中山在广州成立了军政府与北洋政权相对抗。中国出现了南北两个政权,它们在政治上、军事上相互对立。在这种局势下,《争自由的宣言》不得不重新审视政治自由权(共和国成立的前提),提出实现"人民发动"的"真共和"这一目标。

回顾历史,实际上,自从民国成立以来,这还是第一次有人提出要唤醒人民——这个国家的成员去要求自由权这么明确的主张以及路线以对抗国家的政治乱象。民国初年,中国政治一片混乱,围绕宪法的制定问题、对议院内阁制与总统制的是与非的议论,或者讨论议会制、政党制的政治言论满天飞。但是,像《争

---

① 具体有民国三年(1914)公布的《治安警察条例》《出版法》《报纸条例》《预戒条例》,民国八年(1919)公布的《管理印刷业条例》等。——译者注

自由的宣言》这般，从确保自由精神与自由权这一根本立场出发发表建设性意见以及政治主张的几乎完全不存在。从广义上来说，我们可以将《争自由的宣言》定性为中国现代自由主义的第一次政治联合行动。①

即便如此，中国也并没有因此而马上形成新的政治势力，为此，针对北京政府，他们与上海的各界领袖合作，结成了争自由的"自由同盟"②，但还是远远达不到产生某种政治影响的地步。不过，关于这一历史事实，我不得不提出几点。

（一）在向政府提出的"积极"提议中，《争自由的宣言》强烈抗议行政机构和军警各署不经法庭审判，擅自拘留或擅自惩罚人的行为，称他们将人民的人身自由权剥夺殆尽，要求政府立即实行"人身保护法"。《争自由的宣言》明确要求政府制定类似英国"人身保护令状"（writ of habeas corpus）以及"出庭状"（章士钊的翻译）的法律，强烈反对侵害人身自由的违法拘留、违法拘禁。《争自由的宣言》在要求政治自由权的同时，相当看重直接属于个人的人身自由权。这也表明，在《争自由的宣言》的作者们看来，最重要的是人权的保障，最基本的人权是他们一切思想、行为的基础。可以说，他们的这种思想立场是在经历了1910 年代"五四"新文化运动的洗礼之后产生的。

---

① 耿云志等《西方民主在近代中国》，中国青年出版社，2003 年，第 416 页等。
② 欧阳哲生《自由主义之累》，第 240 页。

（二）还有一点是关于《新青年》成员的动向问题。例如胡适与李大钊之间的关系问题。前面已经提到，胡适与李大钊两人之间发生过一场著名的"问题与主义"之争，他们两人之间已经存在一些根本性的对立。但是，从《争自由的宣言》的署名来看，他们在这一时期依然保持着亲密战友关系，是"同时代的人"——属于同一政治、思想集团。如果把这一集团称为"自由民主派"，那么，在后面急剧动荡、混乱的政治局势中，他们之间的关系将如何发展呢？（在后面的文章中，我不再使用作为思想流派的"自由主义派"这一用语，而是借用"自由民主派"这一历史称呼。）

《争自由的宣言》发表大约两年之后（1922 年 5 月），这一群知识分子在北京创办了一个小型的周刊杂志《努力周报》。从广义上来说，这是他们继承《争自由的宣言》的立场，目的明确地参与现实政治的一种尝试。在《努力周报》第 2 期上，他们就发表了《我们的政治主张》来表达他们的政治立场与政策主张。执笔者是胡适，联合签名的有 16 名知识分子（以北京大学为中心）。《我们的政治主张》后来被人们称为"好人政府论"。不久之后，这些联合署名的知识分子当中就有一部分人进入政府任职，参与内阁的组建①（虽然时间不长），在民国政治史上留下了

---

① 王宠惠、罗文干、汤尔和三人于 1922 年 9 月出任内阁总理、财政总长和教育总长，史称"好人内阁"。可惜，两个月后，王宠惠被迫辞职，罗文干锒铛入狱，"好政府主义"宣告破产。——译者注

他们的名字。这里我先来大致介绍一下这些人。

在《我们的政治主张》一文上联合署名的有蔡元培（北京大学校长）、王宠惠（北京大学教师，职务按照发表时文章所附，以下相同）、罗文干（北京大学教员）、汤尔和（医学博士）、陶行知（东南大学教育科主任）、梁漱溟（北京大学教员）、李大钊（北京大学图书馆主任）、陶孟和（北京大学哲学系主任）、丁文江（前地质调查所所长）、胡适（北京大学教务长）以及其他六人。①

以北京大学为中心的这些成员当中，李大钊的名字赫然在列。在那个时候，中国共产党已经成立，而李大钊已经是共产党的主要领导者，是中国共产党北方地区的负责人——"南陈北李"指的就是南方的陈独秀和北方的李大钊。但是，在写作《我们的政治主张》之际，胡适与李大钊之间的联系依然很紧密，关系也很亲密。《胡适日记》非常生动地描写了当时的情景：1922年5月11日，半夜脱稿时，打电话与守常②商议，定明日在蔡先生家会议，邀几个"好人"加入。第二日，十一时，在蔡宅开会，到者：梁漱溟、李守常、孟和、孟馀、汤尔和、徐伯轩、经

① 其他的成员是王伯秋（东南大学政法经济科主任）、朱经农（北京大学教授）、张慰慈（北京大学教员）、高一涵（北京大学教员）、徐宝璜（北京大学教授）、王徵（美国新银行团秘书）。

② 李大钊，字守常。——译者注

农等。他们都赞成了，都列名做提议人。[①] 从日记中的描述来看，很显然那个时候胡适与李大钊还是"同一战壕的兄弟"。

不过，在这里有必要追加一句。如果单从李大钊是北京大学知识分子的一员这个身份来看，他那个时候的行动就算得上手段高明、善于谋略了。在那个时候，为了能够在混乱的政治局势中打开局面，李大钊已经开始运作一个与孙中山、吴佩孚合作的政治计划了。[②] 也许，《我们的政治主张》这一公开宣言就是为他的这一政治计划做的一个铺垫。实际上，李大钊虽然在《我们的政治主张》中列名为提议人，但是他个人在《努力周报》上一篇稿件都未曾发表过。而另一方面，承担《努力周报》写稿工作的一群知识分子逐渐形成了后来被称为"自由民主派"的一个团体。

《努力周报》创刊的前一年，也就是1921年的5月，胡适与王徵、丁文江、蒋梦麟等一起组织了一个小会——"努力会"。"努力会"是一个小型会社，"以通过各自的职业，为中国政治的改善与社会的进步而相互协作为目的"。虽然这个"努力会"（当时应该没有公开，属于秘密会社）后来并没有发展成为一个组织，但是很显然，这是一次上层知识分子相互携手，共同缔造的

①　1922年5月11、12日日记，载《全集》第29卷，第622—623页。

②　参考坂野良吉《中国国民革命政治过程的研究》，校仓书房，2004年，第一章、第二章。以及村田雄二郎《以李大钊与"孙吴合作"——与吴佩孚的关系为中心》，《猫头鹰》第4期，1985年。

议政论政的共同事业，是有意识的一次行动。①"努力会"与第二年创刊的《努力周报》之间是相互牵连、具有连贯性的，这一点从它们的名字来看就一目了然。在这一系列活动中有一个人物起到了极其重要的作用，那就是从英国留学归来的地质学家丁文江。从"努力会"的成立到《努力周刊》的创刊，再到后来 1930 年代《独立评论》的时代，丁文江一直都是胡适的挚友、战友、诤友，是胡适团队中极其重要的一员。同时，他还为1930 年代中国的"自由民主派"指明了方向。下面我将对丁文江做一个简单的介绍。

丁文江，1887 年出生于江苏省。在日本留学一年半之后，于 1904 年远渡重洋赴英国留学（时年 18 岁）。他在格拉斯哥大学攻读动物学及地质学，1911 年回国。1913 年（民国二年），丁文江出任工商部矿政司地质科科长。1916 年，他与章鸿钊等创办农商部地质研究所，并担任初任所长。在此期间，他深入中国内地进行野外调查，是一个实干型的非常优秀的自然科学家。1918 年年末，丁文江随梁启超赴欧洲考察，并列席巴黎和会，1920 年年初回国。在这一时期他邂逅了胡适。作为自然科学家的丁文江，一直以来都以"实干家"的方式进行地质学研究，对中国的地质进行实地勘察。但是他同时也对政治极为痴迷，对中国的政治现状极为愤慨与不满，是一个忧国忧民的爱国知识分

---

① 耿云志《胡适年谱》，四川人民出版社，1989 年，第 95—96 页。

子。虽然他与胡适在许多问题上有过激烈的争论,但是一直到他1936年因为遭遇意外事故(煤气中毒)身亡,他们都是相知相惜的最亲密的朋友。[①]实际上,对于胡适推进新文化运动的主张,丁文江从正面提出过异议。他直言不讳地对胡适说:"你的主张是一种妄想:你们的文学革命,思想改革,文化建设,都禁不起腐败政治的摧残。良好的政治是一切和平的社会改善的必要条件。"在与朋友的聚会上,他经常这样说:"不要上胡适之的当,说改良政治要先从思想文艺下手!"[②]

就是这样一群知识分子,他们虽然思想、意见、立场不完全相同,但是不久之后都还是集结在了《努力周报》的周围。

那么,他们究竟提出了什么样的"政治主张"呢?

"我们以为现在不谈政治则已,若谈政治,应该有一个切实的,明了的,人人都能了解的目标。"为此,无论他们理想中的政治组织是什么(全民政治主义也罢,基尔特社会主义也罢,无政府主义也罢),所有的人"现在都应该平心降格的公认'好政府'一个目标,作为现在改革中国政治的最低限度的要求。我们应该同心协力的拿这共同目标来向国中的恶势力作战"。那么,"好政府"是什么样的呢?他们提出"好政府"至少包括两个含

---

① 《丁文江的传记》,载《全集》第19卷。而且,丁文江还是有名的《梁启超年谱长编》最初的编撰者。他虽然是一个自然科学家,但是他同时对文化、政治都有很深的见地,是一个行动派的知识分子。

② 《丁文江的传记》,载《全集》第19卷,第434页。

义："（一）在消极的方面是要有正当的机关可以监督防止一切营私舞弊的不法官吏。（二）在积极的方面是两点：（1）充分运用政治的机关为社会全体谋充分的福利。（2）充分容纳个人的自由，爱护个性的发展。"

《我们的政治主张》还对政治改革提出了三个基本要求：

（一）"宪政的政府"——这是"使政治上轨道的第一步"。

（二）"公开的政府"——财政的公开与公开考试式的用人等等。"'公开'（publicity）是打破一切黑幕的唯一武器。"

（三）"有计画的政治"——"中国的大病在于无计画的漂泊"。"一个平庸的计画胜于无计画的瞎摸索。"

但是，他们为什么在这个时间点（民国成立以后的第 11 年）才开始参与政治呢？关于这一点，《我们的政治主张》非常有激情地诉说了其理由：

"中国所以败坏到这步田地，虽然有种种原因，但'好人自命清高'确是一个重要的原因。'好人笼着手，恶人背着走。'因此，我们深信，今日政治改革的第一步在于好人须要有奋斗的精神。""民国五六年以来，好人袖手看着中国分裂……"，"看着山东的卖掉，看着军阀的横行，看着国家破产丢脸到这步田地！——够了！罪魁祸首的好人现在可以起来了！做好人是不够的，须要做奋斗的好人；消极的舆论是不够的，须要有决战的舆论。这是政治改革的第一步下手工夫"。

《我们的政治主张》在最后还提出了具体的政策主张：

（一）主张南北两方早日开始正式议和来解决当前最大的政治问题——南北分裂的问题，要求一种公开的，可以代表民意的南北和会；（二）同时，为了"和会"不像前三年的分赃和会那样，要求预备一种"决战的舆论"做这个和会的监督。在这个基础之上，对于民国的政治，他们还提出（三）裁兵；（四）裁官；（五）改良选举制度；（六）彻底的会计公开是最根本的政策。①

通过这一"政治主张"所提出的具体的施政策略，我们可以清楚地看出他们对于政治的几个基本观点与立场。在进入这些问题的分析之前，有必要简单地对他们现实当中的活动载体——《努力周报》及其活动的开展进行一个简单的回顾。

《努力周报》的主张——正面面对并解决政治问题以及将一切明明白白地放在阳光下的"公开"的态度在社会上引起了强烈反响。而且，前面已经提到过，《努力周报》创刊3个月之后的1922年8月，联合署名者当中的王宠惠（巴黎和会、华盛顿会议的中国代表，法学家）参政，当选代总理，后来又署理国务院总理；汤尔和就任教育总长；罗文干就任财政总长。《努力周报》同人很快就与现实政治产生了千丝万缕的联系。当然，他们也被认为是主张"好政府"的这些"好人们"的"眼睛"，他们在政府的任职正是他们在现实政治中的具体实践。为此，王宠惠内阁

①《我们的政治主张》，载《全集》第2卷，"文存二集"卷三，第422—425页。

也被称为"好人政府"。

在这一系列事件的发展过程中,《我们的政治主张》的成员们一方面与王宠惠、汤尔和、罗文干三人保持一定的合作,另一方面,胡适本人也开始在《努力周报》上发声。在王宠惠就任之际,他提出:"我们希望他先定一个大政方针,然后上台;我们希望他抱一个计划而来,为这个计划的失败而去。无计划的上台,无计划的下台,是我们绝不希望于王氏的!"[1] 他还在《努力周报》的第 20 期匿名发表了《一个平庸的提议——解决目前时局的计划》[2],提出具体的政策。在这期间,胡适还在《努力周报》上开辟了一个题为"这一周"的时评专栏,他自己居然在将近一年的时间里为这一新闻评论栏目写了 67 篇新闻评论。这也恰恰显示了 1920 年代初期中国出现的几条政治路线以及当时中国政治状况的一个侧面。

在这一时期,《努力周报》受到国民党的猛烈抨击。因为在那个时候,孙中山的部下陈炯明发动了"六一六兵变"[3],欲置孙中山于死地。为此,陈炯明遭到全国上下齐声唾骂。国民党则指责陈炯明"叛逆""悖主""犯上"。而胡适认为指责陈炯明的

---

[1] 《这一周》三十,8 月 7 日—13 日,载《全集》第 2 卷,"文存二集"卷三,第 552 页。

[2] 《一个平庸的提议——解决目前时局的计划》,同上,第 496—497 页。

[3] 广东军阀陈炯明与孙中山决裂,于 1922 年 6 月 16 日凌晨率领部队 4000 余人突然包围总统府,并向孙中山所住的粤秀楼开炮。这就是著名的"六一六兵变"。——译者注

人是"旧道德的死尸的复活"①，胡适还对这些人进行思想上的批判，称如果反对"首领"孙中山就是"悖主""犯上"，那么这样的国民党（本已经成为公开政党）让人想起了它的秘密结社、同盟会时代。从这件事之后，《努力周报》就开始受到国民党的猛烈抨击。国民党系的《民国日报》称胡适为"北洋军阀的走狗"，对他进行了长达一个月左右的政治责难。②

同时，《努力周报》与共产党也展开了激烈的论战。刚刚成立伊始（第二年），陈独秀领导下的共产党一面批评《努力周报》的主张是"妥协的和平主义""小资产阶级的和平主义"，一面针对时局提出比较激进的政策。胡适则回答："我们并不非薄你们的理想的主张，你们也不必非薄我们的最低限度的主张。如果我们的最低限度做不到时，你们的理想主张也绝不能实现。"③但是，之后不久，陈独秀否定了包括胡适在内的很多人从不同立场出发提出的联省自治论，提出"解决现在的中国政治问题，只有集中全国民主主义分子组织强大的政党，对内倾覆封建的军阀，建设民主政治的全国统一政府"。胡适则强烈反对，认为根据中国的国情，裁制军阀与打倒军阀的一个重要武器在于增加地方权限，在于根据于省自治的联邦制。为此，他们展开了激烈的

① 《这一周》二十一，7月17日—23日，载《全集》第2卷，"文存二集"卷三，第477—489页。
② 《这一周》三十三，8月28日—9月3日，同上，第558页。
③ 《这一周》十七，7月3日—9日，同上，第533—534页。

争论。[①] 胡适主要是深深地怀疑、否定共产党提出的"根本解决、一举解决"这种主张。

回过头来，我们再来看一下"好人政府"的现实情况吧。很容易就能想象得到，虽然几位"好人"进入了政界，当上了总理、总长，但是实际上他们这些知识分子并没有实权，真正的权力都掌握在背后的北洋武人手中。当势力配置图发生改变的时候，"好人内阁"轻而易举地就倒台了。11月，罗文干（财政总长）因为被怀疑在澳大利亚借款事件中收受贿赂而遭到了逮捕，在这一系列的纷争中王宠惠受到牵连不得不辞职，"好人内阁"仅仅存在了72天便宣告倒台，《努力周报》自此失势。在这种状况下，1923年10月，"努力同人"最终决定转换方向，暂时停刊《努力周报》。就这样，《努力周报》发行一年半之后宣告停刊了。

当我们回顾北洋系各派军阀混战的那个年代，也许有人会认为胡适等"努力同人"的活动以及昙花一现的"好人政府"只是政治故事片中的一个小片段。在赤裸裸的武力横行的时代，他们想依靠言论来转动政治的舞台，这也太不现实了。而且，他们没有得到任何社会势力的支持。还有另外一点，正如前面已经提到的那样，他们的思维模式、行动方式来自称得上是中国传统士大

---

① 《联省自治与军阀割据——答陈独秀》，载《全集》第2卷，"文存二集"卷三，第477—489页。

夫精神的精英主义，带有某种浓厚的道德理想主义（"好人"！）的色彩①，这一点非常明显。

讨论至此，从本书的主题出发，我们发现这里存在一个不得不进一步进行研究的课题。那就是他们的思想，特别是他们中间最为关键的人物——胡适的思想。

当我们回过头再读《我们的政治主张》的时候，就能发现一个关键词。在他们要求有一个"宪政的政府"的时候，他们提出了"使政治上轨道"这样一个句子。这句话经常出现在那段时间胡适的言谈、文章中，说这是他最关键的一个句子也不为过。往前回顾一下，胡适在他留学时代就提出"为新中国造一新文明"才是 20 世纪中国最大的课题，并将其作为自己的使命。正如我们前面已经提到过的，这意味着要从文明这一基础的地平面出发，重新审视和反思政治、经济、社会等所有的一切，也就意味着要重新构建新文明的政治、新文明的社会、新文明的文化。回国后，胡适马上着手"新文化运动"，这一文化革命给文学、文化领域带来了巨大冲击，同时也为政治层面的"五四"运动的开展创造了重要契机，为"五四"运动奠定了基础。这一点众所周知。辛亥革命之后，中国政治一片混乱。在这种情况下，哪怕只是很小的一步，也要将民国的政治导向新

---

① 许纪霖《中国自由主义的乌托邦：胡适与"好政府主义"论战》，许纪霖编《二十世纪中国思想史》上卷，东方出版社，2000 年，第 312—314 页。

文明的政治之路，也许这就是胡适所说的"使政治上轨道"的真正含义吧。可以说，这也是胡适在这一时期提出并意欲推动的课题。

在这种情况下，我们必须特别关注一点：胡适是有意识地从文化的角度向政治靠近的。在这一时期，他还屡屡提到了这个问题。他说："没有不在政治史上发生影响的文化；如果把政治划出文化之外，那就又成了躲懒的，出世的，非人生的文化了。"①（《努力周报》第7期）他还说，"（从美国回来的时候），打定二十年不谈政治的决心，要想在思想文艺上替中国政治建筑一个革新的基础"②；"我想……再下二十年不绝的努力，在思想文艺上给中国政治建筑一个可靠的基础"③。换言之，他非常清楚地意识到文化革命才是政治变革的基础，文化革命才是政治变革的前提。正因为如此，文化革命者必须经常不断地去接触和参与政治变革。中国的新文化运动是想为新中国的新政治打下一个基础。在这个前提之下，为了使民国的政治"走上轨道"，胡适描绘了一幅最基本的蓝图——新政治的形式：《我们的政治主张》一文中提出的（一）宪政的政府，（二）公开的政府，（三）有计划的政治。

---

① 《我的歧路》（四）"我的自述"，载《全集》第2卷，"文存二集"卷三，第470页。
② 同上，第467页。
③ 《与一涵等四位的信》，同上，第513页。

可是，这里所说的"宪政"的实现，其本身就是当时民国所有政治势力追求的目标，是他们都想要解决的最基本的政治课题之一。那么，胡适心目中的"宪政的政府"是从什么样的立场出发去实现宪政的呢？他所说的"公开的政府"又是什么样的呢？通读《我们的政治主张》全文，我们就能够得出一个重要信息。胡适在文中一再强调"公开"一词，例如公开的会议、会计公开等，其用意、意图究竟是什么呢？这里，我们有必要尽可能多一些地去了解这一时期的胡适，更进一步详细地对他进行研究和探讨。

其实，胡适以"好政府主义"为题提出他的这一政治构想最早是在《努力周报》创刊之前约 10 个月的一次演讲上。他在日记里面写道：这是我第一次公开谈政治。他在日记（1921 年 8 月 5 日）里记录了其内容，记载了"我的政治主张"背后的、更为核心的政治观。虽然有点长，但我觉得还是必须摘要式地探讨一下他记录的内容。

胡适首先说："好政府主义是一种有政府主义，好政府主义的基本观念是一种政治的工具主义（political instrumentalism）。""（1）'人类是造工具的动物'（柏格森）。政治的组织是人类发明的最大工具……政府的存在是由于这种工具的需要。""（2）这种工具是一种有组织、有公共目的的权力。""（3）这种工具，若用的得当，可发生绝大的效果，可以促进社会全体的进步。"

根据胡适的观点，这种"工具主义的政府观"的引申意义如下：

（一）从此可得一个评判政府的标准：政府是社会用来谋最大多数的最大福利的工具，故凡能尽此职务的是好政府，不能尽此职务的是坏政府。妨碍或摧残社会的公共福利的是恶政府。

（二）从此可得一个民治（人民参政）的原理：工具是须时时修理的。政府是用人做成的工具，更须时时监督修理。因为人都有揽权的天性，又都有滥用权力的趋势。无论怎样好人，若久揽大权，若无有监督，总会滥用他的威权去谋他的私利；私利与公共福利冲突时，他就会滥用他的威权去摧残公共的福利了。故这个工具有严重监督和随时改组修正的必要。凡宪法、公法、议会等等都是根据这个原理的。

（三）从此可得一个革命的原理：……政府不良，监督他，修正他；他不受监督，不受修正时，换掉他。……全部不良，拆开了，打倒了，重新改造一个；一切暗杀、反抗、革命，都根据于此。[1]

---

[1] 1921年8月5日日记，载《全集》第29卷，第400—402页。

看到胡适的这个"好政府主义"的内容的时候，尤其是那些多少熟悉一点 1910 年代、1920 年代中国各种各样政治言论的人在看到这个内容的时候，是不是有一种前所未有的清楚明了的感觉呢？很容易看出来，胡适的"好政府主义"的内容充满了近代西方的政治学说，这些应该是他在留学期间全身心吸收、领会的。从政府是"有组织、有公共目的的权力"的这一定义，到"评判政府的标准"、"民治（人民参政）的原理"、滥用权力的问题，再到"暗杀、反抗、革命"的原理，所有这些都非常简洁明了地提出了成立"近代国家"的几个基本的政治理论，相当于提供了样板。这里，我们必须注意到，胡适并不是简单的教条主义式地照搬西方政治学说，而是从中找出新文明的各种理论，对其进行咀嚼消化，然后进行实用主义的加工组合。

尽管如此，胡适的政治主张还是有点太过于简单明了。不，更加准确一点来说，他留下的民国十年的政治现实的影子太少，太过于透明了。对于已经知道"好人政府"最后很快就倒台了这一结局的我们来说，我们太了解胡适的这一过于简明扼要的政治理论以及基于这一理论的政治设计离现实究竟有多远。

但是，既然我们已经将这一历史事实纳入我们的考察范围，那么这里就有一个我们必须重新讨论的课题。以胡适为中心的"努力同人"所提出的政治设想在 20 世纪前半期中国的思想界究竟有什么意义呢？我们必须尽可能地从原理上去重新审视它。为什么这么说？因为只有通过这样的研究，才能在更广域的历史视野中弄清楚这一团体（"努力同人"）在思想史上的意义。通过辛亥革命，中国已经实现了从专制王朝体制到民国政治的大转换。那么，在民国政治中，"宪政""政府""权力""公共""民治"等观念究竟有什么意义？其地位如何呢？可以通过盘点这些基础概念、基本范畴在中国近代思想史中的定位来进一步弄清楚问题之所在。为了找出问题，虽然有点绕远，但是我们不得不再次回顾一下民国之前的那段历史。

2. 从封建王朝到民国：关于基本范畴的若干原理性考察——"公平"、"公正"、"公共"＝"公开"

（一）辛亥革命的政治文化："公平"（孙中山）和"公正"（张謇）

从清末到辛亥革命、"五四"的历史过程需要这个国家将传统政治思想的形式、框架都做一个根本性的改变。我们可以将其简单地概括为一个课题：从常识性的"君主专制"的政治体制，以及在背后支撑这一体制的思想到"民主共和"体制以及"民主共和"思想的变革。在辨析考证这一变革的必要性及其不可避免性之际，虽说带来巨大冲击的是20世纪末以来源源不断传入中国的各种西方理论，但是关于为什么要批判几千年以来的专制王朝体制这一问题，归根结底还在于扎根在这些批判理论下面的基石部分。或者说，在接受了"民主共和"思想之后，作为重要的共鸣板，真正起作用的实际上还是如何去认识、如何去理解"天下"（＝政治社会）、"天下"的理想状态这一传统观念及其重新解读。最直截了当地说，就是"天下为公"（《礼记·礼运》）、"天下非一人之天下也，乃天下人之天下也"（《吕氏春秋·贵公》）这一关于"公"与"私"的观念。我想我这样理解应该绝对没错。

例如，革命派孙中山就经常将"天下为公"这句话挂在嘴边。这一点众所周知。正如我们在第一章已经详细分析的那样，"同盟会革命方略"就提出：之所以要打倒满清政府，最主要是因为满清政府"以国家为君主一人之私产，人民为其仆隶"。"国家为人民之公产，凡人民之事，人民公理之。"[①]与革命派严重对立的梁启超在这一点上也持相同观点。梁启超说："君主者何，私而已矣；民主者何，公而已矣。"[②]就连王朝官僚体制中的领导阶层——高中状元的张謇，在清朝末年以"立宪派"代表的身份开始活跃在历史舞台的时候，对于王朝体制内的君主专制、恣意

---

① 《中国同盟会革命方略》，载广东省社会科学院历史研究室等编《孙中山全集》第1卷，第318页。辛亥革命时的这些问题，请参照第一章。关于中国"公·私"观念的问题参照沟口雄三《中国的公与私》（研文出版，1995年；有三联书店译本——编者注），同《中国思想史上的公与私》（载佐佐木毅、金泰昌编《公共哲学1公与私的思想史》，东京大学出版社，2001年），等等。

② 《与严幼陵先生书》，载《饮冰室合集》（文集第1册），中华书局，1926年，第109页。

妄为、无法无天（没有一个必须遵循的标准），他也提出：公议、公论、公共责任制度的确立才是理想的政治社会的基本要求。张謇认为："……不能舜禹而欲其公，固莫如宪法。"[1] 毫无疑问，在这些观点当中，我们可以清楚地看出他们是想以"公"的思想观念为媒介为中国从君主专制政体向民主共和政体的变革提供思想理论依据，从而推动变革的发展。下面，我们稍微回顾一下其具体经过。

中国政治社会的这一巨大转变具体表现在从君主一个人占有并控制一切的政治体制向"以民为主"的政治体制的重大变革。革命派孙中山在民国元年将这一变革极其简明扼要地描述为"现在的共和国是人民公有的国家"，"现在我中华民国人民，已从奴隶的地位变做主人的地位"。[2] 在他晚年的"三民主义"中，他更是具体地提出："在共和政体之下，就是用人民来做皇帝。""用四万万人来做皇帝。"[3] 这确实是孙中山的风格。

另一方面，立宪派张謇则提出：在王朝官僚体制的末期，最重要的是建立有章可循的规则——客观的法律制度以及公议、公论，这才是重建濒临危机的中国政治体制最关键的突破口。"万

---

[1] 《年谱自序》，载近代中国史料丛刊续编《张季子九录 文录》，第 2284 页。

[2] 《在江阴各界欢迎会的演说》，1912 年 10 月 19 日，载《孙中山全集》第 2 卷，第 524 页。

[3] 《三民主义·民权主义》第 5 讲、第 6 讲，载《孙中山全集》第 9 卷，第 325、350 页。日文版，安藤彦太郎译《三民主义》下，第 26、68 页。

机决于公论，此对外之正锋，立宪之首要。"①

　　这样看来，在这个意义上，在这个特定的历史阶段（在清末民初的时候），很明显，在从王朝官僚体制向"民主共和"政体变革的过程中，在背后起作用的传统思想的"公"的观念出现了分化，分化成了两种。一种是孙中山所代表的思想："公"的观念指的是"公平"的"公"，共和国首先是"人民公有的国家"。"国家为人民的公产。"孙中山在否定了天下是"一个人的天下"的基础上，提出了天下是"四万万人的天下"——四万万人的"公"与"平"。或者说，他认为"平"与"均"才体现了最高价值，是人民应该追求的目标。另一种是以张謇为代表的"公"的观念：公是指"公正"（fairness）的"公"。"欲其公，固莫如宪法"这句张謇的"名言"体现出了他们将自己对于政治社会的"公正"的要求寄托于立宪——宪政的确立，认为"立宪"才是民国这一"共和国之本"。从这一视角来看，"民主共和"的民国首先必须是一个保障"公正"的政治机构。也就是说，从王朝官僚体制向"民主共和"政体的变革肩负着宪政的确立以及尽可能实现政治、社会的"公平"这两大基本课题。

　　回顾历史，从民国初年的政治史来看，虽然后来中国的政权还是从孙中山之手落到了清末大官僚袁世凯的手中，这是一个非常复杂而且奇怪的过程，但是不管怎么说，在这个国家终

---

① 《为抵制美货事致袁直督函》，载《张季子九录·政闻录》，第119页。

究还是创建了中华民国这一"民主共和"的政体。但是，当我们从原理上去重新思考这一巨大的体制变革的时候，我们就会发现，实际上，在从王朝官僚体制向"民主共和"政体变革的时候，在各种各样的制度设计的背后，在这一重大变革的内部一直存在一个决定性的思想课题，那就是关于"民主"的问题。

在中国的传统、政治演变的过程当中，"民主"（"民为主"）、"民治天下"取代君主专制究竟意味着什么样的革命呢？如果我们仔细地思考的话，孙中山所说的"用人民来做皇帝"，"用四万万人来做皇帝"这一卓越的比喻中其实存在一种非常奇妙的、内在的矛盾。如果皇帝象征的是"唯一的、绝对的权力的保持者"的话，那么绝对权力的把握者与"四万万人"究竟是一种什么样的存在呢？这难道不是一种非常恐怖的无政府状态吗？其实，在民国初年一片混乱的政局当中，人民对于否定皇帝、人民当家作主人所包含的政治上的、思想上的问题都表现得极其暧昧，模糊不清。在之后不久的1910年代中期的新文化运动中，随着"民主"这一词语的出现，社会上又逐渐开始出现了"民治"一词。这大概是因为大家慢慢地意识到了这里面所包含的问题。孙中山后来在他的《三民主义》——"民权主义"第5讲和第6讲中讲到了人民拥有政权（政治的权利）、政府拥有治权（统治的权力），他用这一"权"与"能"分离的方式来贯彻实现"四万万人做皇帝"这一"全民政治"的原理。[①] 他之所以设想并提出这一政治方案肯定也是因为他意识到了这一问题。那么，在这个国家，人民取代皇帝拥有权力，这里面究竟潜存着一个什么样的问题呢？

本来，"民为主"、"人民之权"（或者说权力）这一命题本身以及它的现实化，包括欧美社会在内，都是所谓的"民主政治""民主主义"内在的最基本的政治课题之一。我们要做的并不是关于"民为主""人民之权"这一命题的一般性理论研究。我们要做的是：从 1910 年代、1920 年代中国的历史、思想状况中，从这一本书的主题出发，去研究这个国家关于"权力"以及"权力"观的各个问题。也就是，在 1910 年代、1920 年代之前，中国所谓的"权力"究竟是指什么？中国人的"权力"观是什么？到了民国"共和国"时期，中国所谓的"权力"究竟又是指什么？中国人的"权力"观又是什么？他们是如何给其定位的？"民"与"权力"之间的关系又是怎样的？只有将我们的"探测器"探触到这种政治深处的问题时，才能更进一步弄清楚民国初期的思想课题的重要含义。

但是，如果对与这个国家传统的"权力"观相关的各个问题一直进行追溯，追溯到它们的起源去进行研究的话，就大大超出

---

① 《三民主义》，载《孙中山全集》第 9 卷，第 314—355 页。日文版《三民主义》下，第 8—75 页。

了我个人的能力范围，也没有这个必要。所以在这里我仅就本书的着眼点进行论述——在中国的"天下"观当中，人们对"权力"的理解。我想尝试用最普通的摘录要点的方法来对其加以讨论。

（二）中华帝国·权力的构造——政治"大一统"

在中国，一提到"权力"二字，历史上最具代表性的应该是"皇帝权力"，也就是"皇权"。我想这一点大家应该不会有任何异议。自从秦始皇给自己冠以"始皇帝"这一称号以来，中国历代王朝的最高权力者都称为"皇帝"。与此同时，在中国还有"土皇帝"这一说法，而且这一用语直到现在都还频繁地被使用。所以，在中国社会里，最具体的表现"权力"或者说权力者的典型用语就是"皇帝"（皇权），我想这一点毋庸置疑。那么，在中国，"皇帝"代表的究竟是什么样的权力呢？

自从秦始皇结束春秋战国的诸侯割据，完成天下统一大业以来，这个国家虽然也经历了各种各样分裂的时代，但是其政治形态一直都保持着帝国——皇帝政治这样一种结构。这时候的"皇帝权力"就像秦始皇时代一样，首先是统一天下，在混沌与混乱当中建立秩序的力量。基本上完成对各大政治势力的统一，给"天下"带来"秩序"与"稳定"，这才是皇帝所显示出来的权力。基于这一事实，人们赋予了这种皇帝权力"正统性"，并将其神圣化。其中，支撑这种皇帝权力的核心政治思想就是中国自古以来最为重要的政治命题之一的"大一统"的思想观念。正如某位学者所说:"宇宙一统是大一统的哲学基础,政治一统是大一统的核心内容,王权一统是大一统的基本宗旨,天下一家是大一统的社会理想。"[①] 有这一哲学作为基础,实现了"大一统"的权力是唯一的、绝对的、至高无上的。而且,在实现、维持"平天下"这一点上,这种权力绝对是"善"(好事)。不用说,接受"天命"的"天子"(天之子)作为一国的皇帝统治天下,这一众所周知的政治思想就是这个国家的权力的理想形态。这无非就是"德治"最简明的表现。同时,这也意味着:一旦天下大乱,皇帝再也无法维持"平天下"的时候,那就是天命离他而去,"天"在向万人宣示到了易姓革命的时候了。乱世之时,能够建立新的秩序的当然就是武力(赤裸裸的权力)了。这一权力的行使者就是霸者。而最终实现新的"平天下"时,霸者就成了王者。

虽然说在这个两千多年时间里基本上一直维持着皇帝政治的国家,实际上主要是儒家思想为其奠定理论基础,为其进行粉饰,但是,我们这样去理解这个国家代表并体现"权力"的"皇权"以及人们的"权力"观绝对不会错到哪儿去。一言以蔽之,

---

① 张分田《中国帝王观念》,中国人民大学出版社,2004 年,第 131 页。与这一问题相关的内容参考了刘泽华主编《中国传统政治哲学与社会整合》(中国社会科学出版社,2000 年)、刘晓红《中国近代群己观变革探析》(复旦大学出版社,2001 年)、白钢编《中国皇帝》(天津人民出版社,1993 年),以及梅原郁《皇帝政治与中国》(白帝社,2003 年)等。

"皇权"就是全权，是至高无上的、神圣的。如果我们从比较文化史的角度来看的话，发源于希腊、罗马文明，得到基督教支持的欧洲文化存在的是"从根本上而言，世界是自然法和神法所建立的秩序"这一思想传统，因此，一直到近代（马基雅维利[①]），欧洲人都认为：权力最重要的首先必须为"神"、为"法"服务。与此相对，在中国，传统思想认为：实现"大一统"的皇帝权力其本身是至尊的、至高无上的。皇帝是"天之子"＝天子。皇权是神圣的，建立秩序、确保秩序的权力是一种"善"（好事）。只是，在中国，只存在两种权力。一种是创建并维持"平天下"的"善"（好的）的权力，一种是导致"乱"、招致"乱"（内乱、战争）的"恶"（不好的、坏的）的权力。

基于以上的考察，让我们再次回到民国初年。

（三）权力"公"化——提出"公开"原理

从封建王朝到民国，从帝制国家到共和国，在进行这种体制大转换的时候，政治权力（政权组织形式）理所当然地会发生很大的变化。体制大变革会伴随着全新的政治制度的建立，换言之，会去探索并实施西方模式的总统制、内阁制、议会制、政党制等。但是，在从君权（皇权）的国家向民权·民主的国家转变

---

① 马基雅维利，意大利政治思想家和历史学家。他第一个明显地摆脱了神学和伦理学的束缚，为政治学和法学开辟了走向独立学科的道路，是近代政治思想的主要奠基人之一。著有《君主论》《罗马史论》等。代表作《君主论》主要论述为君之道等。——译者注

的过程中，最重要的课题实际上就是在民国中如何设定权力、如何理解权力、如何定位权力，也就是政治权力的性质的问题。直截了当地说，就是在新的共和国中人民权力之所在。具体一点，也就是政府应有的状态究竟是什么样的。当我们从这个角度去思考的时候，就会发现：在 1910 年代到 1920 年代初中国出现的各种各样的思潮当中，胡适的"好政府主义"论恐怕是唯一直面这一课题的政治思想理论。前面我们已经对他的政治思想做了比较详细的介绍，在这里不再赘述，我想我们应该马上就能抓住他的几个重要论点。

首先，胡适的政治思想理论（本来也是以西方政治哲学为重要媒介）规定了政府是拥有"公共目的"的权力，而且，这一权力以民主、民治为基本原则，由人民来掌控（人民参政），同时不断地接受人民的批评。不仅如此，正如前面我们已经介绍的那样，胡适认为权力本身还包含了人类木性中"揽权""滥用权力"等固有的"恶"。在这个意义上，这种对权力的理解方式与传统的政治、道德哲学（以"平天下"为志向的"善的权力"为前提）是完全不同的。但是，如果要论那个时候在具体的政治层面胡适提出来的最核心的论点的话，毫无疑问在于他提出的"公开的政府"、"公开"（publicity）的主张与要求。在从专制到民主共和的转换过程中，作为权力主体的政府首先必须是向人民"公开"的。在中国长期以来的传统思想观念中，政治权力就只有绝对的权力者（皇帝）的个人权即"私"权。胡适的这一要求则包括了将这一一直以来作为"私"权存在的政治权力进行"公"化的课题。而实现这一课题的最重要手段就是要求对权力彻底的"公开"——"公开的政府"的要求。这也是"宪政政府"应该遵守的最起码的基本原则。结合前面的探讨，用一个比方来说明它们之间的关联的话，我想应该可以这么说：与广大社会层面的"公平"原理、制度层面的"公正"原理（法治）一样，传统的"公"的观念在共和体制下，提出的政治层面的权力"公"化的"公开"原理，在20世纪初的中国起到了思想杠杆的作用。而且，这一"公开"原理的提出正是那个时代胡适等"努力同人"通过各种各样的政策辩论得出的深藏于他们的"政治主张"背后的真谛。

要求成立"公开的政府"的"我们的政治主张"最终并没有能够实现。但是，"我们的政治主张"所提出的"公正""公平"已经作为一种理念深入人心。同样，也给所有的政府、政权活动制定了原则——政治权力的"公开"原则。也正因为如此，他们这些"自由民主派"正面提出的"公开"的主张和要求具有划时代的政治意义、思想意义。我们后面应该可以看到，胡适他们一有机会就会宣扬这一原则和他们的要求。可以说，不管后来的体制如何变化，他们为整个近现代中国历史的开展提出了跨世纪的基本政治课题。我想这么说应该一点也不为过。

（四）1920年代初的政治状况

从微观角度来看，1922年这一年，正如我们前面已经提到的那样，在政治史上是极其微妙的一年。在这一年，孙中山领导下的国民党在南方没有能够站稳脚跟，没能确立自己的政治基础，而共产党也已经成立一周年，但基本上还是一个少数知识分子的政党。三年后的1925年，中国又掀起了大众运动的新浪潮——五卅运动。从这一点来看，中国政治在这一时期陷入了一片更加混乱的状态。马克思主义、国民党的三民主义、自由主义在这一时期的中国政治空间中并存。

尽管如此，当我们再次回顾《努力周报》的政治活动的时候，有一点我们无法否认："努力同人"提出的政治主张与中国政治的现实之间有一道不可跨越的鸿沟。依当时中国的政治状况来看，要使依靠赤裸裸的武力建立的军阀政权走上依靠"决战的舆论""好人的奋斗"而组织的"宪政的政府""公开的政府"这一政治轨道完全脱离现实，太欠斟酌。岂止如此，与其相反，在当时那种军阀割据、武力横行、各系军阀混战的乱世背景下，要使社会走上正轨，从"乱"转为"治"，类似于"皇权"性质的强权的上台是不可避免的，也是非常必要的。话虽如此，在20世纪初王朝体制走向终结，帝国解体这样一种大变动的背景下，无论哪一个政治团体，抑或是思想团体，肯定都是眼前一片迷茫，前路漫漫无法看清。直到1920年代后半期，国民党、共产党、以胡适为代表的"自由民主派"以及其他各种团体，都仍在直面中国社会现实的过程中各自摸索，各自探寻前进之路。

关于这方面内容的探讨在这里即将告一段落。但是，在此之前我还想添加一段个人的感想，也许大家会觉得有些突兀。我个人觉得，在这一时期，有一个人近乎本能地感知到了中华世界传统权力的应有状态、存在根据及其特征，这个人就是毛泽东。毛泽东与胡适等人几乎是同时代的人，同样经历了1910年代的新文化运动。"五四"运动之后，他同样也彻底反对"炸弹革命""有血革命"。他说："用强权打倒强权，结果仍然得到强权。不但自相矛盾，并且毫无效力"；"我们承认强权者都是人，都是我们的同类。滥用强权，是他们不自觉的误谬与不幸，是旧社会旧思想传染他们遗害他们"。[①] 只是，众所周知，从1920年到1921年，他突然完全走向"激烈方法的共产主义"、"劳农阶级"的"独裁主义"。这个时候，他一定已经意识到：只要钱、人、机关都掌握在资本家手里，世界的教育归根结底就还是资本主义教育，就不可能根据"教育方法"来进行社会改革。所以，他提出"共产党人非取政权，且不能安息于其宇下，更安能握得其教育权？"，"绝对的自由主义，无政府的主义，以及德谟克拉西主义……于理论上说得好听，事实上是做不到的"。[②] 关于毛泽东的这一转变，从他当时所处的政治、思想状况去进行解释也是行得通的。只是我觉得，毛泽东的这种突然的转变是不是有那么一

[①]《〈湘江评论〉创刊宣言》(1919年7月14日)，载《毛泽东早期文稿》，湖南出版社，1990年，第293页。

[②]《致蔡和森等》(1920年12月1日)，载《毛泽东书信选集》，人民出版社，1983年，第5、8页。

部分原因在于他在民国成立以后十年左右的政治发展过程中，在切实的思想体验、斗争经验中近乎本能地领会了这个国家历史上以及这个社会的权力的应有状态（方式）并为此赌上自己的一生呢？毛泽东认定了只要没有掌握政权——权力，没有建立新的秩序，一切问题都不可能得到解决，社会现状就不可能得到改变。他的这一转变让他触及了中国历史社会一直维持的某一定律。

姑且不谈我的这一推测正确与否，让我们先回到中国的现状。1920 年代初期，中国的混乱局面依旧，甚至程度更深。灾难深重的中国在几年之后终于迎来了"国民大革命"——所谓的北伐以及南京国民政府的成立。

《努力周报》停刊之后，胡适个人以及他所代表的"自由民主派"也开展了很多思想、文化活动，可圈可点之处很多，只是限于篇幅，没有办法一一论及。我们紧接着进入下一个阶段——国民革命时代的探讨。

三 南京国民政府上台以及以胡适为代表的"自由民主派"——与国民党"训政"叫板

1. 胡适外游与国民革命军北伐

1926 年 7 月，在国共合作的情况下，国民革命军从广州出发开始北伐。虽然蒋介石在北伐的路上发动了"四一二"政变，但国民革命军最终还是于 1928 年 6 月攻克北京，从北洋奉系军阀张作霖手中夺取政权并成立了南京国民政府。自此，国民党政权上台，同时也宣告了民国政治第二期的开始。没想到的是，从北伐开始一直到"四一二"政变这一军事、政治急剧变化时期，在全中国一片动荡的十个月间，胡适竟然离开了中国出游欧美。这是因为恰好在1926年7月的时候，胡适作为"中英庚款顾问委员会"中国方面的三位委员之一，为中英庚款事宜（英国退还部分庚子赔款用于向英国选派留学生等教育项目）远赴英国伦敦。后来，胡适于1927年5月（"四一二"政变刚刚发生）经美国返回中国。接下来我想叙述一下以胡适为代表的"自由民主派"在国民党南京国民政府统治时期，在新的政治磁场中的思想以及行动轨迹。

1931年，南京国民政府成立才刚刚三年，中国就遭遇到了强烈的民族危机——"九一八事变"爆发。正如前面我们已经提到过的那样，为了从正面应对民族危机，《独立评论》创刊，成为自由知识分子们集结的据点。这大概是因为在这一时期，国内国际形势更加复杂、更加变幻莫测，中国不得不解答对外民族主义、国民党主导下国家的形成、解放战争以及国际状况的发展等一系列重要的时代课题。为了交代1930年代《独立评论》创刊之前的前史，本节着重分析南京国民政府和胡适所代表的"自由民主派"的政治、思想课题以及他们各自的论点。首先我们有必要对外游的胡适稍加论述。

胡适乘坐西伯利亚铁路火车赴英，出席中英庚款委员会全体会议，途经莫斯科时，停留了三天，近距离感受了俄国革命（受李大钊之邀）。会议结束之后，胡适又到访欧洲各地，然后经海路到达美国，在美国停留了大约四个月的时间。这一次苏联的体验以及时隔十年再次来到西方的这段体验给他留下了深刻的印象。关于他这一段时间的思想动向，有很多问题值得深入研究，但是，在这里我只是将焦点聚集在与中国国内剧变相关的问题上。

在胡适外游的这段时间里，他无时无刻不在关注国内北伐的进程。可以说他对国民党武力统一中国的前景极其期待。从广州出发的国民革命军是一支与盘踞在华北、华中地区的北洋军阀以及其他地方势力性质完全不同的军事、政治势力，这一点明眼人一看便知。国民革命军是以孙中山的三民主义理论武装的，同时在国共合作期间受"第三国际"领导（苏联派到中国南方政府的"政治总顾问"鲍罗廷任孙中山的首席顾问兼共产国际驻中国代表）的政治、军事集团。虽然之前胡适作为一个联省自治论者不赞成以武力来统一中国，但是对于"新的中国"以这样一种方式挑起对"旧的中国"的战争还是很欢迎的。他一边收集各种各样的信息，一边称赞"南方政府是中国最好的、最有效率的政府"。他在日记中写道，"南方革命军的北伐赢得了人民的同情和支持"，"南方军队终将获胜"[1]；"国民革命运动是中国唯一有希望

---

[1]　1926 年 11 月 4 日日记，载《全集》第 30 卷，第 404—405 页。

外抗强权内除军阀的运动"。"他预计国民革命如果不给中国带来一个根本的解决，至少也是一个转折性的解决。"[1] 这一时期，胡适非常关注蒋介石以及鲍（洛庭）。他说："广州的领袖人才，我略知其大概，只有介石与 Borodin（鲍罗廷）我没有见过。……他（蒋介石）有眼光识力做政治上的大事业吗？此事我很关心。我深盼他能有政治上的手腕与见解。"[2]

在这种情况下，鲍罗廷的加入确实起到了很大的作用，给北伐本身赋予了一种非常清晰的政治特征。胡适最终还是希望出现"英美式的鲍洛庭（鲍罗廷）"。[3] 他在停留英国期间，极力宣传南方政府绝不是"红色政权"[4]，而是源于民族主义的政治势力。

北伐期间，国民党、共产党、容共派、反共派、军人、政客，还有劳动运动、农民运动等一下子井喷而出，分属于这个国家不同社会阶层、不同社会范畴的各种势力相互碰撞，可以说发展轨道完全出乎所有人的意料。1927 年 4 月下旬，当胡适从美国到达日本横滨的时候，他看到的情况是：到达长江流域的蒋介石·国民革命军正在进行恐怖的"反共政变"，在北伐的半道上，

---

① 罗志田《文化与政治（六）个人与国家：北伐前后胡适政治态度之转变》，载《乱世潜流：民族主义与民国政治》，上海古籍出版社，2001 年，第 238 页。该书对这一主题进行了非常详细的分析，大家可以参考。
② 1926 年 10 月 14 日日记，载《全集》第 30 卷，第 376 页。
③ 1928 年 3 月 24 日日记，载《全集》第 31 卷，第 3 页。
④ 1926 年 11 月 4 日日记，载《全集》第 30 卷，第 405 页。

武汉（容共左派）与南京·上海发生分裂，一分为二。在这里，我们没有必要再去回顾那一段政治历程，但有一点必须指出的是，在这半年到一年左右的时间里，无论南北，中国到处都是一片不可名状的混乱，到处都在杀戮。《现代评论》有一位作者是这样描述的："湘鄂因土豪劣绅之名杀人，北方以三民主义之名杀人，南京以共产党之名杀人。"[1] 而且，全国各地因为"政见不同"而杀人的事例屡见不鲜，甚至"不需要任何法律手续"。这里顺带提一下，就在胡适到达日本横滨的时候，李大钊在北京被奉系军阀杀害。当时，刚刚到达日本的胡适不断接到朋友的通知和劝告。为此，他在日本滞留了大约一个月时间。这应该是他看清了当时的形势和危险之故。后来，他终于在 5 月 20 日回到上海，避开了北京。

2. 批判国民党政权——人权、法治、民治

一直到他 1930 年 12 月再次移居北京，胡适在上海待了大约三年半的时间，在这三年多的时间里，他历任光华大学教授、中国工学院校长，基本上都是从事教育与研究工作。但是，正如前面已经提到的那样，随着一系列激烈军事行动的开展，这一时期成了民国政治史上一个很大的转折点。在这里，我觉得我有必要对这一时期的历史状况进行简单的介绍。

---

[1] 关于这一引用，参照前引罗志田，第 243 页。

　　蒋介石发动的"四一二"政变是武汉和南京分裂的决定性转折点。尽管如此，武汉国民政府最终还是宣告与共产党决裂，这也标志着国共合作的失败。1927 年 9 月，南京国民政府与武汉国民政府合并（史称"宁汉合流"）。退出武汉国民政府的共产党开始走上武装斗争的道路。在这期间，在长江沿线停步不前的国民革命军于 1928 年 2 月决定继续北伐。虽然国民革命军在北上途中与日本军队发生冲突（济南事件），但最终还是于 1928 年 6 月打进了北京城，在此，南京国民政府作为中国新的统一政权登上了历史舞台。

　　南京国民政府首先是一个以孙中山的三民主义为党的基本方针的政权，也就是通常所说的采取"党国体制"的政权。1928 年 8 月，国民党遵照孙中山"军政、训政、宪政"的三阶段论宣布结束"军政"开始进入"训政"（二届五中全会）。"训政"作为实施"宪政"的准备阶段，是指政府和党对民众进行指导、教育的阶段。虽然根据三民主义理论，作为终极目标的"宪政"非常明确地写入了政治方案当中，但是实际上，在这一"训政"阶段，国民党"于建国治国之过程中，始终以政权之保姆自任"（胡汉民《训政大纲提案说明书》），监督国民，教化国民。确确实实，孙中山的三民主义是标榜"民权"的，但是当时现实社会中实际出现的是"以党治国"的政治体制。

　　随着这种政治局势的发展，胡适的动态如何呢？实际上，在这一时期，对于国民党国民政府新实施的"训政"体制，胡适从正面开始与其叫板。可以说，整个上海时期，他都忙于对这一体制的批判。那么，他究竟是如何与国民党叫板的呢？在前面第二章第四节，我们已经稍微提到过，他将这一问题概括为"人权论"。也许稍有重复之嫌，但我还是想结合当时的政治状况对其进行更加详细的介绍。

从欧美回国以后，胡适花了将近两年时间对国民党政权的动向以及国民政府诞生的过程进行了仔细的观察。他发现现在的国民政府与过去他停留在英国期间所期待的承载"新的政治"的政府有很大区别。南京国民政府既然是打倒军阀政权之后成立的"共和""民国"的政府，那么对于胡适来说，他最希望看到的是马上实现"宪政"的政府。也许，在胡适看来，"训政"阶段并不是必不可少的。人民在经历了"民治"的实践之后，就会从中学会"参政"。这才是必要的。而且刚刚成立的国民政府借"编遣会议"（削减军队）之机，在党内进行军事夺权斗争，最终引发中原大战，开始出现极具强权色彩的"训政"体制。认识到这一点之后，胡适以杂志《新月》①为据点对国民党政权进行了正面的批判。在那"思想杀人"的年代，在那战火刚熄、时局一片混乱的年代，胡适的正面叫板确实冒着很大的危险。可以说，他

---

① 新月社本来是一个成立于北京的以诗人为中心的"摩登"文人社团，伴随着北伐这一政治剧变，他们停止了在北京的活动。以胡适回国为契机，在上海聚集的文化同人们再次开展言论活动，其成员有胡适、徐志摩、梁实秋、潘光旦、罗隆基、丁西林、闻一多等。

的这种与国民政府叫板的行为是非常勇猛果敢的。

以《人权与约法》（第 2 卷第 2 期，1929 年 5 月）为开端，胡适在《新月》杂志上发表了一篇又一篇充满战斗性的文章。同时，《新月》杂志还刊登了罗隆基的《告压迫言论自由者》（第 2 卷第 6、7 期合刊号）、《专家政治》（第 2 卷第 2 期），梁实秋的《论思想统一》（第 2 卷第 3 期）等文章，对国民党进行了强烈批判。从胡适的经历以及步调能够预想得到，他对国民党的批判当然还是从最广义的"民主"主张出发的。但是问题在于他是如何用他这一"民主"主张去批判当时中国国民党的政治现实的呢？让我们从最基础的部分来剖析这些问题。

胡适的《人权与约法》成为这次争论的导火索。在这篇文章中，他从原理上对国民政府于 1929 年 4 月发布的"保障人权的命令"进行了批判。他指出这道命令有三个缺陷。第一，这道"命令"仅将人权笼统地规定为"身体，自由，财产"，"不得以非法行为进行侵害"，但是并没有具体规定这三方面的内容，如自由究竟是哪几种自由，又如财产究竟受怎样的保障。第二，"命令"所禁止的只是"个人或团体"，而并不曾提及政府机关。个人或团体固然不得以非法行为侵害他人身体自由及财产，但今日我们最感痛苦的是种种政府机关或假借政府与党部的机关侵害人民的身体自由及财产。第三，命令中说，"违者即依法严行惩办不贷"，所谓"依法"是依什么法？我们就不知道今日有何种法律可以保障人民的人权。[1]胡适非常具体地列举了几个实施侵害的事例，非常尖锐地提出了问题之所在。这样一些事实全部表明，"人权的保障和法治的确定决不是一纸模糊命令所能办到的。法治只是要政府官吏的一切行为都不得逾越法律规定的权限"；"法治只认得法律，不认得人"。[2]通过这一系列问题的展开，他提出了最具体的政策课题："在今日如果真要保障人权，如果真要确立法治基础，第一件应该制定一个中华民国的宪法。至少，也应该制定所谓训政府时期的约法。"也就是孙中山先生曾经所说的"规定人民之权利与革命政府之统治权"的一个约法。[3]如果党不受约法的制约，那么一个国家就会存在超越法律的"特殊阶级"，而且现在的"党制"，实际上就是"军人治党"。[4]"没有宪法或约法，则训政只是专制。"[5]

显而易见，胡适直接断言现政权是"军人治党"，"训政只是专制"，实际上是从正面向国民党叫板，几乎等同于站在"共和·民国"的立场上否认现政权的正统性。在当时那种时代背景下，胡适从正面提出"法治"的要求，提出权力本身必须受法律的制约，这正是将近代立宪主义的基本原理作为立论最重要的骨

---

① 《人权与约法》，载《全集》第 21 卷，第 386—387 页。

② 同上，第 390 页。

③ 同上。

④ 《〈人权与约法〉的讨论》，同上，第 427 页。

⑤ 《我们什么时候才可有宪法？》，同上，第 433 页。

骸。这一点应该引起我们足够的关注。胡适以这种方式就现实权力本身应该有的状态提出了问题。他通过这种方式来开拓一条接近权力本身的真相之路。很明显，这与《努力周报》创办以来"人民掌握权力"这一强烈的问题意识一脉相承。

从这一立场、观点出发，胡适对孙中山的《建国大纲》（1924）进行了强烈的批判。孙中山从辛亥革命以后经历的苦难出发，提出中国在实施"宪政"之前，必须要设立一个"训政"阶段让党对人民进行保护和教育。因为"夫中国人民知识程度之不足，且加以数千年专制之毒深中乎人心"，所以，"不有一度之训政时期，以洗除其旧染之污，奚能享民国主人之权利？"（《建国方略》）

胡适从"民治"的立场出发对此提出强烈反对。他提出"民治"首先是"人民参政"，而且"民治制度的本身便是一种教育，人民初参政的时期，错误总不能免的，但我们不可因人民程度不够便不许他们参政。人民参政并不须多大的专门知识，他们需要的是参政的经验"。在1930年代《独立评论》就"民主与独裁"问题进行论战的时候，胡适的言论更是为此增姿添彩。他说："民治主义的根本观念是承认普通民众的常识是根本可信任的。'三个臭皮匠，赛过一个诸葛亮。'这便是民权主义的根据。"[1] 这个俗语形象生动地描述了胡适心目中的"民权"，或者更广泛地

---

① 《我们什么时候才可有宪法？》，载《全集》第21卷，第432页。

说形象生动地描述了胡适对"民主"的基本认识，也充分表明了胡适心目中的"民权"与孙中山学说渐行渐远。这中间存在的本质区别我们将在下一节进行论述。下面我们将从胡适对孙中山学说进行的原理上的批判转入他对国民党言论管制的批判的论述。

紧接着胡适对孙中山的"知难行易"说进行了批判。孙中山反思辛亥革命前后多次失败的教训，追本溯源到心理层面，认为革命失败的根本原因在于传统旧说的深刻影响，中国的传统认为"行"比"知"要困难，即所谓"知之非艰行之惟艰"。孙中山认为这种旧的知行理念把难和易完全弄颠倒了。有鉴于此，孙中山针锋相对地创立了"知难行易"说，提出没有正确的"知行说"，建国就不可能实现。孙中山还将人区分为"先知先觉者""后知后觉者""不知不觉者"三种，主张在"先知先觉者"的指导下完成建国大业。关于孙中山提出这种学说的详细经过以及具体解释与评价在这里姑且不谈，先来看看胡适的批判。在胡适看来，孙中山亡故之后，在"训政"之下，国民党利用孙中山的这一学说对人民进行了言论统制与言论压制。因为在这一政治体制理论之下，一班当权执政的人"借'行易知难'的招牌，以为知识之事已有先总理担任做了，政治社会的精义已包罗在《三民主义》《建国方略》等书之中，中国人民只有服从，更无疑义，更无批评辩论的馀地了。于是他们掮着'训政'的招牌，背着'共信'的名义，箝制一切言论出版的自由，不容有丝毫异己的议论。知难既有先总理任之，行易又有党国大同志任之，舆论自然可以取消了"。①对"先知先觉"的领袖绝对服从，对一切批判进行打压——在胡适看来，这无非就是国民党利用正统之名行打压异端之实。

胡适还在《新文化运动与国民党》(《新月》第2卷第6、7期合刊号)一文中，回顾了国民党历史上的反动思想，从他自身新文化运动的观点出发，明言现在的国民党是"反动"的，"革命的国民党成了专政的国民党"。他痛批国民党："如果国民党的青年人们不能自觉地纠正这种反动思想，那么，国民党将来只能渐渐变成一个反时代的集团，决不能作时代的领导者，决不能担负建立中国新文化的责任。"如果国民党不能"取消统一思想与党化教育的迷梦"，"将来总有人会替国民党上'反动'的谥号的"。②

这里值得我们注意的是，胡适特意用了这种可以称之为正面叫板的政治批判的言论，这正是他所说的为了确保、扩充言论空间所采用的战略。他说："我们深信，不负责任的秘密传单或匿名文字都不是争自由的正当方法。我们所争的……乃是公开的，负责任的言论著述出版的自由。……有谁不赞成我们的主张，尽可以讨论，尽可以批评，也尽可以提起法律上的控诉。但我们不受任何方面的非法干涉。这是我们的根本态度。"③

---

① 《知难，行亦不易》，载《全集》第21卷，第405页。

② 《新文化运动与国民党》，同上，第447—450页。

③ 《我们要我们的自由》，载耿云志主编《胡适遗稿及秘藏书信》第12册，黄山书社，1994年。大家推测这篇文章是为《平论周刊》写的创刊词（1921年3月25日），但因为杂志没能刊发，所以最终没有发表。现在《全集》第21卷也有收录，见第382页。

对于胡适这一言辞激烈的正面叫板，国民党方面也展开了迅速、强硬的反击。1929 年 8 月，上海市的国民党党部提议"中国公学校长胡适，……应请中央转令国府，严予惩办案"。与此同时，北平（北京）、天津、南京等地的国民党党部纷纷指责胡适，顿时，全国一片责难声起，称胡适"侮辱本党总理"，"诋毁本党党义"，"背叛政府"，"煽惑民众"……随后，1930 年 2 月，《新月》第 2 卷第 6、7 期合刊号被禁止发售。11 月，罗隆基被逮捕……[①]胡适本人也被认定为"批评党义，触犯党讳，被党员认为污辱总理，大逆不道，有反革命罪"，被教育部处以"加以警诫"的处分。[②]1930 年 5 月，胡适辞去中国公学校长一职。罗隆基被大学解除职务。新月社最终也被迫不得不解散（1933 年 6 月）。胡适等人持续了一年多的言论斗争宣告结束。

从以上的经过来看，国民党对胡适等人的批判言论马上进行

① 关于这些事项，参照前引耿云志《胡适年谱》，第 169—187 页；胡明《胡适传论》（下），人民文学出版社，1996 年，第 7 章，第 41 页；牛大勇《不打不成交——抗战前十年间胡适与蒋介石的关系》，载李又宁主编《胡适与国民党》，纽约天外出版社，1998 年；等等。

② 参考罗隆基《告压迫言论自由者》，载梁实秋、胡适、罗隆基《人权论集》，新月书店，1930 年，第 92 页；《胡适致蒋梦麟（稿）》，载中国社会科学院近代史研究所中华民国史研究室编《胡适来往书信选》上，第 549—552 页；牛大勇《不打不成交——抗战前十年间胡适与蒋介石的关系》，载李又宁主编《胡适与国民党》，第 43 页；以及胡明《胡适传论》（下）；等等。在这一时期，胡适之所以没有被逮捕，大概是他在文化界的地位极高的缘故。很明显，胡适也正是利用了这一政治、社会关系网。胡适与国民党之间错综复杂的关系参看胡明、李又宁的著作。

了封杀。作为权力保持者很容易就能对他们这些"自由民主派"进行政治封杀。在这种情况下，几乎没有任何社会势力出面支持胡适他们的"斗争"。从我手中掌握的资料来看，少数"有心"的人对于他们这种向新上台的国民党政权正面"开炮"的做法，也只能做到一面为他们担惊受怕一面作壁上观了。随着现实政治的发展，我觉得现在应该将讨论的焦点置于以下的问题：在这一时期，对于好不容易才上台的全国政权——南京国民政府，他们（"自由民主派"）究竟主张些什么，又要求些什么呢？或者说，他们设想的、他们心目中的民国——共和国的政治体制究竟是什么样的呢？

从整体上来看，在新出现的民国第二期的现实政治中，以胡适为代表的这些"自由民主派"是以打擦边球的方式，从应该将民国政权纳入政治的"正确轨道"、反抗体制这一点出发来发表他们的批判言论的。具体地说，他们只是想让国民党政权从"军人治党"的政权一点点地向多少合理一些的官僚制政权或者"专家政治"政权、保障言论自由的政权过渡。只不过，他们推导出这一主张、奠定他们基本方向的思想来源于胡适清清楚楚地表达出来的"人权""法治""公开的言论自由"。很明显，在那个时候，他们的思想超越了整个民国时期都在讨论的制度论，构想出了一种政治社会的理想状态。对照当时中国的现实，尽管他们所提出的思想与这个国家的实际情况相符的地方很少，但是，这也是他们在从最基础、最原理的层面追求从专制到民主的变革的过程中的收获——在某种意义上展示了共和·民国政治正统的风姿。而这才是他们铭刻在国民政府成立时期历史丰碑上的丰功伟绩之一。

分析了他们的政治言论之争之后，下面就该讨论他们这种政治斗争的本质问题之所在了。具体地说，就是从文化的立场对其加以分析。诚然，以胡适为代表的这些"自由民主派"追求的是所谓的基于近代文明价值的"新的政治"，具体来说就是"约法""法治""言论出版的自由"等，换句话说，"约法""法治""言论出版的自由"等的实现正是他们追求的基本政治目标。但是，正如新文化运动所充分体现的那样，对"新"事物的追求同时也就意味着与"旧"事物的格斗。"自由民主派"与国民党之间的政治言论斗争背后深藏的是与文化相关的各个课题，也就是与传统文明的精神构造息息相关的各个课题。胡适批判"训政"，彻底反抗"总理遗教"的强权的时候，他实际上究竟是在与什么做斗争呢？

3. 批判"名教"——权力与政治文化

在发表《人权与约法》之前，胡适在杂志《新月》(第 1 卷第 5 期，1928 年 7 月）上发表了《名教》一文。这是一篇推导他政治言论行为，反映当时思想界、文化界状况的文章，指出了当时思想界、文化界存在的一些问题。下面我们来尝试解读一下这篇文章的内容。

　　这篇文章开篇点题，"名教"即正名分之教，也就是广义上的儒教。标题本身就揭示了儒学最基本的观念。这篇文章一方面充满了学究气与讽刺意味，另一方面正如文章标题所揭示的那样，目的就在于深深地揿入这个国家的文明传统。

　　胡适说："中国是个没有宗教的国家，中国人是个不迷信宗教的民族。——这是近年来几个学者的结论。"但是，"我们新发现中国不是没有宗教的：我们中国有一个很伟大的宗教。……这个宗教是什么教呢？提起此教，大大有名，他就叫做'名教'。名教信仰什么？信仰'名'。名教崇拜什么？崇拜'名'。名教的信条只有一条：'信仰名的万能'"。[①]

　　那么，"名"又究竟是什么呢？

　　胡适在文章中，引用《论语》《仪礼》《周礼》的解释作为考据，概括而言，"'名'即是文字，即是写的字。'名教'便是崇拜写的文字的宗教，便是信仰写的字有神力，有魔力的宗教"。[②]他援引哲学、民俗学等的研究，举例加以说明。例如中国人喜欢将写上字的字条贴在各种各样的地方，对联——挽联、贺联、门联等。在文章中，胡适引经据典，以讽刺的写作手法，用嘲讽的笔墨描述了中国人是多么地信仰文字的神通与魔力，或者说他们对文字的膜拜。然而，随着对这一"名"教的阐释，胡适逐渐将行文引入了对社会现状的批判。

------

① 《名教》，载《全集》第 3 卷，第 61 页。
② 同上，第 62 页。

譬如说，过去，父母祖先的名字是要避讳的。现在社会上虽然宽松多了，但避讳的风俗还依然存在。"皇帝的名字现在不避讳了。但孙中山死后，……'孙文'便很少人用了；忠实同志都应该称他为'先总理'。"① 他又说："现在我们中国已成了口号标语的世界。""五月初'济南事件'发生以后，我时时往来淞沪铁路上，每一次四十分钟的旅行所见的标语总在一千张以上；……有写着'枪毙田中义一'的，有写着'活埋田中义一'的，有写着'杀尽矮贼'而把'矮贼'两字倒转来写。……有人说，这是从苏俄学来的法子。这是很冤枉的。……标语是道地的国货，是'名教'国家的祖传法宝。"② "现在大多数喊口号，贴标语的，也不外这两种理由：一是心理上的过瘾，一是无意义的盲从。"③ 而且，建立在"正名分"哲学上的"名教"，多数的口号、标语其内容都是暗含"褒贬"的。

通过这种从精神到政治对社会现状进行批判的方式，胡适剜出了（他认为的）存在于中国社会的病根。具体来说，说某人是"忠实同志"，便是教人"拥护"他，说某人是"军阀""土豪劣绅""反动""反革命""老朽昏庸"，便是教人"打倒"他。故"忠实同志""总理信徒"的名，要引起"拥护"的分。"反动分子"的名，要引起"打倒"的分。然而，胡适紧接着笔锋一转，

① 《名教》，载《全集》第3卷，第65—66页。
② 同上，第66页。
③ 同上，第68页。

写道："不幸标语用的太滥了，今天要打倒的，明天却又在拥护之列了；今天的忠实同志，明天又变为反革命了。……于是'名教'失其作用，只成为墙上的符箓而已。"所以，无论如何，"治国不在口号标语，顾力行何如耳"。胡适在文章结尾写道："打倒名教！名教扫地，中国有望！"①

这篇文章的寓意很容易理解。胡适一方面揶揄、嘲弄甚至挑衅长期以来在体制教学当中存在的，现在保守派们依然想故步自封的"名教"，另一方面尖锐地指出"名教"思想依然根深蒂固地存在于中国社会，甚至在宣称这种精神构造将推进"革命"的国民党政权统治之下，在政治的激流当中，"名教"思想反而更加严重。从当时的社会状况来看，向广大人民群众做宣传、动员工作的标语可以说确实是一项必需的工作，也算得上是南京国民政府与北洋军阀时代出发点不同的地方。从这一点来看，不能否认胡适的批判多少带有片面的、清高的、超越世俗的一面。但是，胡适在对社会现状进行批判的时候，绝对没有放弃政治与文化相连的环节。一个社会的文化状态决定权力的形态。反过来，权力又会产生与之相应的文化。胡适之所以果敢地发起政治言论斗争就是基于他这种基本的认识，这一点毋庸置疑。确确实实，胡适的批判尖锐地揭露出了当时国民党政权的性质、国民党政权政治上以及思想潮流上存在的本质问题。胡适所说的标语口号政

---

① 《名教》，载《全集》第 3 卷，第 71—72 页。

治、对权力的盲从（权力与政治文化之间的纠葛以及由此而产生的政治、社会蓝图）不仅仅存在于这一时期，在那之后很长一段时间里，甚至超越了政治体制，一直都存在于这个国家。这一点也无可否认。

胡适居住在上海的这一段时期，他一如既往地将自己的主张付诸行动。在国民党叫嚣"党化教育"的时候，中国公学既不升国民党党旗，也不举行国民党纪念周活动。在校内，他允许各派自由发表言论。有一段时期，学校里面甚至贴出了批判校长胡适的大字报，学校方面主张撤去这个大字报，但是被胡适本人阻止了。[①] 确确实实，胡适这一时期的所作所为充分体现了他作为一个自由主义者的个性。

4. 胡适与"帝国主义"

在胡适居住于上海的这一段时期，关于他还有一个绕不开的话题。那就是胡适在这一时期并不承认"帝国主义"是中国直接的敌人。从某种意义上来说，这也是胡适从他自己的立场出发设定的一个简单的问题。但是，也正是这一问题的设定暴露出他对中国社会现状的了解与认识还不够深刻，或者说他的认识与现实之间存在脱节。

---

① 罗尔钢《胡适琐记》，载《师门五年记·胡适琐记》，生活·读书·新知三联书店，1995年，第89页。白吉庵《胡适传》，人民出版社，1993年，第275—277页。

　　胡适在《新月》杂志第 2 卷第 10 期（1929 年 12 月）发表了一篇题为《我们走那条路》的文章。在这篇文章中，胡适提出"五鬼闹中华"说。他提出中国要铲除、要打倒的"五大仇敌"是"贫穷、疾病、愚昧、贪污、扰乱"。而帝国主义不在列，因为帝国主义不能侵害那"五鬼"不入之国。帝国主义之所以"偏爱光顾我们的国家"是因为"我们受了这五大恶魔的毁坏，遂没有抵抗的能力了"，"故即为抵抗帝国主义起见，也应该先铲除这五大敌人"。[①]"这五大恶魔是我们革命的真正对象。而他们都不是用暴力的革命所能打倒的。打倒这五大敌人的真革命只有一条路，就是……一步一步的作自觉的改革，在自觉的指导之下一点一滴的收不断的改革之全功。"[②]

　　胡适的这一观点意味着他走的并不是马克思主义－共产党的"反帝"革命路线。同时，胡适在这篇文章中还对国民党政权的现状进行了激烈的批判，他说，"又如一个号称革命的政府，成立了两三年，不肯建立监察制度，不肯施行考试制度，不肯实行预算审计制度"[③]，一味地忙于内战（中原大战），"结果只是兵化为匪，匪化为兵，兵又化为匪，造成一个兵匪世界而已"[④]。从字里行间充满的愤怒，能够看出他站在他的立场上对社会现状进行

---

① 《我们走那条路》，《全集》第 4 卷，"文存四集"卷四，第 458 页。
② 同上，第 468 页。
③ 同上，第 469 页。
④ 同上，第 465 页。

批判确实有他自己的逻辑。但是，正如他的这一主张后来马上遭
到大家的质疑一样，具体来说，究竟应该如何与真正的敌人——
"五大仇敌"战斗呢？这"五大仇敌"又是怎样产生的呢？他没
有给出答案。

众所周知，针对胡适的这一立论，马上提出反驳言论的有他
昔日北京大学的同事，同时也是联名签署《我们的政治主张》之
一的梁漱溟。梁漱溟在杂志《村治》（月刊，1930 年第 2 期）上
发表了文章。[①] 同样也曾经在《我们的政治主张》上联合签名的
李大钊也提出反对意见并倡导国民走共产党的道路，为此还被处
以死刑。这在前面我们也提到过。相对于李大钊的反驳，梁漱溟
的反论显得更为切实，有理有据，他说："在三数年来的革命潮
流中，大家所认为第一大仇敌是国际的资本帝国主义，其次是国
内的封建军阀。"[②] "疾病，愚昧，皆与贫穷为缘，贪污则与扰乱
有关；贫穷则直接出于帝国主义的经济侵略；扰乱则间接由帝
国主义之操纵军阀而来。""帝国主义者和军阀，何以不是我们
的敌人？"[③]

针对梁漱溟的反驳，胡适一方面回复"将来一定要详细奉

[①] 梁漱溟在《村治》第 2 期发表《敬以请教胡适之先生》一文，说胡博士的立
论是八个字："轻率大胆，真堪惊诧！"——译者注
[②] 《我们走那条路·附录 1 敬以请教胡适之先生》，载《全集》第 4 卷，"文存
四集"卷四，第 474 页。
[③] 同上，第 474、476 页。

答"，另一方面他发表了一封题为《答梁漱溟先生》的公开信，但是终究论据不够充分。例如，他在公开信中近乎诡辩地说："如说，'贫穷则直接由于帝国主义的经济侵略'，则难道八十年前的中国果真不贫穷吗？如说，'扰乱则间接由于帝国主义之操纵军阀'，试问张献忠、洪秀全（太平天国的领袖）又是受了何国的操纵？今日冯、阎、蒋之战又是受了何国的操纵？"[①] 他的这种说法应该很难适用于 1920 年代的中国。

在南京国民政府成立的历史过程中，胡适为了建设他心目中的共和·民国政治，全身心地投入了言论、文化活动领域的斗争。而且，以他为代表的"自由民主派"们，从"再造文明"这一点出发，诚心诚意地将自己置于文化与政治的接点，或者说政治与文化的接触面，想为中国提出一条"应该走的路"。这些都毋庸置疑。只是，他们提出的"一点一滴、一步一步的自觉的改革"之路，虽然是从文化领域靠近政治的一个重要方法，但无论是在文化领域，还是在与经济、社会整体息息相关的大课题方面，抑或在中国社会现状的分析方面，都没能提供任何策略、线索。从胡适的文章来看，虽然他切实地认识到了中国政治现状所存在的问题，但是在考虑、分析、研究中国历史现实方面，还是

---

① 《我们走那条路·附录 2 答梁漱溟先生》，载《全集》第 4 卷，"文存四集"卷四，第 483 页。

有些空洞。他终究没能提出一条切中中国社会现实，紧贴中国社会现实，符合中国社会状况的追求"自由"与"民主"之路。

1930 年 12 月，胡适离开了伤心之地上海（被完全剥夺了活动场所），回到了北京。北京大学再次对他敞开了大门，欢迎他的回归。很快（1931 年 2 月），胡适就任北京大学文学院院长，开启了他 6 年左右的北京时代。

在此期间，胡适致力于重振北京大学的教育与研究（史称"北大中兴"①），加快大学的发展②。可以毫不夸张地说，至少在大学的运营方面，他的到来给北京大学带来了"六年的安定"期。

当然，这 6 年正是中国从"九一八事变"（1931）到"卢沟桥事变"（1937）的 6 年。就在胡适重新回到北京大学，做好一切准备迎接新学年，开始讲学的第二天（1931 年 9 月 18 日），"九一八事变"爆发了。

时间进入《独立评论》的时代。

---

① 胡适接受北大校长蒋梦麟邀请，受聘为北大文学院院长。蒋、胡二人围炉商议，拟就重振北大、加快发展的计划。他们再次打出老校长蔡元培"教授治学，学生求学，职员治事，校长治校"的方略。胡适选聘了丁文江、徐志摩、钱穆、李四光、陶希圣、孟森等著名学者、教授到北大执教。一时间，北大人才云蒸霞蔚，社会各界谓之为"北大中兴"。——译者注

② 白吉庵《胡适传》，人民出版社，1993 年，第 8 章"二 重整北大"，第 301—308 页。欧阳哲生《胡适与北京大学》，载欧阳哲生编《解析胡适》，社会科学文献出版社，2000 年。

四 《独立评论》的世界——"自由民主派"与民族主义

1. 《独立评论》的世界

《独立评论》（周刊）创刊于"九一八事变"爆发半年之后的 1932 年 5 月。从杂志创刊一直到"卢沟桥事变"发生之后发行的最后一期，《独立评论》一共发行了 5 年多。其终刊还刊发了《唯有抵抗》（张佛泉）、《须有大规模的准备》（编辑后记）等文章。的的确确，《独立评论》堪称 1930 年代中国自由主义者集结的据点。要讨论近代中国的"自由民主派"，就必须研究这一杂志。我想我这么说应该没人有异议吧。只是，基于这一事实，当我们将中国的"自由民主派"的相位以及命运放到历史的整体状况当中去分析的时候，我们有必要对分析方法进行若干整理。

通过前面的分析我们可以得知，虽然胡适极具个性，与众不同，但是他确确实实是那个时代最富有"自由主义"精神并将其付诸实际行动的人。到目前为止，我们基本上都是在分析与研究胡适个人的思想与行动，通过他的思想与行动来了解"自由民主派"，可以说这也是有充分理由的。只是，"九一八事变"之后，中国国难当头，民族危机当前，整个国家状况发生了急剧变化，各种问题空前扩大化。过去，"自由民主派"追求的是民国的"新的政治"，对北京政府以及国民政府展开的斗争主要是争"言论出版的自由"。或者说他们是在为"民主政治"而战。如今，他们虽然还是以这一斗争路线为基轴，但是，更为重要的是，民族命运当前，作为民国的一分子，他们不得不全面应对国内政治、对日外交、国家建设等一系列重要课题。而且，这些问题盘根错节、相互关联。他们必须对这些问题进行探讨，提出解决方案。为此，《独立评论》杂志应运而生，成为"自由民主派"知识分子集结的场所。在我们对其进行分析研究之际，有几点必须事先加以说明。第一，要分析研究这些"自由民主派"知识分子的活动，我们必须以《独立评论》杂志社的几个领导人物为中心进行考察。虽然《独立评论》杂志得到了很多文人学者的支持，但是他们的言论主要还是以胡适等几个出类拔萃的人物为中心而展开的。例如丁文江、蒋廷黻（毕业于哥伦比亚大学，先后任教于南开大学和清华大学，政治、外交史家）等。第二，正如前面已经提到的那样，他们现在不得不面对的课题，比过去任何时候都要多，而且更加重大，意义更加深远。我们有必要对一共250期的《独立评论》进行分类梳理，按照对象－主题分类，然后再根据它们之间的联系归类合并。第三，从"九一八事变"到"卢沟桥事变"，无论国内还是国外，这一时期都发生了好几件极其微妙的政治事件，有好几个重要的时间节点。例如1933年5月，中日缔结《塘沽停战协定》；1934年12月，蒋介石·国民党政府第五次"围剿"成功，江西苏维埃政府解体；1935年6月，日本为了侵占华北，逼迫中国签订了《何梅协定》；1936年12月，"西安事变"爆发……短短5年间，中国发生了这么急剧的社会变化，这一系列社会变化均投影在《独立评论》杂志当中，留下了不可磨灭的印记。最后，正如后面我们将要讲到的那样，《独立评论》同人中有好几人在 1935 年之后陆续从政，进入南京国民政府任职。这些文化人（知识分子）之所以从政——加入国民党政权，无非就是为了应对民族危机。在那种情况下，中国的民族主义究竟是什么样的状态呢？为了尽可能地从整体上去把握"自由民主派"团体的相位以及他们的状况，我想我们有必要将以上几点牢记于心，再去分析、探讨他们的思想与行为。

首先，让我们从《独立评论》杂志的创刊以及它所创造出的思想世界出发进行简单的探讨吧。

（一）《独立评论》杂志由胡适、蒋廷黻、丁文江、傅斯年（北京大学）、翁文灏（毕业于比利时鲁汶大学；实业部地质调查所所长；清华大学）、任鸿隽（毕业于哥伦比亚大学；中央大学、四川大学）、陈衡哲（毕业于芝加哥大学；北京大学、四川大学）等 11 位独立评论社社员自行集资创办。他们先是每个社员捐出每月固定收入的一部分，积存几个月的捐款，捐款达到一定数额之后，就开始出版。[①] 杂志完全由他们自己独立经营。为了使《独立评论》杂志成为全国一切用"公心"讨论社会政治

———————

① 胡适《丁文江的传记》，载《全集》第 19 卷，第 510—513 页。蒋廷黻《蒋廷黻回忆录》，岳麓书社，2003 年，第 144—145 页。

问题的人的"公共刊物"①，他们向社会广征稿件，所有投稿一律不支付稿费，逐渐使杂志走上正轨。那个时候（1930年代），报纸（《申报》《新闻报》）的最大发行数量一般在15万份左右，而《独立评论》的发行量达到了约13000本，4年之中社外投稿达到了约55%。②从这个意义上来看，《独立评论》是真正地得到了广大读者的喜爱与支持的，也正因为如此，《独立评论》才真正做到了让大家各抒己见，进行公开的讨论。据蒋廷黻回忆，胡适编《独立评论》的时候，坚持不得有不署名的社论。③这正是《独立评论》的原则——追求"公开""公正"的讨论。这里我顺便插一句，在评价"中国的杂志界"的时候，当时有一篇文章将《独立评论》比作美国的《新政治家》（*The New Statesman*）和《国家》（*The Nation*）。④在这里，我们姑且不论这个评价如何，但是有一点可以确定：《独立评论》突破了同人刊物的狭窄范围，收到大量的社外投稿，在5年多的时间里，在中国这片土壤上，

① 《独立评论》，岳麓书社版，1999年（以下同），第1期，1932年5月22日，"引言"，第2页。

② 胡适《独立评论的一周年》，载《独立评论》第51期，1933年5月21日，第2页。胡适《独立评论的四周年》，载《独立评论》第201期，1936年5月17日，第3—5页。

③ 蒋廷黻《我看胡适之先生》，载欧阳哲生选编《追忆胡适》，社会科学文献出版社，2000年，第127页。

④ 毕树棠《中国的杂志界》，载《独立评论》第64期，1933年8月20日，第12页。这篇文章也登载在《独立评论》杂志上，但是其内容是对文化机关杂志、学术杂志进行比较分析，比较客观。

站在自己独自的立场，应对中国现状。

（二）《独立评论》的1300多篇文章当中包含了众多主题，而且，随着时局的变动，关注的热点话题也在不断变换。但是，从"九一八事变"到"卢沟桥事变"，《独立评论》不折不扣地留下了这一时代的烙印。当深入一点考察《独立评论》的内容的时候，我们就能非常清晰地看到三个主题群。第一，对日问题。针对日本的侵略，中国应该如何进行抵抗。第二，围绕对日问题这一主题，国民政府采取的应对措施以及应对方式的问题。关于这一主题，一直还存在一个非常重要的政治课题——宪政问题。第三，如何看待共产党的问题——在这一时期，共产党旗帜鲜明地不断开展武装斗争，在政治上、社会上该如何看待共产党成为一个热点话题。简而言之，即：（1）对日关系；（2）对国民党的关系；（3）对共产党的关系。这三个主题群密切联系，相互影响，决定了《独立评论》的内容框架与格局。也正因为如此，我们不得不将焦点聚集在"独立同人"在这三大关系当中站在怎样的立场，在应对这一系列的问题时，他们是否构建了自己的思想架构的问题上。除此之外，如果说《独立评论》还涉及了其他的若干主题的话，那么，还有两个比较重要的。其一，支持《独立评论》的这些人当中，很多人都来自大学，所以除了以上所述的三大主题之外，教育问题也是他们一直关注的热点话题。其二，关于"中国本位"与"全盘西化"的论争。刚好在这一时期，"传统拥护派"（国民党派）发表了《中国本位的文化建设宣言》（1935），引起中国国内文化人士的强烈反响,中国国内由此展开了关于"中国本位文化建设"问题的论战。围绕"中国本位"与"全盘西化"的论争构成了《独立评论》后期的一部分。(由于"全盘西化论"非常直截了当,所以成了包括胡适在内的"自由民主派"们论争的话题之一,但是,胡适本人在这场论争当中并没有采用"全盘西化"这一词,而是将自己的观点表述为"充分世界化"。在某种意义上这是一个非常重要而且意义深远的话题,但是在这里我们不予讨论。[①])总而言之,《独立评论》对这一时代的政治现实问题进行了热烈而且尖锐的探讨。

(三)对《独立评论》三大主题进行全面分析之前,我不得不提到《独立评论》杂志的另一个重要特征:一言以蔽之,这一时期,《独立评论》的同人们在关注中国政治各大主题的同时终于开始直面中国社会现实,开始认真努力地去认识中国本国的国情。这也就意味着他们这些"自由民主派"不再仅仅着眼于思想、文化以及所谓的"主义""主张"的层面,他们开始对中国的实际情况进行客观分析。一般认为,中国的近代学院风气始于南京国民政府时期,而这些"自由民主派"的知识分子,多多少少都与大学、研究所有关联,在这一时期,他们在《独立评论》

[①] 胡适《答陈序经先生》,载《独立评论》第160期,1935年7月21日,第16页。"全盘西化"与"充分世界化"分别对应英语"Wholesale Westernization"和"Wholehearted Modernization",关于这两者的来龙去脉,可以参考山口荣《胡适思想研究》,言丛社,2000年,第64—84页。

杂志上发表了很多对中国社会进行具体考察的文章。例如初期的
《独立评论》发表了翁文灏的《中国人口分布与土地利用》（第3
期、第4期）、何廉的《中国农业生产要素之概况》（第6期）、
翁文灏的《中国地下富源的估计》（第17期）、董时进的《最近
〈独立评论〉上引起的两个问题》（第43期）等文章。早在中国
1920年代末，那些站在马克思主义立场的人就已经开始围绕中
国社会构造的问题进行了所谓的"中国社会史论战"，可以说，
这些实证研究正是他们努力的结果。

与此同时，《独立评论》还发表了丁文江、蒋廷黻等人独
特的、可以称得上直接调查的旅行游记。他们的游记几乎贯穿
《独立评论》的整个时期，给人留下了深刻印象。丁文江于1911
年结束在英国的留学生活之后，从越南登陆，途经胡志明市、
河内，由陆路进入中国云南境内。他先到昆明、贵阳，然后进
入湖南，几乎踏遍了当时还没有开放的西南边境地带，他将这
一辛苦的旅程记录了下来。以此为开端，后来他又以地质学者
的身份调查了中国各省的地理、资源、风俗、社会状况、少数
民族问题等，并写成《漫游散记》发表在《独立评论》杂志上，
从第5期到第81期，一共21回。作为一个自然科学家，丁文
江的足迹几乎遍布中国22个省。他用毫不浮夸的笔调将他全
身心地与中国的国土、各地的人接触的过程记录在文章中。应
该说，他的文章引起了《独立评论》读者的共鸣。下面要提到
的也许超出了以上"国情"研究的范围。丁文江还在《独立评

论》上发表了《苏俄旅行记》，一共 19 回，发表在第 101 期到第 175 期。《苏俄旅行记》记录了他 1933 年访问欧美，然后考察苏联的煤矿、油田的经历。毫无疑问，《苏俄旅行记》以中国"国情"为前提，给《独立评论》的同人以及读者提供了各种各样比较的视野。写到这里，还有一个人不得不提，那就是蒋廷黻。他的《欧游随笔》连载在《独立评论》杂志的第 123 期到第 139 期。他与丁文江于同一时期访问苏联，但是蒋廷黻以政治、外交史家的眼光，在《欧游随笔》中对苏联的现状、中苏关系、中国的共产国际问题等做了很独到的分析，提出了非常珍贵的报告。在某种意义上，可以说这是从外部观察中国的"国情"分析。总而言之，以南京国民政府的成立以及接踵而来的"九一八事变"这一民族危机的冲击为契机，《独立评论》的同人，中国的"自由民主派"们开始直面"中国"的社会现实，他们试图根据自己的实际情况，装上他们自己的"探测仪"去"探测"中国的现实问题。所有的尝试都显示了 1930 年代"自由民主派"的历史相位。

下面我们将对三个主题群进行分析，首选的自然是共产党·武装斗争的问题。

2. "自由·民主"与抗战建国之间的相克

（一）《独立评论》与共产党·武装斗争

《独立评论》第 6 期发表了丁文江的文章《所谓"剿匪"问

题》（1932 年 6 月 26 日）。正如"附记"中所记载的那样，胡适参与了这篇文章的写作，准确地说，这篇文章完全是丁胡二人的合著。关于共产党问题，5 年以来，中国国内争论颇多，反映了当时的政治状况。我们可以通过《独立评论》初期的一些文章大体上去加以把握。这些文章非常有骨气地描述了他们对这一问题的基本态度，下面我们以这些文章为线索着手进行分析。

《独立评论》第 6 期发行于 1932 年 6 月，那个时候，蒋介石正在庐山召开"五省剿共会议"。紧接着第二年 7 月，蒋介石对红军发动了第四次"围剿"。在这样一种政治状况下，丁文江写下了《所谓"剿匪"问题》，公开发表了他的主张。虽然有点长，但我还是想引用一部分他的文字。他在文章中写道："大家都知道国民政府所谓匪，就是武装的共产党。自从国民党反共以来，对于反共的名词，经过了几次的变迁。最初的时候是'清共'，以后是'讨共'，到了最近是'剿匪'。但是共产党并没有因为国民党对于他们改变了称呼，就丧失了他们政党的资格。""我们对于国民政府，要请他们正式承认共产党不是匪，是政敌……认清了这一点，才能够明白政敌不是单靠军队可以消灭的。""共产党是有组织，有主义，有军队枪械的政敌。国民政府为自卫计，想用兵力铲除这样迫胁它自身存在的政敌，这种心理是一个政府不能没有的。"但是，文章写到这里突然笔锋一转，展开了激烈的议论："然而政府何不自己反省：究竟这种政敌是谁造成的？是什么东西造成的? 无疑的, 共产党是贪污苛暴的政府造成的, 是日日年年苛捐重税而不行一丝一毫善政的政府造成的, 是内乱造成的, 是政府军队'贼寇兵, 资盗粮'造成的。"文章还对国民党的"剿匪要义"进行改写, 提出包括以下三个方面的五个项目: 第一, "用现在政府调来剿匪的有纪律有训练的军队来解决皖鄂赣三省的不良军队, 彻底裁遣"; 第二, "停止一切武力剿匪的计画和行动, 用全力整顿江浙皖鄂赣五省的政治"; 第三, "取消这五省内的一切苛捐杂税"。[①]

读完文章就一目了然了, 比起武装共产党的存在问题, 丁胡二人更加在意国民党的苛捐杂税等问题, 他们在这篇文章中对国民党政权进行了激烈批判。这篇文章有一个极其显著的特征, 即对于国共双方, 他们非常明确地将其定位为政治世界中的政党, 并从这一出发点进行立论。汪精卫在庐山会议上称共产党在他们占领的地方并没有实行他们的共产主义的政策, 完全是依靠"威迫"而进行统治。针对汪精卫的这一言论, 他们在文章中是这样设问的: "难道国民党在当国的几年之中曾经实行过三民主义建国方略等等政策吗?"总而言之, 他们从正面抨击蒋介石的"围剿战", 对其提出反对。而且, 通观《独立评论》的所有文章之

---

① 丁文江《所谓"剿匪"问题》, 载《独立评论》第 6 期, 1932 年 5 月 26 日, 第 2—4 页。此处的"第三", 为原文的"第四"。原文中除了这三条之外, 还有另外两条: 第三, 裁撤戴季陶先生的考试衙门, 在这五省彻底实行考试任官的制度; 第五, 彻底整顿这五省的司法行政和财务行政。

后可以看出：虽然撰稿作者不同，文章风格各异，政治气氛浓淡有别，但是他们的政治态度基本相同。我想这么说一点也不为过。下面我们再进一步进行深入挖掘与探讨。

在《独立评论》的同人们看来，共产党以及马克思列宁主义依然还是最主要的对手之一。例如，丁文江一方面"同情于共产主义的一部分"①，并且表示：在中国这种现状下，假如我今年是二十岁，我也要做共产党②。对于马克思的价值论、唯物史观等，丁文江表示不寻常的赞同与理解。但是另一方面，他对无产阶级革命论、"共产党训政"即独裁论、共产党与共产国际之间的关系等又抱有根本的疑虑，他强烈劝告共产党放弃他们的革命路线。③丁文江的立场与1930年代中国复杂的政治、社会现实相呼应，显示出他与众不同、不一般的微妙之处。丁文江认为：中国国内纷争不止，"九一八事变"之后又民族危机当头，在这种内忧外患的情况下，政治上除了支持国民党之外别无选择。但是，这种支持也是有条件的。首先，他要求国民政府绝对地尊重人民的"言论思想自由"，这一要求"是绝对的，是普遍的"，同时也是和平改革政治最重要的条件。因此，只要共产党"不扰

---

① 丁文江《我的信仰》，载《独立评论》第100期，1934年5月13日，第11页。

② 丁文江《中国政治的出路》，载《独立评论》第11期，1932年7月31日，第5页。

③ 丁文江《评论共产主义并忠告中国共产党员》，载《独立评论》第51期，1933年5月21日，第5—15页。

乱地方秩序，不违犯其他刑法规定"，就应该享有同等的自由。[1]
如此一来，就能够避免共产党走上武力革命这一狭路。只有给予
"异党"之人宣传他们信仰的机会，才能通过和平的手段与长期
的奋斗实现中国政治的改革。[2]尽管如此，中国共产党的武装割
据依然存在，这也是事实。不仅如此，在"九一八事变"之际，
还出现了鄂豫皖根据地的共产党军队威胁长江流域的大城市——
武汉的事件。这一事件与后来蒋介石提出"攘外必先安内"的路
线不无关系，构成了当时最核心的政治问题。

在这种情况下，丁文江提出国共两党应该以抗日期内彼此互
不攻击为唯一条件即刻休战。虽然当时也设想过如果共产党不
答应，就将其消灭、对其进行封锁[3]，但是丁文江认为，"为抗日
计，与其与苏俄订不侵犯条约，不如与中国共产党休战，这是很
容易了解的"。[4]毋庸赘言，"自由民主派"是反对革命路线的。
特别是在日本对华侵略日益深入的情况下，共产党的武装斗争很

---

① 丁文江《中国政治的出路》，载《独立评论》第11期，1932年7月31日，
　　第4页。

② 丁文江《中国政治的出路》，载《独立评论》第11期，1932年7月31日，
　　第4页。

③ 丁文江在文中是这样写的："如果共产党不能同意，无休战的可能，应该责
　　成广东福建湖南江西四省从速合围，纵不能立刻彻底的消灭它，至少要封锁
　　它在一定区域之内，使它在抗日期内不能做破坏的工作。"——译者注

④ 丁文江《假如我是蒋介石》，载《独立评论》第35期，1933年1月15日，
　　第5页。

难得到他们的认可。但是，这也绝不意味着他们全盘接受并承认国民党政权。对于"围剿战"，他们也持相同的态度。例如，蒋廷黻就强烈要求国民党通过"围剿战"将江西苏维埃区逐渐收回到国民政府之后，必须将苏维埃区已经实施的土地革命继续进行下去，承认并维持已经分给农民的土地。他称绝对不能再回到过去那种土地制度——地主制。不仅如此，在蒋廷黻看来，"耕者有其地"（耕者有其田）正是孙中山提出来的国民党的党纲，苏维埃区所做的实际上"不过替国民党实行了国民党的党纲，而国民党不过落后了"[①]。"政府曾未大胆的宣告农民苏维埃的土地分配是政府所要承认的，维持的……这是釜底抽薪之法，政府未曾实行的。"[②]蒋廷黻之所以能提出这样的观点，是因为他有很深的政治史研究背景，特别是苏俄研究。蒋廷黻在他写的一系列论文中反复强调：在俄国革命中，苏维埃政权就是因为解决了土地问题从而得到广大农民的支持的。第一次世界大战以后，东欧各国也都开展了土地革命。他提出中国也应该采取对策解决土地问题。

其实，在这些"自由民主派"中，以非常独特的视角来讨论这一问题的还是胡适。从某种意义上来说，胡适的主张也充满了

[①] 蒋廷黻《对共产党必需的政治策略》，载《独立评论》第11期，1932年7月31日，第7—8页。
[②] 蒋廷黻《未失的疆土是我们的出路》，载《独立评论》第47期，1933年4月22日，第6—7页。

矛盾。他提出实施农村救济应该实行"无为的政治","农村的救
济有两条大路,一条是积极的救济,一条是消极的救济;前者是
兴利,后者是除弊除害"。积极的救济意味着合作运动与农业改
良,第一要有钱,第二要有人才,所以此种积极救济的可能范围
是很有限的。反过来看,全国农村为什么大都陷入了破产状态
呢?还是由于国内政治的不良、剥削太苛、搜刮太苦、负担太
重。因此,第一急务是努力推行消极的救济,在全境范围内"裁
减官吏与机关,停止一切所谓'建设事业',努力裁兵"。胡适
甚至还追溯到汉代初期实施的休养生息政策,主张"无为的政
治""无为的政治哲学"。① 胡适这一挖苦、讽刺的提议引发了很
大的争议,特别是停止"建设事业"这一条,与建设现代国家的
大方向背道而驰,招致不少批评。不过,胡适在《再论无为的政
治》一文中对"停止建设"进行了解释。他说:应该停止的建设
显然是指那些为了围剿战而修建的城墙、要塞等。胡适还提到
"现在中央的收入,用在军费上的已超过百分之八十五了"。这意
味着他对强行进行"剿匪"的国民党政权提出了强烈反对。② 他
还在一篇题为《建设与无为》的文章中提道:"我反对盲目的有
为……反对害民的建设";现在,"一切盲目的建设乃是政治领袖

---

① 胡适《从农村救济谈到无为的政治》,载《独立评论》第 49 期,1933 年
5 月 7 日,第 2—3 页。

② 胡适《再论无为的政治》,载《独立评论》第 89 期,1934 年 2 月 25 日,第
2—5 页。

所提倡，学者与政客所附和的"。①建设不是"政客商人的饭碗"，而是在严密计划的基础上由专业人才进行一丝不苟的研究之后实施的富国利民的科学化、合理化的事业。②从这些文章中我们可以看出，在围绕"剿共"等问题进行讨论的同时，他们非常担心国民党会很快沾染过去"升官发财"的官场恶习，从而堕落成为一个"反动的集团"。

确实，在"自由民主派"看来，"先剿匪，后抗日"（蒋廷黻）是理所应当的"步骤"。③但是，他们对蒋介石的"剿匪"政策的批判也是极其强烈的。看得出来，他们对以军事力量为支柱的"攘外必先安内"政策是强烈抵抗的。那么，在"九一八事变"以后，外敌当前，他们又想到了什么样的对策呢？丁文江提出的"和平割据"的提议（第25期，1932年11月6日）勉强也算得上是他们描绘出来的一幅蓝图吧。丁文江提出，"在几年之内，外患没有告一结束之前，国内政权军权的分配一切暂以维持现状为原则"，中央政府应该暂时放弃统一的政策，不可以武力来强迫这种区域减少它独立的程度。这不仅是针对国民党旗下的势力，对共产党亦要求如此。只要共产党放弃它攻城略

① 胡适《建设与无为》，载《独立评论》第94期，1934年4月1日，第2—4页。
② 胡适《今日可做的建设事业》，载《独立评论》第95期，1934年4月8日，第2页。
③ 蒋廷黻《未失的疆土是我们的出路》，载《独立评论》第47期，1933年4月22日，第5页。

地的政策，"我们不妨让它占据一部分的土地，做它共产主义的实验"。[1] 姑且不论这一时期实现这种路线的可能性究竟有多大，至少我们不难看出他们想尽可能地追求和平统一、追求为抗日达成一致的基本姿态。

顺便说一句，虽然国民党的"剿匪"进行得如火如荼，但是当时的中国人一般对江西苏区的实际情况以及共产党在那里实行的政策所知甚少。在这一点上，《独立评论》杂志充分利用他们的特长与优势，为普通民众打开了一扇从外部对其进行观察的窗户。前面已经提到，蒋廷黻在《欧游随笔（七）·在苏联最后的感想》一文中，将他在莫斯科获得的信息分享给了中国民众。他通过在莫斯科看到的出版物以及资料，第一次知道了共产党要将中国的乡村经济以及社会最终改造成什么样子，这些信息在当时的中国国内是无论如何也获取不到的。文章主要介绍了斯大林派和托洛茨基派关于中国革命的不同意见与斗争，中国的农民以及资产阶级的定位，"贺龙、毛泽东"率领的红军以及苏区开展土地革命的状况等。[2] 蒋廷黻还提出：以日本侵略中国为契机，中苏两国已经恢复了邦交（1932 年 12 月），建议今后共产国际的主要人物去中国的湖北、江西进行视察，去看一看马克思主义在

---

[1] 丁文江《废止内战的运动》，载《独立评论》第 25 期，1932 年 11 月 6 日，第 4 页。

[2] 蒋廷黻《欧游随笔（七）·在苏联最后的感想》，载《独立评论》第 133 期，1934 年 12 月 30 日，第 15—18 页。

中国取得的成绩。共产国际有必要更多地认识中国社会，因为中国有一些马克思、列宁没有考虑到的东西。[①]从种种意义上来看，这既有打开窗户从里往外看的视野，也包含通过外部世界往里看整个中国的观察视点。这也许正是他们这些"自由民主派"通过一系列的操作特意创造出来的所谓《独立评论》世界的特征之一。他们希望从这一视角出发，去应对"九一八事变"以后的中国共产党和国民党。

只是，如此一来，"自由民主派"是否想到这究竟会给当时的中国社会带来什么样的影响呢？进一步明确地说，对于国共两党争议最大的实质性焦点问题——农村问题，"自由民主派"究竟持何种态度呢？他们能否提出对策呢？这个关键性问题我们后面再详细讨论，下面我们将进入第二个主题（与国民党·南京国民政府的关系）的探讨。

（二）通往"宪政"之路、"民主与独裁"的论战

要求国民党实施宪政是"人权论争"以来"自由民主派"一贯的立场与主张。不，这一立场应该可以追溯到《努力周报》时代。当然，作为"自由民主派"对国民党的要求，这一课题贯穿了《独立评论》的始终。胡适在《独立评论》的创刊号上首先就论述了"宪政问题"，提出宪政"是引中国政治上轨道的一个较

---

① 蒋廷黻《中俄复交》，载《独立评论》第 32 期，1932 年 12 月 25 日，第 8 页。

好的方法。宪政论无甚玄秘，只是政治必须依据法律，和政府对于人民应负责任，两个原则而已"。① 另一方面，正如前面我们已经讨论过的那样，孙中山在三民主义理论当中，设定了"训政"到"宪政"的过程，"训政"实施一段时间之后进入"宪政"。因为国民党将这一时期具体规定为 6 年，而 1935 年为其最后期限，所以，在 1930 年代前半期，"宪政问题"就成了中国最重要的政治课题之一。尤其是《独立评论》，它成为众多知识分子开展热烈讨论的平台。这一点无须赘述。一马当先在《独立评论》第 1 期发表"宪政问题"的胡适从第 1 期到临近终刊的第 242 期一直都在讨论这个问题，在第 242 期他发表了《我们能行的宪政与宪法》，反复呼吁实行以"守法（法治）""参与政治"为两大支柱的"民主宪政"②，其核心思想实质上就是批评军政，要求通过政治来制约权力。

《独立评论》中关于"宪政问题"的讨论我们先概括到这里。接下来不得不提到的是"九一八事变"以后中国最严峻的政治形势下这一课题的开展状况。毋庸赘言，正是"九一八事变"之后的民族危机成就了《独立评论》杂志的创设。那个时候，丁文江极为愤慨地说：我们是"治世之能臣、乱世之饭桶！"。③ 正因为

----

① 胡适《宪政问题》，载《独立评论》第 1 期，1932 年 5 月 22 日，第 7 页。

② 胡适《我们能行的宪政与宪法》，载《独立评论》第 242 期，1937 年 7 月 11 日，第 12—13 页。

③ 胡适《丁文江的传记》，载《全集》第 19 卷，第 509 页。

如此，《独立评论》成为"自由民主派"倾尽全力打造的武器。从这一点来看，从"训政"到"宪政"这一大命题尽管被设定为一条"单行道"，但是，在实行"政制"改革的同时，或者说在"政制"改革的背后其实还隐藏着民族危机中如何构筑中国政治这一迫在眉睫的政治问题。围绕这一课题，《独立评论》展开了一场有名的"民主与独裁"的论战。

从时间上来看，"民主与独裁"的论战发生在《塘沽停战协定》（1933 年 5 月）签订之后，其时，中日关系多少有所缓解。展望未来，中国人深切地感觉到建设——建国的紧迫性。在这一历史背景下，中国国内开始了这场"民主与独裁"的论战。当时，中国还在就"现代化问题"进行广泛讨论，而胡适于 1933 年 11 月 19 日发表了《建国问题引论》（第 77 期）一文，引发了大家新一轮的讨论。将这一讨论直接推向政制层面的"民主与独裁"之争的是蒋廷黻写的《革命与专制》（第 80 期）一文。以此为契机，中国对这一重大的政治课题展开了一场极其深入的探讨。虽然论者们各抒己见提出了各种各样的主张，论点诸多，观点各异，但是正如后人给这一场论战定名为"民主与独裁"之争一样，其内容、脉络非常清晰。一言以蔽之，争论的焦点就是民族存亡关头究竟应该走"民主"的道路还是选择"专制－独裁"的道路。蒋廷黻、丁文江等人主张"独裁"，而胡适坚持"民主"。在此之前，《独立评论》同人们原则上保持各自的独立，坚持自己的意见，开诚布公地陈述自己的不同见解，但是到了这一时期，《独立评论》的主要干将们逐渐分裂为两个阵营。最后，主张彻底的"民主"的人几乎仅剩胡适一人。在这一分歧的背后，其深层原因毫无疑问来自当时的民族危机。一直以来，"自由民主派"都在追求"宪政"与"自由"，如今出现的分歧应该说正是他们在民族危机这一重压面前的某种思想上的苦闷的体现。下面我们大致地概括一下其论点。

蒋廷黻回顾了辛亥革命以后近 20 年的历史，提出："我们现在的问题是国家存在与不存在的问题，不是个那种国家的问题。"[①] 作为一个政治史家，他旁征博引，以欧洲的都铎王朝、波旁王朝以及俄国的罗曼诺夫王朝为例，提出问题之所在。从另一个视角来看，这些王朝都是先专制后建国，都是以建立绝对的中央集权国家为前提然后进行欧洲近代革命，并且通过这一近代革命产生的现代国家。根据蒋廷黻的观点，中国在辛亥革命之后一直没有出现拥有足够实权的中央政府，地方军阀林立，正因为如此，唯一的过渡方法是个人专制，中国现在迫切需要的是拿"一个大专制"来取消现在的"数十人的专制"，打倒几个二等军阀，实现统一。"我们以为个人的专制来统一中国的可能比任何其他方式可能性较高。"因为"中国人的私忠既过于公忠，以个人为中心比较容易产生大武力"，所以能够打倒二等军阀。[②] 蒋廷黻

---

① 蒋廷黻《革命与专制》，载《独立评论》第 80 期，1933 年 12 月 10 日，第 5 页。

② 蒋廷黻《论专制并答胡适之先生》，载《独立评论》第 83 期，1933 年 12 月 31 日，第 5—6 页。

主张的是极其彻底的、大胆的个人大专制，或者说是独裁。[1] 这一时期（1930 年代）正是法西斯政治、法西斯思想潮流急速席卷欧洲甚至全世界的时候，包括苏联的政治形态在内，个人独裁、党独裁披上新的外衣登上历史舞台，这一切开始引起人们的关注。不难想象，在这种时代背景下，蒋廷黻的"革命与专制"论给当时的中国人带来了多么强烈的冲击！同时，这也让人联想起当时国民党中盛行的领袖论，具体一点来说就是当时的实权人物——蒋介石论。毫无疑问，这带有很强的政治色彩。

对于蒋廷黻的这一专制论，胡适马上进行了反驳。他提出：建国确实需要统一政权，但是独裁绝不是统一政权的方法。所谓通过"大专制"来打倒二等军阀，其实就是"武力统一"，这种"武力统一"不过就是"马上得天下"的军事问题[2]，并不能马上给人民带来政治统一、国家统一。他回顾了中国从清末到民国三十多年的历史，对中国人的意识形态、中国的物质状况进行了分析，指出中国要通过构建政治制度来走和平统一之路，用政治制度来逐渐养成全国的向心力，来逐渐造成一种对国家的"公忠"去替代今日的"私忠"。例如他举"国会"制度为一个最重

---

① 关于专制与独裁的概念上的区别，在《独立评论》杂志上有文章做了明确的论述。例如胡道维的《论专制与独裁》，第 90 期。但是，也有很多学者使用的时候比较暧昧模糊，而且这种情况特别多，在这里我也使用了这种暧昧模糊的表述。

② 胡适《武力统一论》，载《独立评论》第 85 期，1934 年 1 月 14 日，第 3 页。

要的例子，他称国会的功用是要建立一个中央与各省交通联贯的中枢。它是统一国家的一个最明确的象征，是全国向心力的起点。旧日的统一全靠中央任命官吏去统治各省。如今此事既然做不到了，统一的方式应是反其道而行之，要各省选出人来统治中央，要各省的人来参加中央的政治，来监督中央，帮助中央统治全国——这才是国会的根本意义。胡适认为，通过这些制度，参与其中，建立一个中央才能实现的真正意义上的政治统一、国家统一。① 他还说："现在最奇怪的现状是把党放在国家上面。这样如何能养成'公忠'？"② 胡适的主张是百分之百的"民主"论。同时，他指出的也是一条超越"以党治国"的国民党"训政"体制的通往"宪政"之路。

虽说如此，但是在大多数人看来，甚至包括胡适本人在内也都清楚地知道，要在1930年代的中国实现民主政治困难重重。例如，丁文江就提出：实现民主政治，一定要有"普通的教育，完备的交通，健全的政党，富裕的经济"，中华民国的人民百分之八十或是七十五以上是不识字的文盲，这种状况下怎么能够实现民主政治？③ 根据丁文江自己独到的见解，他认为在当时的中

① 胡适《政治统一的途径》，载《独立评论》第86期，1934年1月21日，第3、6页。

② 同上，第7页。

③ 丁文江《民主政治与独裁政治》，载《独立评论》第133期，1934年12月30日，第5—6页。

国，英美那样的民主政治、德意那样的独裁政治都是不可能的。但是民主政治不可能的程度比独裁政治更大。另外，从必要性来看，他认为中国的政治完全在革命期中，而且在内战期中，还正遇着空前的外患，在这种状况之下，独裁政治是不可避免的。一言以蔽之，就是要打倒改头换面的"旧式的专制"，试行"新式的独裁"。①

在这一"民主与独裁"的论战中，胡适提出了有名的"民主＝幼稚的政治制度"论。从某种意义上来说，他的"民主＝幼稚的政治制度"论使得这场"民主与独裁"的论战更加混乱，使论战陷入混沌胶着状态，但是另一方面，从课题的把握上来看，说胡适的"民主＝幼稚的政治制度"论使得这场"民主与独裁"的论战更加深入一点也不为过。这也显示了"自由民主派"对中国现实的把握得到了更进一步的深入，显示出了他们思想的厚重。胡适首先指出中国的独裁论实际上一直存在于晚清以来的"开明专制论"潮流中。专制、"训政"这样的大事业需要像拿破仑那样的特别高明的天才与知识，现在，中国哪里能够找到一个能够领导中国四万万个阿斗的杰出人物？他说，他观察近几十年的世界政治，感觉到民主宪政只是一种幼稚的政治制度，最适宜于训练一个缺乏政治经验的民族。他提出："民主政治的好处正

① 丁文江《民主政治与独裁政治》，载《独立评论》第 133 期，1934 年 12 月 30 日，第 6 页。

在于不甚需要出类拔萃的人才","在于'集思广益',使许多阿斗把他们的平凡常识凑起来也可以勉强对付;在于给多数平庸的人有个参加政治的机会,可以训练他们爱护自己的权利"。"总而言之,民主政治是常识的政治,而开明专制是特别英杰的政治。"所以,"只有民主宪政是最幼稚的政治学校,最适宜于收容我们这种幼稚阿斗"。胡适在最初论及这个问题的时候,说道:"我有一个很狂妄的僻见。"但是,他同时又说:"这种僻见,好像是戏言,其实是慎重考虑的结果。"① 很明显,这是胡适经过深思熟虑之后提出来的主张,也深深地打上了他在美国的政治经验的烙印。

对"自由民主派"来说,专制、独裁本来就不是它原有的含义,而且,在拥有辽阔土地、四万万"农民的中国",要马上实现民主政治本来就异常困难。这一点本是谁也否认不了的现实。关于"自由与独裁"的论战说是两派之间的争论,但是其实无条件地主张民主政治的几乎只有胡适一个人。他甚至说:"民主政治是幼稚的,而需要最高等的专门技术的现代独裁乃真是最高等的研究科政治。所以我说,我们这样一个知识太低,经验又太幼稚的民族,在这最近的将来,怕没有试行新式独裁政治的资格。"② 胡适为什么要如此反复地、强硬地坚持己见呢?

---

① 胡适《再论建国与专制》,载《独立评论》第 82 期,1933 年 12 月 24 日,第 2—5 页。
② 胡适《中国无独裁的必要与可能》,载《独立评论》第 130 期,1934 年 12 月 9 日,第 4—5 页。

从理论上以及对中国现状的认知来看，判断这场"民主与独裁"的论战双方谁对谁错几乎毫无意义。现实社会中，虽然蒋介石一步步掌握了实权，从一个军事指挥者晋升为一个掌握实权的政治领导，但是中国政治依然错综复杂。混乱时局当中，"卢沟桥事变"爆发了。正如前面已经提到过的，这场"民主与独裁"的论战实际上是《独立评论》的同人在1930年代的中国现实中不断摸爬滚打、不断探索出路的过程。通过这场论战，他们的思想变得更加厚重，他们的思想与行为更趋成熟。而且，这场论战的真实含义并不在于"民主"论还是"独裁"论的内容如何，更多的在于他们在这场论战当中提出"民主"论抑或"独裁"论的立场与视角。这里举胡适与丁文江各自的言论来说明他们各自的立足点与立场。

对于丁文江提出的"（欧美）多数人对于政治根本没有兴趣。他们识了字是看体育新闻，读侦探小说。政治上的问题除非是与他们直接有利害关系的，他们绝不愿意过问。……所以现在连反对独裁的人对于民主政治都发生了很大的疑问"的观点，胡适撰文反驳，称民主政治的好处正在于它能使那大多数"看体育新闻，读侦探小说"的人"逢时逢节"来画个诺，投张票，做个临时诸葛亮就行了。针对现代独裁，他的论述如下："独裁政治的要点在于长期专政，在于不让那绝大多数阿斗来画诺投票。然而在20世纪里，那是不容易办到的，因为阿斗会鼓噪造反的。所以现代的专制魔王想出一个好法子来，叫一小部分的阿斗来挂一个专政的招牌，他们却在那招牌之下来独裁。俄国的二百万共产党、意大利的四百万法西斯党，即是那长期专政的工具。这样的政治与民主政治大不同之点在于过度利用那班专政阿斗的'权力欲'，在于用种种'骗人的利器'哄得那班平日'看体育新闻，读侦探小说'的阿斗人人自以为是专政的主人：不但'逢时逢节'去做画诺投票的事，并且天天以'干部'自居，天天血脉奋张的拥护独裁、压迫异己、诛夷反动。换句话说：民治国家的阿斗不用天天干政，然而逢时逢节他们干政的时候，可以画'诺'，也可以画'No'。独裁政治之下的阿斗，天天自以为专政，然而他们只能画'诺'而不能画'No'。"然后，他得出如下结论："今日提倡独裁的危险，岂但是'教猱升木'而已，简直是教三岁孩子放火。……我可以断断的预言：中国今日若真走上独裁的政治，所得的决不会是新式的独裁，而一定是那残民以逞的旧式专制。"[1]（这里的"专政""专制"都沿用原文）至于胡适在那个时期是如何从整体上去理解与把握斯大林主义、法西斯主义的，又在多大程度上掌握了其真正信息，已经不得而知。但是，他的言论显示了他对"苏维埃体制"下、20世纪大众社会政治下的独裁的真实情况拥有不同凡响的、敏锐的洞察力。同时，他还将其与中国的现实进行对照，并推导出一个预言。至于如何去理解、定

---

[1] 胡适《答丁在君先生论民主与独裁》，载《独立评论》第133期，1934年12月30日，第8—9页。

位胡适的这一预言，仁者见仁智者见智。但是，他那种对于乍一看远离人间烟火的民主政治的执着来源于他对中国社会现状的认知。

另一方面，丁文江撰文说："我少年时曾在民主政治最发达的国家（英国——笔者注）读过书的。一年以前我又曾跑到德意志苏俄参观过的。我离开苏俄的时候，在火车里我曾问我自己：'假如我能够自由选择，我还是愿意做英美的工人，或是苏俄的知识阶级？'我毫不迟疑的答道，'英美的工人！'我又问道：'我还是愿意做巴黎的白俄，或是苏俄的地质技师？'我也毫不迟疑的答道，'苏俄的地质技师！'在今日的中国，新式的独裁如果能够发生，也许我们还可以保存我们的独立。要不然只好自杀或是做日本帝国的顺民了。我宁可在独裁政治之下做一个技师，不愿意自杀，或是做日本的顺民！"[1] 关于这一段论述我想无须我加以说明。在丁文江看来，在国家面临空前的外患之际，"民主"还是"独裁"这个关于国家出路的问题与个人的生活方式乃至生存问题休戚相关。

就在这场"民主与独裁"的论战将要告一段落的时候，就像恰好以此为契机一般，《独立评论》的同人中有好几个人都进入国民政府任职。其中有在《独立评论》杂志上就中国的资源问题、产业现状问题发表过极其冷静、非常优秀的报告文章的地质

---

① 丁文江《再论民治与独裁》，载《独立评论》第 137 期，1935 年 1 月 27 日，第 21—22 页。

学者翁文灏。他于 1935 年就任国民党行政院秘书长（全面抗日战争期间担任经济部长、资源委员会主任）。蒋廷黻于 1935 年就任国民政府行政院政务处处长，在 1936 年到 1939 年间担任驻苏联大使。[①] 吴景超（芝加哥大学毕业，清华大学教授）于 1936 年就任国民政府行政院秘书。周诒春（威斯康星大学毕业，燕京大学代理校长）于 1936 年就任国民党实业部次长。丁文江于 1934 年就任中央研究院总干事。1935 年，丁文江在湖南勘测煤矿期间煤气中毒，于 1936 年 1 月病逝于长沙。只有胡适坚持他一贯的原则，不管谁邀请，不管什么样的政治要求他都坚决不予接受。《独立评论》的同人在这一时期纷纷入仕，他们肯定各自有各自的想法与打算。但是，有一点非常明显，他们并不是出于单纯的去帮助国民党政权的目的。

上面我们对中国国内的政治进行了一些分析与探讨，接下来我们有必要考察当时如火如荼的国际环境——对日外交相关的各个问题了。当时的情况究竟如何呢？

（三）对日外交——"低调"与"高调"

在《独立评论》一共 244 期发表的文章中，有很多论述的是

---

① 顺便提一句，蒋廷黻发表的《欧游随笔》中写到了苏联游记，其实他是在蒋介石的指示下与苏联外交部进行接触的，目的在于探询是否有与苏联进行合作的可能性。参照《蒋廷黻回忆录》，岳麓书社，2003 年，第 14 章。有关《独立评论》学人们动向的问题，参照章清《"胡适派学人群"与现代中国自由主义》，上海古籍出版社，2004 年。

关于对日外交的问题。《独立评论》对于日本的动向、国际状况、国际联盟的动态等问题的关注度非常惊人。不过，一般文章的立场，都对"九一八事变"的时候蒋介石采取的"不抵抗政策"表示一定的理解，多数文章都评价蒋介石的"不抵抗政策"为对日和谈路线，甚至很多人将其与汪精卫派的"低调俱乐部"（对日妥协派）等同视之。本来，在这之前，人们对国民政府的"不抵抗政策"以及"一味地依赖国际联盟"的做法非常愤怒，对其进行了激烈的批判。但是，这一时期，通过对外交资料进行研究与探讨，对当时的状况进行客观分析之后，人们的态度有了一定改观。另外，这一时期关于对外关系的发言百分之百都集中于敌国的动向、国际环境、本国状况的分析等方面。在这一时期，政治局势也是瞬息万变，令人眼花缭乱。这一时期发生的大事有：国际联盟派出调查团在中国东北进行调查，写下了《李顿报告书》；日本侵占热河；日本宣布退出国际联盟；中日签订《塘沽停战协定》；日本提出"广田三原则"①；等等。这一时期不仅亚洲如此，包括欧洲在内，世界局势风云变幻。在这种情况下，中国民众的对外主张也发生了变化。尽管"自由民主派"对国民党政权持批判态度的基本立场并没有改变，但是在这一危机四伏的

---

① 1935 年 8 月，广田弘毅提出对华关系三原则：（1）中国停止抗日活动，抛弃依赖英美政策，与日本合作；（2）中国承认伪满洲国，借以促进华北与"满洲"的经济文化关系；（3）中国与日本合作，"防俄""防共"。——译者注

年代，一些"自由民主派"的成员开始以知识分子、"专家"的身份与国民政府要员接触，他们之间碰头的机会也逐渐增多。这里顺便提一下，胡适与蒋介石第一次直接面谈是在 1932 年 11 月。[①] 而且，正如前面提到的那样，1935 年之后，好几位"自由民主派"成员进入了国民政府任职。在这种情况、这种局面下，他们与国民党政要领导的接触对政策的形成产生了一定影响，这一点恐怕不能否认。很多时候，《独立评论》的观点为他们指明了方向。

不过，在这里我们不得不回到原点来分析问题，这些"自由民主派"在对日政策问题上是如何看待日本的呢？他们认为中国的出路在哪儿呢？他们认为中国应该向何处去呢？

通观这 5 年时间里《独立评论》对日外交的态度，我们可以看出：首先，在政策方面，他们是低调的；但是，在根本的态度上，他们一直以来都是高调的。具体而言，特别是在"九一八事变"爆发之后的抗战初期阶段，他们主张通过与日本进行外交谈判，走调停的道路，想尽量避免马上与日本发生军事冲突。在这一时期，对于政府的"不抵抗"，国民中骂声四起，全国上下夺回国土的呼声一片，"主战论"即"爱国论"占据当时社会舆论的主流。当时，与日本进行谈判的主张被认为是"卖国"。在

① 参见《全集》第 32 卷，第 170 页。但是据耿云志《胡适年谱》（四川人民出版社，1989 年）的记载，胡适与丁文江一起，于南京与蒋介石的初次会面是在那之前的 1931 年 10 月。

这种形势下，胡适提出接受日本政府提出的"五项基本原则"（1931 年 10 月），与日本进行交涉（《论对日外交方针》，载《独立评论》第 5 期，1932 年 6 月 19 日）。后来，在中日签订《塘沽停战协定》之际，胡适力陈在日本的强压面前"保全华北的重要性"，认可、同意采取万不得已的措施[①]（《保全华北的重要》，载《独立评论》第 52、53 期合刊号）。胡适的这一主张招致《独立评论》编辑之一的傅斯年（孟真）的强烈反对与批驳。在当时那种状况下，胡适提出这样的主张毫无疑问必然会遭到广大"对外强硬派"[②]的批评。对于《塘沽停战协定》，蒋廷黻的看法几乎与胡适相同。为此，他遭到广大民众的责骂，被骂为四十年前的李鸿章，十几年前的袁世凯。[③]1935 年，针对日本提出的"广田三原则"，胡适在《独立评论》上发表了文章（第 197 期），提出以外交谈判为前提的调整中日关系的"先决条件"，他的这篇文章一发表，马上招致强烈批判，被批评为"奴才们的梦想"，"民众的敌、国家的敌"。[④]

---

① 这里所谓的"万不得已的措施"指的是向日本做出退让以求换来短时间的和平。——译者注

② 胡适《又大一岁了》，载《独立评论》第 151 期，1935 年 5 月 19 日，第 4 页。

③ 蒋廷黻《这一星期：枪口对外不可乱》，载《独立评论》第 60 期，1933 年 7 月 23 日，第 2—3 页。以及蒋廷黻《这一星期：论妥协并答天津益世报》，载《独立评论》第 62 期，1933 年 8 月 6 日，第 4 页。

④ 胡适《关于"调整中日关系的先决条件"》，载《独立评论》第 200 期，1936 年 5 月 10 日，第 2 页。

　　只是,《独立评论》同人的这些主张可以说来源于一种严重的政治现实主义。针对当时"全国一致"要求马上"主战"的论者们,胡适甚至追溯到了晚清时候主张与欧洲各国进行谈判斡旋的开明派官僚郭嵩焘(驻英公使)的言论,反复强调当时宫廷内部所谓的"清议派"们的"高论"最终招致了多么大的损失。[①]这其中,最大的问题在于就事论事地说明中国是否拥有与日本对抗的战力、国力。可以说这一时期的《独立评论》向中国国民介绍了第一次世界大战以后,总体战(一个国家倾全力进行的战争)越来越明显的趋向,《独立评论》的同人总体上认为中国应该通过外交斡旋尽可能地避免开战,以争取时间进行军事准备,提升国力、生产力。他们的这些主张直接导致"政论"制造者们关于"政治责任"的指责。

　　与此同时,正因为他们把希望寄托在外交斡旋上,所以他们要求政府的外交能够做到"公开"。这一点值得我们特别关注。蒋廷黻在"九一八事变"一周年的时候,痛斥国民政府在东北失陷一事上对民众没有任何正式的说明。他指出:"我国没有国会,当然没有国会记录可寻找。但是我们的政府是对党负责的;政府对党总应该有一个系统的报告。若是有的话,我是没有看过,也没有听人说过。至于各国外交部所惯有的色皮书,我至今没有听

---

① 胡适《我的意见也不过如此》,载《独立评论》第 46 期,1933 年 4 月 16 日,第 5 页。

说我们的外交部关于九一八事件发表过。这是个甚么样的政府？
甚么样的国家？"[1]而胡适的文章《我们要求外交公开》(《独立
评论》第 184 期)、张忠绂（北京大学）的文章《秘密外交与公
开外交》(《独立评论》第 185 期) 则更加直截了当地从正面向国
民党提出外交公开的要求。胡适指出，关于《塘沽停战协定》、
《何梅协定》、《察东谈判》(＝土肥原·秦德纯协定)，国民政府
没有发表任何正式文件。其实，"第一，……外交的依据全在条
文……第二，公布交涉经过可以明定交涉者的责任……公开过去
的外交可以求得国民的原谅，公开'此后'的外交可以求得国民
的后盾，也许还可以减轻外力的压迫"[2]。胡适的这一要求与"自
由民主派"一贯主张的"公开"原则一脉相承，在本质上有很深
的渊源。

　　分析完他们的这些观点，我们可以大致看出他们对日政策深
处所潜藏的暗流。一言以蔽之，他们的态度可以说实际上一直以
来都是极其高调的。确确实实，《独立评论》曾经有一段时期对
日本多多少少抱有一丝幻想，当他们看到日本国内的自由主义
者们对日本军部发出批判的声音的时候，他们对日本停止"侵
略"多多少少显示出了一些期待。他们大肆介绍当时日本横田喜

①　蒋廷黻《九一八的责任问题》，载《独立评论》第 18 期，1932 年 9 月 18 日，
　　第 14 页。
②　胡适《我们要求外交公开》，载《独立评论》第 184 期，1936 年 1 月 5 日，
　　第 11—13 页。

三郎、新渡户稻造、尾崎行雄等人的言论、动向，并将他们的一部分主张翻译成中文发表在杂志上。[1] 但是，从日本进攻热河到《塘沽停战协定》的签订，发生了一系列事件之后，胡适在这一过程中认识到与日本进行谈判的可能性几乎为零，于是他极其明确地表明了他的原则性立场，那就是一切"交涉的目标要在取消满洲伪国"，因为他断定根据日本的反应，日本不可能放弃伪满洲国。胡适在《塘沽停战协定》签订前夕发表了文章《我们可以等候五十年》，他写道："现在全世界的正谊的赞助是在我们的方面，全世界的道德的贬议是在我们敌人的头上，我们的最后的胜利是丝毫无可疑的！"[2] 他一再强调，即使中国在日本的武力面前忍受一时的屈辱，也必将收复东北。在《平津太晤士报》(*The Peking and Tientsin Times*) 提出建立一个包括日本、中国、朝鲜、蒙古等在内的"远东国际联盟"的时候，胡适马上提出反对，他写了一篇题为《国际流言中的一个梦想》的文章。因为成立"远东国际联盟"是以"满洲国"的存在为前提的，在文章中，胡适高调地、猛烈地对其进行了批判："然而即使华盛顿和伦敦巴黎柏林罗马的政府都承认了'满洲国'，中国的政府和人民也决不会

---

[1] 胡适《日本人应该醒醒了！》、尔和《介绍一篇日本人的谈话》，载《独立评论》第42期，1933年3月19日。永修译横田喜三郎《史汀逊主义与世界大势》，载《独立评论》第56期，1933年6月25日。

[2] 胡适《我们可以等候五十年》，载《独立评论》第44期，1933年4月2日，第2、4页。

承认它的。"①

从胡适个人的情况来看，可以说他对日本产生这种近乎毅然决然的态度其实来源于他对 1930 年代初期以后的日本所持的清晰的、明确的日本观以及日本文化观。在他看来，"九一八事变"以后，日本在军部的控制下，整个民族失去了理性，近乎疯狂般地开始走上了毁灭之道。他在一篇题为《一个民族的自杀》的短文中摘录了英国历史学家汤因比②的预言："在某种情形之下自杀，本来是日本民族的遗风。……整个日本民族毅然走上'切腹'的路，也不是绝不可能的事。"③他称日本"果然大踏步的走上了'全民族切腹'的路"。他甚至预感到日本拼命地以武力侵略中国乃至亚洲各国，挑战国际秩序，最终必将引发第二次世界大战。④1934 年以后，胡适更加坚定了他这一看法。在日本提出"广田三原则"的时候，他提出激烈的反对，称广田外相提出的三个原则只是"增进中日仇恨的条件，不是调整中日关系的先决条件"，"如果日本的政府与军部到今日还梦想中日关系的调整只

① 胡适《国际流言中的一个梦想》，载《独立评论》第 90 期，1934 年 3 月 4 日，第 2—3 页。

② 胡适原文为：英国研究现代国际关系史的专家学者陀音贝先生（Arnold J. Toynbee）。——译者注

③ 胡适《一个民族的自杀》，《天津大公报》1934 年 4 月 29 日，载《全集》第 22 卷"时论（二）"，第 92—96 页。

④ 胡适《国际危机的逼近》，载《独立评论》第 132 期，1934 年 12 月 23 日，第 2—4 页。

是中国单方面的屈服，——那么，我们深信我们两国间的关系是无法调整的。只有大家准备扮演同文同种相屠杀的惨剧而已"。①

只是，他的这种毅然决然的态度以及对未来的推测实际上在某种意义上让他们下定了悲壮的决心。《何梅协定》签订以后，《独立评论》杂志出现了一些关于"东亚大局的未来"的预测。张熙若发表文章说："我的第一个假定便是：日本……在最近的期间，并吞全中国。第二个假定是：日本并吞全中国的事实将使世界各国，尤其英美俄三国，发生极大的威胁与恐慌。要解除此种威胁，要消减此种恐慌，只有诉诸战争，而战争的结果日本因限于物力与人力将为战败者。第三个假定是：日本战败后，战胜各国因无更妥善的方法处置这样大的一块地方，将使中国恢复其自由，完全的或部分的。那时，……，东亚两大主人翁的中日两国自然是两败俱伤，有百害而无一利。"②回首历史，1935年——中日爆发全面战争的两年前，《独立评论》杂志上就已经出现了这种预测，可以说这充分显示了他们对时局大势惊人的洞察力。胡适甚至更进一步提出了他个人的战略设想。

胡适在给王世杰（教育部长）的信（1935年6月）中写道："今日为国家画策，必须假定①在眼前日本的独霸东亚是无

---

① 胡适《调整中日关系的先决条件》，载《独立评论》第197期，1936年4月19日，第4—5页。

② 张熙若《东亚大局未来的推测》，载《独立评论》第161期，1935年7月28日，第6—8页。

法能制裁的，②在不很远的将来也许有一个太平洋大战，我们也许可以翻身。今画第二策，仍假定此二事。此策的主旨是如何可以促进那个'不很远的将来'的国际大战。如何可以'促其实现'？""日本早已发难了，因为我国不抵抗，故日本虽发难了四五次，而至今不曾引起国际大波澜。欲使日本的发难变成国际大劫，非有中国下绝大牺牲的决心不可。"他将这个"绝大牺牲"的限度设定为"三年或四年的混战，苦战，失地，毁灭"，极其具体地设想到了中国大陆的战争，甚至具体到"我们必须准备：①沿海口岸与长江下游的全部被侵占毁灭…… ②华北的奋斗，以至冀、鲁、察、绥、晋、豫的沦亡…… ③长江的被封锁，财政的总崩溃……我们必须要准备三四年的苦战。我们必须咬定牙根，认定在这三年之中我们不能期望他国加入战争"。"只有这样可以促进太平洋国际战争的实现。""除此之外，别无他法可以促进那不易发动的世界二次大战。""日本固然走上了全民族切腹的路，可惜中国还不配做他们的'介错'①。""上文所述的策略只是八个字：'日本切腹，而中国介错。'"②

　　胡适这篇文章的内容我想没有必要再进一步加以说明。简而言之，就是中国用"绝大牺牲"促使日本扩大战争，通过抗日战

---

① 日本武士切腹时必须请他最好的朋友从背后斫其头，名为"介错"。胡适原文有介绍。——译者注

② 《日记》（1931—1937），1935 年 6 月 27 日，载《全集》第 32 卷，第 482—490 页。

争以及世界大战，中国穿过炼狱之门，翻身获得最后的胜利，凤凰涅槃，浴火重生。这才是中国的新生之路，死而复生之路。只是，这个时候，胡适这里所指的"翻身"，肯定已经不再停留于过去他们所追求的"再造文明"层面上的问题了，而是一个包含政治层面、社会层面在内的孕育巨大变革与置之死地而后生的课题了。不管他的这一策略结果如何，我们应该能够想象得到，在将来的局势当中，政治、军事才是决定性的影响因素。

从《独立评论》创刊到终刊的这 5 年间，它在"对日问题"上所表现出来的政治立场显示了它独特的民族主义。这些"自由民主派"虽然一直都在追求共和国（＝民国）"宪政"，但是突至的日本侵略这一"飞来横祸"使得他们最终不得不将中日问题摆在了首位。可以说，在直面中日问题这一首要课题的时候，他们孤注一掷，做了一场豪赌，将一切赌注都押在了大器未成的国家或者说是基业未稳的国家身上。与此同时，他们呼吁全国人民进行彻底抵抗，号召大家通过抗战走上建国之路。胡适在《何梅协定》签订之后，写下了一篇题为《沉默的忍受》的文章："国家为我们忍辱，我们必须把国家的耻辱化成我们的骨血志气……在这沉默忍受的苦痛之中，一个新的民族国家已渐渐形成了！"[1]

对于这些从 1910 年代的新文化运动中走过来的"自由民主派"，从某种意义来说，也许民族主义的问题是模糊的、很难处

---

[1] 胡适《沉默的忍受》，载《独立评论》第 155 期，1935 年 6 月 16 日，第 3 页。

理的一个问题。毕竟新文化运动发端于对传统文化和传统思想的彻底批判，他们一直以来都与保持民族文化的传统思想做斗争。在这一时期，他们的这一坚定立场并没有改变。例如，1935 年，当国民党派系的 10 位教授发表有名的《中国本位的文化建设宣言》的时候，他们马上站出来反对并对其进行强烈批判。但是，在面对日本侵略的时候，保疆卫国、拥护人民与文化的民族主义成为最坚固的抗战堡垒，这一点不言自明。另外，他们也认识到，北伐、国民革命、南京国民政府的成立等一系列的历史进程是推动这个国家走向国家统一、走上现代化建设之路的新的民族主义的胎动。这一点也确凿无疑。关于这一点，胡适是这样表述的："民国十七八年的统一，不是全靠武力的，是靠那武力背后的全国比较的一致的新精神——可以叫做新兴的民族主义的精神。"[1]

"自由民主派"恐怕是不惜一切将这一"新兴"的"民族主义精神"投注在了"沉默忍受的痛苦中不断形成的新的民族国家"身上，从而决定了他们在对日问题上的态度。他们的这种"民族主义"后来是如何进一步展开的，以及他们的"民族主义"的性质问题，还有待于历史的验证。但有一点可以确定的是，在"对日问题"上，《独立评论》最大限度地对日本的政治、社会动向进行了分析，综合考虑了他们的原则立场与政策，从中日战争出发可

---

[1]　胡适《武力统一论》，载《独立评论》第 85 期，1934 年 1 月 14 日，第 4 页。

怕地预测到了太平洋战争的爆发。随后，"卢沟桥事变"爆发了。

至此，我们已经对《独立评论》的三个主要问题群进行了分析与探讨。通过上文的分析，我们基本上对1930年代危机四伏的环境中，以胡适为首的"自由民主派"的主张、思想以及他们提出的策略有了一个大致的了解。但是，我觉得还有一个重要的论点必须加以补充。确实，《独立评论》对中国正在形成中的国家体制的问题，内政、外交的基本问题进行了一针见血的、合理的探讨（虽然相互之间有时候意见相左），甚至提出了对策，但是，他们远离政治、政策，他们自身又是怎样认识中国社会现状的呢？他们又是打算怎样投身到中国现实社会中去的呢？恐怕我们只能通过对其进行分析与探讨，才能正确把握他们这一群人在1930年代的中国的历史地位。这也意味着我们要将《独立评论》的世界与那个时代的中国社会现实结合起来，或者说要将他们再一次置于中国现实社会当中。换句话说，我们必须从另一个侧面去考察他们这些"自由民主派"的思想的存在形式。在这本书的最后，我们将通过对《独立评论》同人的再一次探讨来尝试对这一问题进行分析。

3.《独立评论》与中国农村——乡村建设运动与工业开发之路，进入中日战争

《独立评论》同人针对中国的政治、外交进行的激烈讨论，

有时候甚至上升为论战。这也是《独立评论》杂志的特征之一。与此同时，《独立评论》同人一直都在密切关注中国社会的现实状况。正如前面已经探讨过的那样，《独立评论》的编辑们对中国的"国情"进行了翔实的分析。接下来我们要提到的是那些全国各地给《独立评论》撰稿的投稿人以及他们就中国的"乡土"撰写的实情报告。《独立评论》杂志非常关注他们，想努力地去解决各地出现的各种问题。

首先是从全国各地纷至沓来的针对各地农村现状撰写的栩栩如生的、鲜活的实情报告。从数量上来看，关于农村问题的报道文章大致占了《独立评论》的五分之一。从记载的这些报告、通信稿的发稿地来看，有四川、西北、山西、浙江、贵州、甘肃、江南、福建、河北、浙东……几乎遍及中国全境。这些文章简明易懂、直截了当地指明了问题所在。一言以蔽之，他们将中国农村的惨状——旱灾、苛捐杂税、饥荒、烟害、破产、土匪、官匪、军匪等揭露无遗。这里随便举其中一二例。

有一篇文章是这样描述作者家乡贵州的凋敝衰败的："人民的资财有限，官家的捐款无穷，加以区镇甲长的剥削，以及驻军的蹂躏，人民安得不穷，农村安得不破产？"文章最后发出悲鸣："穷，穷，穷！一切都穷！人人都穷！"[1]有一个北京辅仁大

---

① 艾莲《如此贵州》（下），载《独立评论》第 118 期，1934 年 9 月 16 日，第 14、16 页。

学的学生暑假回老家（河北省大城县）的时候看到家乡的惨状，他写道："在家乡住了一个多月，所见到的是贫穷，紊乱，人民生活的颓废，知识的浅陋；所听到的是破产……土匪等等……到处都象征着中国前途的黯淡。"[1]

持续出现这类报道意味着这是当时《独立评论》的编辑们有意为之，他们有意识地将这一课题提上议事日程，而这一课题无疑就是中国农村、农民的问题。在他们看来，"中国人之力量，在三四万万农民的潜力，而不在大城市的统治者及领袖"。[2] "如农民问题不能适当解决，一切都是妄谈。"[3] 这不由得让人想起前面已经提到过的蒋廷黻关于江西苏区回归后如何处置土地分配的问题，蒋廷黻提出"承认已经分配的土地"，要求继续实行原苏区"耕者有其田"的政策。关于这一点，共产党的路线则完全不同，他们早在几年前就开始致力于解决农民问题，他们在农村进行土地革命，针对农村社会的现状开展犀利的、实干型的分析与行动。《独立评论》同人们并不赞同通过武装斗争来实行农村土地革命。可是，不这样做又如何能够改变中国农村"穷，穷，穷"的现状呢？这就不得不提到当时备受关注的"乡村建设运

---

[1]　董浩《回家的印像》，载《独立评论》第 123 期，1934 年 10 月 21 日，第 10 页。

[2]　傅斯年《日寇与热河平津》，载《独立评论》第 13 期，1932 年 8 月 14 日，第 10 页。

[3]　季珍《故乡之今昔》，载《独立评论》第 122 期，1934 年 10 月 14 日，第 11 页。

动"。《独立评论》从一开始就对这一运动关注颇多。

所谓的"乡村建设运动",广义上来讲,指的是 1920 年代末到 1930 年代中国各地开展的农村建设运动,确切地说,应该是农村的重建运动。这个运动起始于教育的推广,然后逐步深入到生活的改善、农业技术的改良、合作社活动等方面。与这一运动相关的学术团体和机构达到 600 多个,建设的各类试验区多达1000 多处[1],其中,有明确理念、有组织的、最著名的要数晏阳初领导的中华平民教育促进会(以下简称"平教会")及河北省定县试验区,以及梁漱溟领导的山东乡村建设研究院及邹平试验区。前面已经介绍过,《独立评论》一直关注着农村问题。仿佛是要"对症下药"似的,《独立评论》对"乡村建设运动"给予了相当的重视,将其视为解决农村"惨状"的"良药"。特别是对"平教会"在定县开展的运动,他们进行了很多介绍。正如某位学者所言,正因为国民党自己放弃了"耕者有其田"的土地政策,所以才有了共产党的武装斗争以及现在的"乡村建设运动"。[2]

对"乡村建设运动"的关注最早见于《独立评论》创刊 1 个月之后第 4 期发表的《定县见闻杂录》一文,这是吴宪(涛鸣,

---

[1] 郑大华《民国乡村建设运动》,社会科学文献出版社,2000 年,第 456 页。关于这一运动的研究文献,首推此书。

[2] 芝生《乡村运动之政治的意义》,载《独立评论》第 60 期,1933 年 7 月 23 日,第 9 页。

协和医学院教授、院长）在定县试验区参观了好多天之后撰写的
文章，他比较淡然地介绍了试验区的情况，指出定县的"乡村建
设运动"是通过教育的普及、知识的提高来改良环境的一种完全
"自下而上"的方法。"平教会"认为中国的平民普遍都具有"愚
穷弱私"四大毛病，指出要克服这四个缺点必须进行"四大教
育"，即"以文艺教育救愚，以生计教育救贫，以卫生教育救弱，
以公民教育救私"。并提出实行"四大教育"的三种教育方式：
"学校式、社会式、家庭式"。通过"四大教育"与"三种方式"
的搭配组合来推动适合当地自然环境、社会状况的乡村建设。吴
宪的"汇报"介绍了识字教育、农业改良、卫生工作等方面的状
况及其实绩，承认这一"自下而上"的方法确实是根本解决问题
的方法。可以说《定县见闻杂录》不偏不倚，站在非常中立的立
场上。吴宪在文章中描述了他在参观期间留下的深刻印象，并
提出自己的意见：政府在采用这一方法的同时，可以双管齐下，
运用政治的力量，"自上而下"进行指导、推进。这是因为虽然
"自下而上"的办法是根本的办法，但恐怕是要政府帮助的。[①]

　　以吴宪的这篇报告为开端，关于定县试验区、"乡村建设运
动"的报道、议论文章如雨后春笋般冒了出来，《独立评论》一
共刊发了三四十篇。既有从当地发来的详细报告，也有在调查基

---

① 涛鸣《定县见闻杂录》，载《独立评论》第 4 期，1932 年 6 月 12 日，第
　 13—18 页。

础上的细致分析；既有支持的，也有持批判意见的，还有相互反驳的。实际上，细细想来，定县（人口约10万）有其自身独特的历史，"平教会"在定县的发展历程，当地的社会、政治结构，外部的支援团体等，各种问题错综复杂。与所有其他的社会现象一样，对于这次试验，众说纷纭，意见不一。

尽管如此，抽丝剥茧之后我们还是能够看出，《独立评论》虽然十分认可"乡村建设运动"的努力，但是这一个县或者几个县进行的试验是否能够真正地推广到全国呢？如果答案是肯定的，那么什么时候能够实现呢？他们对其抱有疑虑与困惑。再者，"乡村建设运动"究竟能否顺应时代潮流从根本上解决中国的农村问题、农民问题呢？这个问题也不是轻易就能预测得到的，为此他们也感到不安。就在这迷惑困顿之际，1930年代后半期，《独立评论》上又出现了另一种声音：工业开发之路。他们对"乡村建设运动"持否定态度。如此一来，中国国内出现了"工业开发"与"乡村建设"（农业立国）两种完全对立的意见。不难想象，《独立评论》同人中间也出现了一些想在"工业开发"中探寻出路的人。例如曾经提出"全盘西化论"的陈序经（南开大学），他批评"乡村建设运动"几乎没有实际成果，提出"乡村建设运动"只不过是一味地赞美中国过去的乡村社会的一种复古思想行为。

实际上，在当时的中国，与"平教会"并驾齐驱的还有梁漱溟的乡村建设研究院。乡村建设研究院承认中国社会组织特别是乡村中的"伦理本位""礼治"等传统文化的存在与价值，提出"以农立国"的理念，主张在乡村建设中寻求"中国民族自救运动之最后觉悟"。从这个意义上来说，这一乡村建设运动带有某种极其浓厚的意识形态色彩。顺带说一句，这次运动的倡导者梁漱溟在"五四"运动时期就提倡东方文化的独特性，出版了《东西文化及其哲学》一书。他还批判过胡适的"五鬼论"，是"新儒家"[1]的代表人物之一。陈序经从梁漱溟"我国数千年来以农立国，农村之健全与否，农业之兴隆与否，不仅为农民生死问题，亦为国家民族存亡问题"[2]的言论主张中看出其强烈的复古主义思想。他认为梁漱溟所说的"走上乡建之路，开辟别一个新路线，以农村为主体来繁荣都市……开辟世界未开辟的文明路线，以乡建工作为民族自救的唯一出路"[3]的主张纯属无稽之谈。因为这种所谓的共同体运动或者说乌托邦式的运动在西方也曾经出现过，但是，最终无一不是以失败告终，当然，其思想意义另当别论。而社会学家吴景超（清华大学）则提出"发展都市以救济农村"[4]，

---

[1] "新儒家"是指新文化运动以来，随着全盘西化的思潮在中国影响力的扩大，一批学者认为中国本土固有的儒家文化和人文思想存在永恒的价值，谋求中国文化和社会现代化的一个学术思想流派。——译者注

[2] 陈序经《乡村建设理论的检讨》，载《独立评论》第199期，1936年5月3日，第15页。

[3] 陈序经《乡村文化与都市文化》，载《独立评论》第126期，1934年11月11日，第12页。

[4] 吴景超《发展都市以救济农村》，载《独立评论》第118期，1934年9月16日，第5页。

城市绝不是"农村的仇敌","生存在今日的世界中",中国"只有努力走上工业化的路,才可以图存"。① 如此这般,中国围绕工业化还是农业化展开了积极的讨论,其中所包含的意义我想不用再重新梳理。透过现象看本质,关于工业化还是农业化的讨论其实属于现代化性质的基本问题。我们先不论工业派对乡村建设运动的批判如何,从历史的、社会的条件来看,可以说1930年代中国的这一运动几乎没有推广到全国、开创一条新的康庄大道的可能。

毫无疑问,1930年代"农村的惨状"真真实实地摆在他们的面前,呈现出中国农村深刻的社会现实。《独立评论》确确实实想理性地、诚实地直面中国这 社会现实,去探索解决问题的方法。但是,农村问题、农民问题并不是他们这些城市知识分子容易对付的,要他们提出解决方案也确实勉为其难。《独立评论》一方面持续报道、登载那些在定县从事具体实践的工作者拥护、推进乡村建设运动的文章,另一方面,他们也报道工业开发派对于乡村建设运动理论上的批判(他们自身的工业化路线还是不够具体)。这也表明《独立评论》在这两种对立的思想路线中间举棋不定。

那么,在1930年代中国这样一种现实面前,《独立评论》究

① 吴景超《我们没有歧路》,载《独立评论》第125期,1934年11月4日,第7页。

竟想去哪个（什么样的）方向寻找他们自己的活动空间呢？简
单地说，1930年代后半期，《独立评论》虽然还在"实现宪政"
这一"政制改革"的大潮流中沉浮，但是他们已经开始重视现
实政治方面的运作。包括农村问题、农民问题在内，他们力图
实现这些现实生活中的改革。一言以蔽之，他们将重心从"政"
（policy）转移到"治"（administration）[1]，即从"政治"转移到
"行政"。

从1933年到1934年，关于政治体制问题，中国几乎一直在
围绕"民主与独裁"进行激烈论战。对于这一论战，张忠绂（北
京大学，政治学）提出："民主与独裁的论战"对于现在的中国
政治反而是不必需的，而且是无益的。"在现时的中国，我们所
应当注意的，不是政治理论，而是行政效率。"[2] 因为正如人们批
评的那样，今日中国"政府的大病在会而不议，议而不决，决而
不行，行而不力"。"换句话说，今日中国政府的大病在行政效
率太差。"[3] 自南京国民政府成立以来，已经过了六七年时间，尽
管世道并不太平，国内外纷争不断，但是政府作为一个国家的统
治机构，其行政与管理我们不得不过问。而且还有非常重要的一

---

[1] 达《行政机关改革的必要》，载《独立评论》第25期，1932年11月6日，
第11页。

[2] 张忠绂《政治理论与行政效率》，载《独立评论》第135期，1935年1月13
日，第2页。

[3] 同上，第3页。

点，根据《建国大纲》，省和县的地方自治的达成度是从"训政"过渡到"宪政"的决定性条件。全国 1930 个县正是组成民国的最基本单位。同时，也是决定国民党、南京国民政府统治形态的基础政治组织。中央政府自不待言，县级行政的功能、效率及其地方自治的进展问题都引起了广泛的关注。这也反映了一部分知识分子想通过高效、合理的行政来解决中国农村悲惨的现实问题的探索与意向。事实上，从这一时期开始，"宪政建设""县行政改进""县调查统计工作"等话题也频繁地出现在《独立评论》杂志上。

但是，从大的方面来看，这条路也非常崎岖、坎坷。前面我们曾经提到，张忠绂指出中国政府的大病在于"会而不议，议而不决"，而造成这一弊病的原因之一在于"数千年来的古老中国"，"一向只有做官的人，而没有做事的人"。[1][2] 这一传统恶习、前清以来的官场风气并不是一朝一夕就能够改变得了的。有一位大学毕业之后在武昌政府部门任职的年轻人就曾经说过这样的话："现在各级政府，仍是充满了些新旧官僚，及腐化分子，特别是在地方政府中。我们少数心有余力不足的新份子参加一个旧环境中，你若一味的认真的干，他们为免除他们的

---

[1] 原文后面紧接着说："一般的官吏向来不讲求行政效率，偶有一二做事的人，有所兴革，或想认真办事，多半是失败的。"——译者注

[2] 张忠绂《政治理论与行政效率》，载《独立评论》第 135 期，1935 年 1 月 13 日，第 2 页。

'难看'计，会造成一个联合的战线，向你进攻，中伤你，陷害你，令你在工作上没法子推进。他们更会巧妙地利用若干的卑污的手段，令你感觉不快，或精神的苦痛。"[1] 李朴生则对中国的官场哲学进行了详尽的剖析：一个行政机关总有那么几个"元老"，他们奉行的"公务哲学"，也就是他们"办理公共事务的根本态度"使得官僚主义蔓延，他们的这一"哲学"将整个职场变成了一个大染缸。[2] 另一方面，虽然大家都知道县级行政特别需要优秀人才，县长以及县干部的能力起着决定作用，但是现实却相去甚远，就连公务员的录用制度几乎都没有真正贯彻下去。正如《独立评论》所批评的那样，虽然考试院举行了两次高等公务员考试，但是录取的合格人数仅仅只有 200 人而已，在实际录用过程中依然采用推荐、委任制。走后门、徇私情的情况比比皆是。[3] 从这里可以看出，行政的腐败很难避免，而国民政府的监察又没有到位，而且国民党"训政"政权不仅没能很容易就走上实现民治之路，反而被王朝体制以来传统官僚主义的政治文化所同化。[4]

---

[1] 文川《我的行政经验》，载《独立评论》第 135 期，1935 年 1 月 13 日，第 6 页。

[2] 李朴生《行政改革的困难》，载《独立评论》第 202 期，1936 年 5 月 24 日，第 9 页。

[3] 何鲁成《官吏的任用》，载《独立评论》第 116 期，1934 年 9 月 2 日，第 5 页。

[4] 关于国民党政权这一方面的问题参见拙著《现代亚洲的肖像 2 蒋介石与毛泽东》，岩波书店，1997 年。

关于《独立评论》的动向，我想不用再多加论述了。这些"自由民主派"所做的一切都是在拼命地为中国探索出路，而横亘在他们面前的是一道道坚固的壁垒。针对 1930 年代中国"农村的惨状"——农村问题、农民问题，无论是前面提到的"自下而上"的方法，抑或是改革县级行政，通过确立县政来进行"自上而下"的方法，哪一条路都前路漫漫，荆棘丛生。这也是不可否认的现实。那么，中国究竟应该选择哪一条路呢？

可惜的是，关于这些重要课题的探讨，《独立评论》已经没有机会再进一步开展下去了。因为从 1936 年下半年开始，在这最后的半年到一年左右的时间里，《独立评论》同人不得不与其他各方势力一样，直面那一段惊悚的历史。一方面，他们不得不面对几乎一步一步走向死局的中日关系，另一方面，在内政方面，1936 年 5 月国民政府终于公布了宪法草案，即所谓的"五五宪草"，貌似将"宪政"提上了具体议事日程，走上了正轨。可是，1936 年 12 月，中国又发生了震惊全国乃至全世界的"西安事变"。从 1936 年到 1937 年，《独立评论》在时代的惊涛骇浪中起起落落、颠簸沉浮。从杂志的篇幅来看，《独立评论》同人对"宪政"实施寄予了异样的期待。"西安事变"之后，他们对张学良进行猛烈批判与强烈谴责。但是，当他们看到通过这一事件国共双方实现了军事上的和解之后，他们又对"党禁开放"（容忍国民党以外的政党，与共产党并存）寄予了厚望。1937 年上半年，日本的"华北分离工作"^① 还在如火如荼的进行当中，《独立评论》杂志登载的文章充斥着各个领域的不安、焦躁情绪以及期待。经历了这样水深火热的最后半年时光之后，"七七事变"爆发。他们通过"绝大牺牲"促使日本扩大战争、在全中国开展抗日战争的设想变成了现实。不久，"九一八事变"之后创刊的《独立评论》拉上了帷幕。

至此，我们简单地回顾了以胡适为代表的"自由民主派"的行动轨迹，那么，其思想与行动在历史上究竟有什么意义呢？我们且留待后面再做简单的"总结"，在这之前，在本节的最后还是有必要就《独立评论》的编辑们在"卢沟桥事变"之后的动向做一个简单的交代。

1937 年 7 月到 8 月，战火越烧越旺，逐渐扩大到中日全面战争。在这种形势下，胡适接受了蒋介石的委托，以一个社会人士的身份赴国外进行游说，以将欧美国家的社会舆论拉到有利于中国的方向。胡适于 9 月初赴美，在之后将近一年的时间里，他一直待在欧洲。大约一年之后，他再次接受蒋介石的委任，正式担任中华民国驻美大使这一政治职务。一直到 1942 年 8 月，这 4 年的时间，他一直肩负这一重要的政治职务而四处

---

① 又称"华北特殊化"，日本策划的华北五省（河北、山东、山西、察哈尔、绥远）脱离国民政府、投靠日本的自治运动。——译者注

奔波。值得一提的是，在他这一任职期间太平洋战争爆发。另外，除了已经在国民政府任职的翁文灏、蒋廷黻之外，傅斯年、任鸿隽、张熙若、陶希圣、张忠绂等人成为抗日战争中的全国政治组织——国民参政会的参政员，活跃在中国的大后方。而《独立评论》13000多名忠实的读者及其周边为数众多的人，他们在战时过的究竟是什么样的生活呢？这恐怕就只能凭大家各自想象了。

多年抗战给这个国家带来了远超想象的苦难与曲折。同时，在抗战期间，中国的政治版图、思想结构都发生了翻天覆地的变化。仅就与本书有关联的内容来看，在高举"抗战建国"旗帜下的"训政"国民党的统治下，一股有别于共产党的新的政治势力登上了历史舞台。这股政治势力在战争后期以一种崭新的姿态出现在中国人面前，那就是国民参政会制度下的"民主政团同盟"。这股政治势力后来发展成为解放战争期间的"中国民主同盟"（内战期间的各个党派在中华人民共和国成立之后被称为"各民主党派"，而其参政的人民政治协商会议一直沿用至今）。

但是，这里的"各民主党派"与我们前面讨论的"自由民主派"在历史的沿革上是中断的。"卢沟桥事变"之后，战争使这个国家的政治磁场发生了很大的改变。战争（军事）决定了一切，同时，抗战使得这个国家的政治社会结构发生急剧变化，这种变化又引发了战后的解放战争。虽然胡适他们在抗战时期一直都在进行活动，但是，我们之前一直在探讨的那个"自由民主派"应该在抗战之始就已经完成了它的历史使命，寿终正寝了。可以说，"自由民主派"事实上也只是产生于1920、1930年代"共和（民国）"期间的一段政治、思想活动。

胡适战后于1946年7月回国。在这之前，他代表国民政府于1945年4月参加了决定成立联合国的旧金山会议（不过，胡适因对联合国五个常任理事国拥有一票否决权不满而拒绝在《联合国宪章》上签字）。8月底，他从纽约发回一封电报，劝告毛泽东"在战后中国重建之际，放弃武力"（其契机是傅斯年通过文章向胡适转达了毛泽东的问候）。回国之后，胡适马上就任北京大学校长。在国共内战全面爆发的形势下，蒋介石政权在战火纷飞中勉强于1948年3月召开了"行宪"国民大会，正式推行"宪政"。在这种背景下，胡适心中的天平终于倒向了国民党政权，并始与蒋介石在大陆的国民党政权命运与共。后来，共产党围困北平，于是就发生了这一章开头所描述的那一幕。

小结 历史之问

回顾历史，现实当中，完成20世纪中国巨大的政治、社会变革的毫无疑问是毛泽东领导下的共产党。共产党在抗日战争以及解放战争时期于整个中国大陆掀起了一场"农民战争"——"农民革命"（毛泽东《新民主主义论》①）。共产党夺取政权的强烈权力意志，以及农民获取土地的愿望（分配土地、土地革命）所爆发出的巨大能量使这个国家发生了翻天覆地的社会变革，同时也实现了政治上的统一。很明显，王朝体制崩塌以后，在20世纪前半期，要实现中国社会的重建，关键之一在于地主制的废除及农民的解放。国民党政权虽然将孙文的"耕者有其田"作为其基本政策之一，但是，在国家建设的过程中，他们很快就偏离了方向，退回到了过去地主统治乡村的状况。而共产党1949年的革命，正是因为掌握了这一点，所以才获得了政治上的胜利。

从历史的视角来看，本章所讨论的"自由民主派"很明显主要是民国的城市知识分子、学生以及一部分城市居民，或者说是他们所开展的活动以及运动。不管他们心目中想象的城市是什么样子，在20世纪前半期的中国，城市其实只不过是在广大农村的海洋上漂浮的一座座岛屿。按照最一般的说法，近代中国的"自由民主派"显示出了这个国家半殖民地状态下的资本主义的不发达及其脆弱性，他们是市民社会的微观缩影。而他们政治上的失败绝对与战前亚洲追求"自由""民主"所经历的命运如出一辙。

回过头来看，20世纪中期毛泽东在中国的胜利，意味着共

---

① 《毛泽东选集》第2卷，人民出版社，1952年，第663页。日文版《毛泽东选集》第2卷，外文出版社，1968年，第504页。

产党政权的上台，也就是全副武装的农民的政治文化的登场。这首先是因为他们追求自古以来中国农民社会中根深蒂固的"平"与"均"（等贵贱、均贫富）。同时，他们还强烈期盼能够实现"平天下"的权力。

中华人民共和国成立以后，国际环境发生了巨大变化，出现了以社会主义建设为导向的意识形态、冷战、中苏对立等。这个国家就在这一系列因素的作用下奋勇向前，它之后的历程不是我们能够简单概括的。尽管如此，从某一视角来看的时候，我们会发现：毛泽东时代的中国虽然迫切期望提高生产力，但是他们又高举"公平"大义的旗帜奋勇向前。在这一过程当中，出现了一些过去的政治文化。这些从前的政治文化如影随形，深深地扎根于中国政治发展过程当中。

但是，正如我们前面已经探讨过的那样，20世纪初，中国专制王朝体制崩塌，王朝体制向民主共和制转换，然后再发展到中华世界的重建，在这一过程当中，人们追求的绝不仅仅只是社会的"公平"。从政治社会的观点来看，中国在这一巨大转变过程中没有达成的不仅是对"公正"（法治）的追求，还有"公开"、"公共"（民治）的实现。正如前面我们已经分析的那样，1920年代、1930年代，"自由民主派"从正面提出了"公平""公正""公开"这些基本课题。正因为中国没能很好地解决"公正""公开"的课题，导致了后来历史的曲折。进入21世纪之后，包括中国在内，全世界都发生了急剧变化，又出现了过去从未有过的各种各样全新的因素。但是，当我们从 20 世纪以来政治社会的变革这一视角来观察，将其中所包含的课题放在最具原则性的维度来考察的时候，这些基本课题仍然将贯穿整个世纪而存在。

正如本章开头所述，本章主要是将以胡适为代表的 1930 年代中国的"自由民主派"置于当时的历史环境当中，从思想史的角度去探讨"自由民主派"在中国历史上的意义及其定位。虽然在这一领域也还残留着很多课题，但是在这里我姑且提出"备受争议的胡适"这个论点，以结束这一章的讨论。

终　章

　　前面三章主要从历史的角度对从中国王朝体制（帝政国家）解体到 1930 年代后半期这段时间的政治思想进行了探讨。此后，中国在经历了抗日战争、解放战争之后，终于在 1949 年成立了中华人民共和国，完成了政治上的统一。其实，我们还应该对这一时期（包括之后的十多年时间）出现的各种思想以及当时的状况进行分析，对这一时期的言论、议论进行研究。从这个意义上来说，本书还留有很多有待研究的课题。而且，新中国成立之后，中国又发生了很多大事："大跃进"、人民公社、"文化大革命"，紧接着又进入"改革开放"。我在前言部分提到过，本书将以"中华世界的解体与重构""20 世纪到 21 世纪的中国"这一宏大的历史时代为背景，对近代中国政治思想史上的若干问题进行考察，现在看来，本书的分析终究还是不够充分，还需要进一步探索研究。我本意是想对 20 世纪前半期的中国做一个彻底的问题史研究，从前面正文的尝试来看，也许有必要将研究所得以

一种示意图 / 大纲的形式列出几个论点。下面，也许多少还会有一点重复，我想完全脱离时间顺序的推移，对本书探讨的诸多问题进行归纳总结。

（一）首先，本书第一章考察了"辛亥革命的政治文化"，尝试着将"民权""立宪""皇权"从那个时代的由各种思想、文化编织而成的绚烂织锦中提炼出来，辛亥革命中，革命的政治文化决定了这场辛亥年开始的"革命政治"的动态，奠定了这场革命的文化基础。也许，我们可以这样理解：革命的政治文化是这场"革命政治"的直接原因，或者说是这场"革命政治"的一种磁场。按照第一章的分析，概而言之，这一时期，革命派孙中山在农民世界（农民的中国）的文化传统的基础上，提出了"民权""共和"的理念，扛起了"创立民国"的大旗。与此同时，代表乡绅社会的张謇，提出了"立宪"的理念，将王朝家产官僚（皇帝－官僚）的政治文化进行整合与重新包装，让其华丽转身，出现在近代的政治舞台。而袁世凯的"伪皇权的"权力窃取了辛亥革命的胜利果实，掌握了政权。虽然袁世凯政权并没有给中国带来统一与稳定，反而让中国陷入更加严重的政治混乱状态，但是"共和（民国）""立宪（法制）"这两种观念已经深入人心，就像"指路明灯照射出来的亮光"一样照亮了民国的政治前途，指引着民国的政治方向，制约着民国的政治发展。可以说，在 20 世纪前半期的中国，"共和"与"立宪"为后来的中国政治社会设定了框架，定了型，无论是谁，不管什么样的政治势力都无法撼动。无论从哪种意义上来看，辛亥革命当之无愧是中国政治世界发生急剧变化的起点。辛亥革命开启了中国 20 世纪动荡的历史。那么，我们从本章的问题意识出发，大胆地提出以下的问题如何？如果我们从同样的角度来考察的话，那么 1949 年中国革命（中华人民共和国成立）的时候，作用其中的革命的政治文化是什么样的呢？有什么样的意义呢？在辛亥革命与中国革命（中华人民共和国成立）之间的 40 多年社会变动的历史中，不可避免地发生了很大的社会变动与社会变化，让我们尝试着从同样的视角，用多少有一点图表化的方式对这一期间的社会变动与社会变化进行梳理吧。

（二）因为辛亥革命（如果按照之前多少有点简化的方式，以及假定的设定方法），中国长期以来的"皇帝－官僚（体制）"消失了。通过辛亥革命，以皇帝为金字塔最高顶点的科举官僚层（及其预备军——所谓的"读书人"）构成的统治机构——"皇帝－官僚（体制）"的社会实体被消灭了。由于这一统治机构的解体，新的国家（民国）即刻面临一系列重要课题：构建自己的行政机构、培养行政干部、调配行政干部（马克斯·韦伯意义上的）等等，以至于政局再度走向不明朗。不管怎样，"皇帝－官僚（体制）"的解体都是辛亥革命政治上的主要成果之一。但是，显而易见的是，"皇帝－官僚（体制）"这一社会实体确确实实是被消灭了，但是这并不意味着中国产生的，并且存续了几千年的种种政治文化的同时消亡。相反，无论哪种场合，不管其内容如何，一般而言，文化、文明都比体制存续的时间更加长久，这也是文化、文明的特征。我想这一点无须细说。正如本书第二章所分析的那样，正因为如此，中国在 1910 年代兴起了反对旧文化的"新文化运动"，其逆变矢量则产生了解释孙中山三民主义的戴季陶主义。戴季陶主义断言孙中山的三民主义（民族、民权、民生）是中国的正统思想，是继承尧舜以至孔孟而中绝的仁义道德的思想。而这一认识状况的持续表现在日常社会生活中则是第三章所讨论的《独立评论》中所批判的"古老的中国"、传统的"公务哲学"。这种"古老的中国"、传统的"公务哲学"在中国无处不在。所有这些现象表明，王朝体制崩塌之后，中国各个领域都同时并存新旧两种文化，展现出了新旧文化的相克。

那么，简单地纵观辛亥以后，也就是"皇帝－官僚（体制）"解体之后中国政治社会的状况的时候，我们改变一下视角，将目光转向"农民的中国"如何？那又会是什么样的光景呢？

（三）尽管辛亥革命使得中国的政治体制发生了变动，但是"农民中国"，构成"农民中国"社会实体的中国农村社会，自明清以来一直都是地主佃户制，存在各种各样内在的矛盾，这种地主佃户制并没有得到很大的改变，矛盾依然存在。因为辛亥革命只是停留在政治制度层面上，在经济层面和社会层面几乎没有发生什么根本性的变革。辛亥革命期间，孙中山的三民主义倒是提出了"平均地权"的口号。可以说，这一口号、这一政治纲领勉勉强强算是表明了改革经济社会领域、农村社会的一种方向。

只是，从乡村社会的情况来看，清朝末期以及民国以后，政治一片混乱，社会动荡不安，在这种社会秩序迅速失范的过程中，中国农村社会一直处于风雨飘摇当中。这一现象淋漓尽致地表现在很多事例上，我们就举"土豪劣绅"为例吧。乡绅阶层作为长期以来乡村社会的骨干，一方面支撑着中国的王朝体制，另一方面，实质上它还担负着地方治安、福利、卫生等重任。随着革命形势的发展，政治体制发生转换，中国社会治安恶化，在权力正统性发生变化以及底层村落社会势力上升的过程中，乡绅阶层逐渐分化，乡村社会出现"土豪劣绅"。一部分过去曾经也是"地方名望大儒"的乡绅阶层，转化为"劣绅"。同时，社会上还出现了"流氓地痞""兵痞"等。① 这些人横行乡里。总而言之，进入民国以后，农村社会内部矛盾、阶级矛盾激化，并且越来越显著。从 1910 年代到 1920 年代，很多人都意识到了农村问题的重要性，认识到解决农村问题是非常紧要的课题。

认识到这种农村社会的状况，并且将其与政治结合在一起，欲解决这一课题的有力图实现国共合作的国民党·孙中山。孙中山提出"联俄""联共""扶助农工"三大政策，并于 1924 年 8 月将"平均地权"的口号改为"耕者有其田"。可惜的是，半年多以后孙中山去世，"耕者有其田"的政治口号仅仅停留在口

---

① 关于这方面的内容，参考罗志田《乱世潜流：民族主义与民国政治》"引论：清季社会变迁与民国政治"，上海古籍出版社，2001 年。

号的层面，实际上根本没有得到真正实现，几乎没有制定任何具体的相关政策。随后，国民党开始北伐（1926 年 7 月），然后成立了南京国民政府（1927 年 4 月）。这期间，国民党政府也曾于 1926 年 9 月提出实行"二五减租"①这一与农村问题息息相关的重要政治纲领。之后，在很长的一段时间里，"二五减租"成为国民党的基本政策。其实，"耕者有其田"这一口号究竟该怎么理解，应该以何种方法、何种方式来实现呢？这恐怕是一个非常微妙的问题，而且也是一个根本性的问题。因为这是关系到地主佃户制存续与否的问题。②关于这一问题的政治、社会动向以及发展过程在这里就没必要再深入了。我想我们只要指出以下的事实就足够了：蒋介石·国民党政权虽然想建设近代的统一国家，

---

① 1926 年 10 月，北伐军进军湘、鄂期间，为动员农民支援北伐，国民党在广州召开有大量左派参加的中央和各省区代表联席会议，通过《最近政纲》，规定"减轻佃农田租百分之二十五"，减轻农民负担，统称"二五减租"。1927 年 5 月，国民党政府颁布《佃农保护法》，规定"佃农缴纳租项不得超过所租地收获量百分之四十"，"佃农对于地主除缴纳租项外，所有额外苛例一概取消"，"佃农对于所耕土地有永佃权"。根据这些精神，湖南、湖北、江苏都曾制定过相应条例，但是，真正实行过的只有浙江省。1928 年，国民党浙江省党部和省政府联席会议通过《浙江省十七年佃农缴租章程》，规定"正产物全收获百分之五十为最高租额"，"佃农依最高租额减百分之二十五缴租"。这样，佃农只须向地主交纳收获量的百分之二十五，自己则可得百分之七十五。

② 有关"耕者有其田"的解释有很多，从"从地主手里买下土地扶植自耕农"，到"强制分配土地"等不一而足。实际上，从国民党到共产党，都尝试着采取政策去实现"耕者有其田"。

但是在中国农村，他基本上没有与现存的地主势力进行过任何争夺，而且，在后来与共产党的斗争中（"围剿战"），为了恢复、维持过去农村的秩序，他甚至更加强调"礼义廉耻""忠孝悌信"的传统儒家思想，采用了过去的保甲制。[①] 我们从这一事实就能看出其中端倪，这难道不就是延续过去"皇帝－官僚体制"的政治文化生态吗？

写到这里，我们不得不继续探讨"农民中国"的动态。我想大家应该很容易就能想到，接下来我们应该讨论的毫无疑问是毛泽东·共产党的存在。

中国共产党在毛泽东路线的指引下，以农民为基础，在广大农村开展了一系列运动，这一点众所周知。农村革命根据地的建设、"农村包围城市"的方针政策正是共产党领导下的农民运动的特征。要说与本书内容紧密相关的话，首要的是：在1920年代的中国，毛泽东一面依据"农民中国"的传统政治文化潜流行事，一面大刀阔斧地对其进行改革。佐证的资料很多，例如著名的《湖南农民运动考察报告》（1927年4月）等。在这里我们仅选其一：

太平天国之役，是中国南部农民的大暴动。义和团之

[①] 关于蒋介石·国民党的这一面，参照拙著《现代亚洲的肖像2　蒋介石与毛泽东》（岩波书店，1997年），里面有比较多的分析，特别是第182—184页。

役，是中国北部农民的大暴动。

　　遍布南方各省的三合会、三点会、大刀会、哥老会，以及北方的捻子、白狼、红枪会等团体，先后发生，不谋而合地相继与封建的统治阶级争斗，与帝国主义争斗。（毛泽东《湖南省第一次农民代表大会宣言》，1926 年 12 月）

　　如果抛去中国共产党党史上各种各样的问题来看的话，在农村根据地的建设问题上，毛泽东追求的政策基本上是"均贫富"——土地的平均分配。为了实现土地的平均分配，他们实施了基于阶级划分的土地没收和土地分配政策。为了实现这一政策，现实当中遇到了很大的困难，在实施过程中也走了不少弯路，犯了一些错误，然后进行反省、批评，再改正、修正。关于这一方面的内容学术界已经有很多研究成果。给这场农民运动提供能量的除了农民平等分配土地的愿望之外绝无其他。在 1930 年代到 1940 年代，"九一八事变"之后，日本开始对中国实施直接侵略，中国被迫进行生死抗战。在这样一种时代背景下，共产党与国民党开展了错综复杂的合作与斗争。1945 年，中国迎来了抗战的胜利。随后，共产党又在四年解放战争中获胜，成立了中华人民共和国。毫无疑问，共产党之所以能够成功，其根本原因就在于毛泽东领导下的农村根据地建设运动。从解放战争初期（1946 年年中）开始一直到 1950 年，共产党先在华北地区，随后发展到全国各地进行土地改革。说这一农民运动为共产党政权的建立奠定了主要基础也毫不为过。

　　无论从哪种意义来说，毛泽东领导下的中国革命都是一场依靠农民、依靠农村的革命。这一点不言而喻。正如本书中所引用的那样，毛泽东自己也将这场革命定性为"农民战争""农民革命"。为此，本书言及推动这场革命的权力是建立在农民的政治文化之上，并且提到了几个相关的论点。在本书的最后，在这里，我不得不就这个新政权于这场革命中获得的权力的性质多说上简短的几句。毛泽东·共产党经过长期的农民运动，很显然最终使"农民"获得了"解放"。在"农民大暴动"的时代潮流中，共产党领导农民进行反对封建统治阶级以及帝国主义的斗争，并建立起"人民共和国"。但是，中国的农民战争存在这样一种政治文化，或者说是政治精神：一方面为了追求"劫富济贫""均贫富"而起来"造反－起义"（前面稍有提及）①，另一方面却期待着"真命天子"的到来，希望在"圣王"的领导下"平天下"。不论东洋还是西洋，大概全世界都一样，一般而言，农民运动或者民众运动的背后都潜藏着救世主的愿望，以及乌托邦的愿望。这一传统的政治文化在抗日战争末期的陕北民谣（之后又作为代表性的革命歌曲在中国广为传唱）《东方红》的歌词中表现得淋漓尽致。很显然，农民获得土地的要求将毛泽东·共产党推上了

_____

①　参照第一章，第 17 页注①。

政权的宝座。同时，这场农民运动也赋予了毛泽东"人民的救星"的地位。① 这也正是左右 20 世纪中期中国革命的政治文化的形态之一。这也意味着带有这种文化特征的权力为新社会的形成提供了重要的条件。

在共产党的领导下，中国成立了中华人民共和国。自此，近

---

① 关于从陕北民谣改编而来的歌曲《东方红》，加加美光行根据中国的资料对其过程进行了介绍。1937 年的时候，在陕北地区开始流行一首民谣《白马歌》(《骑白马》)。1943 年，农民歌手李有源根据《白马歌》的曲调改编成《移民歌》，加入了歌颂毛泽东和共产党的歌词。后来，共产党的文艺工作队将《移民歌》整理、删改成三段歌词，并改名为《东方红》，于 1944 年发表在延安的《解放日报》上。

我个人觉得这主要源于两个方面，一方面是广大农民运动的自然发生性，另一方面来自外部力量的推动作用。在本章，我分析了对重新分配土地有强烈诉求的农民运动的一面。只不过，土地革命（包括解放战争开始的土地改革）这种内发的农民的自然发生性与外部力量推动作用的配比千差万别。这与当地的工作队所起的作用息息相关。关于这方面的内容已经有一些实证研究结果。他们对共产党在农民运动中掌握权力的动机，或者说在阶级区分方面实行的土地分配政策本身所存在的问题，及其对后来中国的农业问题所产生的影响等进行了研究。本书并非对土地改革中所出现的这些问题熟视无睹，只是将论点聚焦于左右农民运动的政治文化因素上。

另外，围绕农民革命的诸多课题可以说是理解中国革命的至关重要的问题群中间的一个。围绕这些课题，无论是从理论方面还是从实证方面都有数量众多的研究成果。本书虽然建立在这些研究成果的基础之上，但是我只是选取了中国革命的一个侧面对其进行分析研究。关于这些问题的研究，最近出了一本专著：高桥伸夫《党与农民——中国农民革命的再探讨》，研文出版，2006 年。

乎整个中国大陆完成了政治上的统一。这是中国经过了将近半个
世纪的时间，克服了国内的分裂以及日本的侵略才达成的，是一
段从帝国解体走向"近代国民国家"的再生与重构的演变过程。
但是，作为一个文明世界，中华世界所拥有的连贯性不可能仅仅
依靠政治统一性来确保。构成、维持中华世界的还有社会统一性
和文化整合性。关于这一点，有很多种理解与认识，如果不担心
过于定式化的话，我们似乎可以这么认为：过去的"旧世界"的
中国是通过乡绅社会、宗族结合的方式保持着某种社会统一性；
现在的中国，通过革命，全国各地所有的集团、所有的组织，通
过党与大众或者说干部与大众这种形式简单而又牢固地联系在了
一起。毫无疑问，在革命之后的中国，正式代表中国文化整合性
的是马克思列宁主义、毛泽东思想。而"文革"之后，城市与农
村、农业与工业等这些近现代历史中的重要问题就应该凸显出来
了吧？这些问题以及这些问题的出路如何就不是那么容易看透的
了。尽管如此，我还是认为，随着时代的发展，不管将来可能要
花费多长时间，构建中国社会未来所需的新的政治文化应该还
是建立在传统的基础之上，并且深深地扎根于现实社会当中。

后　记

　　正如本书开头所述，本书是在我之前发表的三篇论文的基础上修改而成的。这三篇论文完全独立，而且都成文很早。在本书的最后，我想给大家交代一下这几篇文章的来龙去脉。这三篇论文当中，最早成文的是第二章的论文《民国时期各种思想潮流的考察》，这篇文章写于 1991 年。然后写的是第一章的论文《辛亥革命的政治文化》，这篇文章写于 1994 年。最后才写第三章的论文《"自由主义"在近代中国的相位与命运》，这篇文章成文于 2006 年。本书收录的时候，在原来论文的基础上，第一章和第三章虽然在体裁上进行了一些修改，但是内容基本上没做很大变更。第二章增加了一些注解。论文《民国时期各种思想潮流的考察》最初是为了参加日本中国社会文化学会举办的 1990 年年度研讨会而写作的。1990 年年度大会的主题是"东亚的个性与共性"，在这次大会上，我以这篇论文为基础做了主题发言。其后，以《东亚的个性与共性：以 20 世纪中国的思潮为中

心》为题发表在学会的刊物《中国：社会与文化》第 6 期（1991
年 6 月）上。因为报告是按照会议的主题要求而写作的，所以扣
题很紧。在内容的构成方面，主要是围绕"个性与共性"这一大
的框架整理而成。而且，那一年是 1989 年之后的第一个年度大
会，受其影响，论文的结尾部分增加了一些那个时候的问题。而
事实上，那一部分在内容构成上多少有点牵强，所以，本书收录
这篇论文的时候，剔除了那一部分内容，而是将内容聚焦在思想
潮流的历史发展上，同时也删除了原论文的补充内容，并将题目
改为：《民国时期各种思想潮流的考察——"五四"启蒙、孙中
山·三民主义、毛泽东·马克思主义》。有鉴于此，其实第二章
在原来论文的基础上修改颇多。不过，各小节关于思想潮流的分
析部分并没有大的变更，与原文大体相同。还有一点，包括第二
章在内，因为本书从整体上来说实质上算得上是一本论文集，所
以三章内容之间也许多少会有一些重复的部分，希望大家能够
理解。

　　关于本书的形成过程就说明到此了，紧接着想给大家汇报一
下我写作此书的个人想法以及意图。直截了当地说，就是想从政
治文化的视角来考察中国近代思想的历史，通过对中国近代思想
的发展历程进行分析与探讨来发现问题。

　　很长一段时间以来，我一直都在从事"中国近代思想史"的
研究，但是我觉得关于这一领域的研究我只是在抛砖引玉。毫无
疑问，这主要是我自己个人主观的原因。现在回头想来，1950

年代中期以后，我一直将属于清朝末期的研究对象当作字面意义上的历史研究来对待，而深深地被 1950 年代末期以及 1960 年代的现代中国的变化（例如"大跃进"、中苏对立、"文化大革命"等）这些 20 世纪中国或者说 20 世纪中国的政治以及思想所吸引。这大概是因为时代的紧迫性吧！

1971 年，我出版了《中国革命的思想》（岩波书店）一书。在这本书中，我对"五四"时期李大钊的思想、毛泽东思想的形成以及"文化大革命"这些现代中国的思想事件进行了分析。虽然是我辛苦努力之作，但是现在回头来看，无论历史的部分，还是现代的部分都有一些缺点与错误。特别是关于"文化大革命"的内容，当时中日邦交还没有恢复正常，基本上只能通过只言片语来对其进行分析，论据非常不充分，而且脱离了现实，没能从整体上把握这一运动的历史意义。"文化大革命"结束以后，在各种各样的真相被披露的过程中，我看到更多的相关资料，了解到更多的事实。这些事实告诉我们：中华人民共和国无法与旧中国完全切割，还有一定的联系。更加直白一点地说：中国革命并没有我过去想象中的那样深耕中国大地。

认识到这些问题之后，我不得不将之前忽略了的"五四"时期重拾起来，对其重新进行考察与研究。以杂志《新青年》为中心，尝试对其进行分析，虽然依然不够充分，但是最终还是写成了《近代中国的思想世界》（岩波书店，1990）一书。这本书以

《新青年》为对象，从多方面对其进行整体考察。可以说，《近代中国的思想世界》与本书主题相关联的部分（虽然对其进行了浓缩）是《近代中国的思想世界》一书中分析得出的一个结论——"权力的形态（政治）是一个文明世界的函数"（第464页）这一命题。带着这一问题意识，在本书中，我用大家已经看到的研究方法对改革政治体制的辛亥革命进行了分析与探讨。说实话，我并没有非常严谨地使用"政治文化"这一词语。与其这么说，还不如说我是为了研究的方便使用了这一词语而已。虽然我用了"政治文化"这一术语，但是我既没有死板地去讨论它的内情，也没有将其作为某种决定性的因素，更没有坚持所谓的"文化一元论"。我这种非常暧昧，或者说模糊不清的使用方式，以及基于这种暧昧使用方式的分析与探讨，希望大家能够多多给予批评与指正。

虽然这几篇论文写作时间间隔比较长，但是将其收录在一起时我丝毫没有违和感。虽然它们都是独自成文的，但是回过头来看，"胡适·自由主义"这篇论文毫无疑问在"辛亥革命政治文化"的延长线上，"民国时期的思想潮流"这篇论文也是以"辛亥革命"的论文为前提的。而且，从整体上来看，通过这几篇文章，让我们从不同侧面对20世纪中国新旧交替的多种多样的思想有了更进一步的了解。而且，根据观点的不同，也有人认为，这多多少少能让我们看清楚各个领域包含的丰富思想课题。

　　以上是我个人的反省与摸索。在最近十年左右的时间里，中国出现了很多关于近代中国自由主义思想以及政治文化论的研究，这让我多少有点惊讶。但是，从某种视角来看，这也说明中国开始重视自我认识的研究，这一点也值得我们学习。同时，通过这种交流，也触发了日本对于中国研究的各种各样的思考。刚才我也说过，我的这些关于中国的研究只是抛砖引玉。从 20 世纪末到 21 世纪，现代中国发生了急剧变化，面对日本的变化，让我再次想起我国的中国研究现状以及问题意识。当然，这仅限于我个人的一些思考。谨以此作为本书的后记。

初出：

第一章　《辛亥革命的政治文化：民权·立宪·皇权》上、
　　　　中、下，载《思想》1994 年 7 月、9 月、10 月刊。

第二章　《东亚的个性与共性：以 20 世纪中国的思想为中
　　　　心》，载《中国：社会与文化》第 6 期，1991 年，
　　　　东大中国学会。

第三章　《近代中国"自由主义"的相位与命运：以 1930
　　　　年代胡适主编的〈独立评论〉为中心》上、中、
　　　　下，载《思想》2006 年 7 月、9 月、10 月刊。

终　章　新写。

　　最后，关于参考文献的问题。本书引用的资料基本上沿用原

论文的注释，将参考文献、参考论文限制在最低限度。即便如此，以现在的时间点来看，还有很多注释需要添加参考文献。近年来，关于张謇、孙中山、胡适、戴季陶、丁文江等人以及他们所处的历史环境，出了很多研究成果。作为学术书，应该列入附注中的参考文献很多，不仅仅限于思想史领域，还包括政治史、文化史、社会史等领域。但是，由于本书特殊的原因，而且，鉴于近来公开出版的文献资料目录也特别丰富，本书只列出了与主题有直接关系的一些参考文献，其他的全部都忍痛割爱了。关于这一点，希望大家能够理解，并借此机会向众多的专著、论文的作者表示深深的感谢。

　　最后，本书的出版还得到了岩波书店编辑部马场公彦先生多方面的关照，在这里谨表示衷心的感谢。

野村浩一

2007 年 10 月

作者简介

野村浩一

1930 年出生于日本京都府。

立教大学名誉教授。毕业于东京大学法学部。历任立教大学法学部教授、专修大学法学部教授。专攻中国近现代政治思想史。

专著：

《近代中国的政治与思想》1964 年，筑摩书房

《中国革命的思想》1971 年，岩波书店

《中国的历史 9 人民中国的诞生》1974 年，讲谈社

《人类的文化知识遗产 76 毛泽东》1978 年，讲谈社

《近代日本的中国认识：走向亚洲的航踪》1981 年，研文出版

《近代中国的思想世界:〈新青年〉的群像》1990 年，岩波书店

《现代亚洲的肖像 2 蒋介石与毛泽东：世界战争当中的革命》1997 年，岩波书店等

译者简介

文婧，1975 年 2 月生，湖南衡阳人，深圳职业技术大学日语专业副教授。毕业于中国社会科学院研究生院日本研究专业的日本文化方向。译著：《日本的众神》（社会科学文献出版社）、《单一民族神话的起源》（生活·读书·新知三联书店）。译文：《西夏文〈瓜州监车司审判案〉遗文——以橘瑞超在龙谷大学大宫图书馆的馆藏品为中心》（《国家图书馆学刊》）。